高等职业教育新形态一体化教材

仓储管理实务

（活页式教材）

主　编　蔡昭君　张瑞芳　廖文彬
副主编　廖丽琴　李　婷　陈雪梅
　　　　贺　超　任　为
主　审　盛　强

北京理工大学出版社
BEIJING INSTITUTE OF TECHNOLOGY PRESS

内 容 简 介

本书是国家级优质课程和四川省"十四五"首批职业教育精品在线开放课程的配套教材。

本书采用国家标准《物流术语》(GB/T 18354—2021)中的概念,以仓储企业的作业流程为主线,由浅入深地引领学习者进入仓储管理世界。本书共11个项目,包括仓储管理认知、仓储规划与布局、仓储的设施设备、入库作业管理、在库作业管理、出库作业管理、仓储商务管理、库存控制、仓储成本与绩效管理、特殊物品管理和仓储安全管理、自动化立体仓库等内容。

本书既可作为高职高专院校物流类专业教材,也可作为相关专业的培训教材,还可以作为相关从业人员的参考用书。

版权专有 侵权必究

图书在版编目(CIP)数据

仓储管理实务 / 蔡昭君,张瑞芳,廖文彬主编. --
北京:北京理工大学出版社,2024.3
ISBN 978-7-5763-3719-8

Ⅰ. ①仓… Ⅱ. ①蔡… ②张… ③廖… Ⅲ. ①仓库管理-职业教育-教材 Ⅳ. ①F253.4

中国国家版本馆 CIP 数据核字(2024)第 058396 号

责任编辑:申玉琴 **文案编辑**:申玉琴
责任校对:周瑞红 **责任印制**:施胜娟

出版发行 / 北京理工大学出版社有限责任公司
社　　址 / 北京市丰台区四合庄路 6 号
邮　　编 / 100070
电　　话 / (010) 68914026(教材售后服务热线)
　　　　　　(010) 68944437(课件资源服务热线)
网　　址 / http://www.bitpress.com.cn
版 印 次 / 2024 年 3 月第 1 版第 1 次印刷
印　　刷 / 三河市天利华印刷装订有限公司
开　　本 / 787 mm×1092 mm 1/16
印　　张 / 18.75
字　　数 / 495 千字
定　　价 / 56.80 元

图书出现印装质量问题,请拨打售后服务热线,负责调换

前　　言

　　物流业是支撑国民经济发展的基础性、战略性、先导性产业。党的二十大报告中提出："构建优质高效的服务业新体系，推动现代服务业同先进制造业、现代农业深度融合。加快发展物联网，建设高效顺畅的流通体系，降低物流成本。" 2021年3月，《国民经济和社会发展第十四个五年规划和2035年远景目标纲要》中提出：培育壮大人工智能、大数据、区块链、云计算、网络安全等新兴数字产业，提升通信设备、核心电子元器件、关键软件等产业水平。构建基于5G的应用场景和产业生态，在智能交通、智慧物流、智慧能源、智慧医疗等重点领域开展试点示范。鼓励企业开放搜索、电商、社交等数据，发展第三方大数据服务产业。促进共享经济、平台经济健康发展。

　　本书根据仓储活动的特点，系统地介绍了仓储管理的基本知识和操作技能，是高职院校现代物流管理专业的核心课程。

　　本书在编写过程中注重实践性、操作性、前沿性，着重培养学生的操作技能。本书的特色如下：

　　（1）进行融合创新。本书的每个项目都设有"素质目标"；将习近平新时代中国特色社会主义思想、工匠精神、创新精神、职业道德等融入其中，引导学生增强服务意识、法治意识、责任意识、环保意识等，强化其在仓储管理教学中的价值引领作用。

　　（2）注重前沿理论。除了包括最基础的仓储作业管理外，还根据仓储业的发展，把最前沿的仓储理论涵盖进来，如自动化立体仓库、自动分拣系统、仓储机器人等。

　　（3）结构新颖，理实一体化。在结构上，每个项目都以学习目标（知识目标、能力目标和德育目标）、案例导入、思维导读开始，激发学生的学习兴趣；理论知识部分穿插知识贴、知识板、即问即答、想一想，提高学生对知识的理解、掌握；每个项目结束都设有项目小结、学习评价；最后是岗课赛证融通训练（活页式），包括判断题、单项选择题、多项选择题、简答题、案例分析和实训项目，帮助学生巩固所学知识，培养学生理论联系实际的能力，提高学生的操作技能。采用国家标准《物流术语》（GB/T 18354—2021）中的概念编写相关知识，所选案例尽可能接近工作实际。

　　（4）充分体现高职教育的特色。既重视提高学生的仓储管理水平，又注重培养学生从事仓储作业工作的技能。注重学生岗位技能的训练，有较强的针对性，体现了高职教育"必需、够用"的原则。

　　（5）对接行业标准和专业教学标准。对接《物流管理职业技能等级及要求》行业标准，有机衔接教育部最新物流专业教学标准，准确定位并充分发挥X对1在核心技能、综合职业素养等方面的强化、补充、拓展作用。课程内容对接职业标准，教学过程对接工作过程，探索书证有效衔接与融通。

　　（6）"活页式"新形态教材。本书在岗课赛证融通训练部分使用"活页式"，有助于学生深入理解所学内容。

　　（7）国家级优质课程和四川省"十四五"首批职业教育精品在线开放课程。本课程是国家智慧教育平台首批国家级优质课程，建设了微课、动漫、视频、图片等数字资源，通过扫描二维码即可进入在线开放课程进行学习。

本书由南充职业技术学院的蔡昭君教授负责编写大纲、拟定体例和统稿。南充职业技术学院的蔡昭君、四川长江职业学院张瑞芳、深圳市鲸仓物流科技有限公司总经理廖文彬担任主编，四川信息职业技术学院的廖丽琴，南充职业技术学院的李婷、陈雪梅、贺超，成都农业科技职业学院的任为担任副主编。南充职业技术学院的盛强教授担任主审。

本书在编写过程中，得到了北京理工大学出版社、深圳市鲸仓物流科技有限公司、四川京邦达物流科技有限公司、浙江菜鸟供应链管理有限公司等企业的大力支持和帮助，并参考了国内外多位学者的著作及相关文献资料，在此对他们表示由衷的感谢。

由于编者水平有限，加之时间仓促，书中难免有疏漏之处，敬请广大读者批评指正。

目　　录

项目一　仓储管理认知 1
任务一　仓储认知 3
任务二　仓储管理认知 8
任务三　仓储企业组织与管理 10

项目二　仓储规划与布局 17
任务一　仓库的概念与类型 18
任务二　仓库的选址 25
任务三　仓库的布局 31
任务四　储位规划 39

项目三　仓储的设施设备 51
任务一　仓储设施设备的管理 52
任务二　常用的仓储设备 55

项目四　入库作业管理 75
任务一　入库作业准备 76
任务二　入库作业管理 83

项目五　在库作业管理 89
任务一　物品的堆码 91
任务二　物品的苫垫 99
任务三　物品的保管保养 103
任务四　物品的盘点 116
任务五　库区的"5S"管理 119

项目六　出库作业管理 122
任务一　出库作业认知 123
任务二　出库作业的基本流程 125
任务三　出库作业中发生的问题处理 130
任务四　退货作业管理 131

项目七　仓储商务管理 135

任务一　仓储商务管理认知 136
任务二　仓储合同 138
任务三　仓单 145

项目八　库存控制 151

任务一　库存控制认知 153
任务二　库存成本的构成 154
任务三　库存控制的方法 155

项目九　仓储成本与绩效管理 168

任务一　仓储成本管理 169
任务二　仓储绩效管理 173

项目十　特殊物品管理和仓储安全管理 181

任务一　特殊物品管理 182
任务二　仓储安全管理 194

项目十一　自动化立体仓库 203

任务一　自动化立体仓库认知 204
任务二　自动化立体仓库的基本构成 208
任务三　自动化立体仓库的类型 212
任务四　自动化立体仓库的设计 215

参考文献 219

岗课赛证融通训练（活页） 221

实训操作 223

项目一　仓储管理认知

学习目标

知识目标

1. 了解仓储的概念、性质、作用，中国仓储业的发展历史与发展趋势；
2. 了解仓储管理的概念、任务，仓储企业组织结构；
3. 理解仓储企业人员的岗位职责和素质要求；
4. 掌握仓储的功能、仓储管理的内容。

能力目标

1. 具有仓储与仓储管理的认知能力；
2. 具有正确选择组织结构形式的能力；
3. 具有识别岗位职责的能力并具备相应的素质。

素质目标

1. 具有良好的职业道德和创新能力；
2. 具有工匠精神。

案例导入

鲸仓物流

深圳市鲸仓科技有限公司是国内领先的智能仓储自动化整体解决方案供应商，当前自主研发的智能密集存储系统为全球首创，获得国家发明专利106项，配合自主开发的智控系统（PMS、PCS、WMS、PLC）等多套业务应用系统和通过大数据运算下的机器人调度，实现高效、科学的人机交互，为物流、仓储行业提供省地、省人力、省心的全流程智能自动化仓储解决方案。

2012信息化：鲸仓携WMS（仓储管理系统）涉足仓储业，在全国开设分仓，为电商卖家提供分仓就近发货服务。2014自动化：鲸仓国际化专利魔方系统亮相，极大提升仓储空间利用率，并实现货架自动到人，跨入自动化时代。2018智能化：鲸仓PSS系统，加速了AI智能技术在仓储场景中的应用，做到100%无人仓，标志着跨入智能化时代。

鲸仓已在全国主要城市建立超过15个PSS智能仓，存储料箱数超过67万箱，智能设备覆盖面积超过2.5万㎡。日均订单量超10万，出库峰值超55万件/天的业态下，鲸仓智能仓系统超KPI稳定运营。

鲸仓可通过北京仓、杭州仓、武汉仓、广州仓、成都仓五仓的协同效应布局全国业务。鲸仓的布局及辐射范围靠近市场，有区域优势。鲸仓的布局如表1-1所示。

表 1-1　鲸仓的布局

仓库名称	仓库类型	仓库占地面积/平方米	PSS 建设面积/平方米	存储料箱数量/箱	入驻品牌
成都仓	312 模式	3 625	2 309	29 849（标箱）+13 104（大箱）	adidas（鞋服）
郑州仓	保税仓（第一代魔方）+一般贸易仓（平面）	6 000+1 500	—	—	豌豆公主（美妆日化）
武汉仓	312 模式	5 760	2 962	80 000（标箱）	亿格云仓（第三方）
杭州仓	312 模式	4 288	3 188	85 848（标箱）	书链（图书） 如涵（鞋服） 悠简（奶昔）
北京仓	312 模式	6 468	1 452	39 030（标箱）	adidas（鞋服） 车由（摩托用品）
西安仓	312 模式	1 251.36	741	29 484（标箱）	adidas（鞋服）
深圳仓	101 模式	4 000	1 232	17 290（标箱）	梵思诺（鞋服）专仓
广州仓	211 模式	7 000	2 052	23 280（标箱）	帛易（鞋服） 飞科（小家电） 葫芦文化（图书） 贝纯、天然之扉（日化）

思维导读

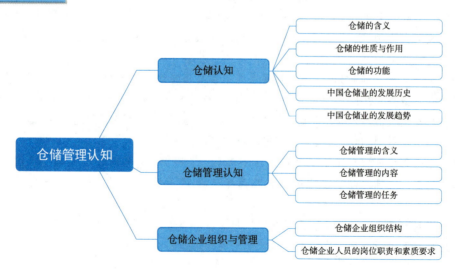

任务一　仓储认知

仓储视频：宝钢无人仓

微课视频：仓储认知 1

一、仓储的含义

传统仓储是为了存，现代仓储是为了不存或减少储存。

仓储和运输长期以来被看作物流活动的两大支柱。仓储是物流系统的一个子系统，在物流系统中起着缓冲、调节和平衡的作用。

狭义的"仓储"是指通过仓库等场所实现对在库物品的储存与保管，是一种静态仓储，可比喻为蓄水池。

广义的"仓储"是指除了对物品的储存与保管，还包括物品在库期间的装卸搬运、分拣组合、流通加工等增值服务功能，是一种动态仓储，可比喻为河流。

即问即答 >>>

传统仓储与现代仓储的区别是什么？

仓储是指利用仓库及相关设施设备进行物品的入库、储存、出库的活动。（国家标准《物流术语》GB/T 18354—2021）

仓储视频：鲸仓科技

二、仓储的性质与作用

（一）仓储的性质

仓储的性质，一般是就仓储活动的生产性和非生产性而言的。

1. 仓储具有生产性

仓储在生产领域和流通领域都具有生产性，主要体现在：

（1）仓储活动是社会再生产中不可或缺的一环。产品从脱离生产到进入消费，一般都需要仓储来调节供需在时间上的差异，所以认为仓储是社会再生产过程的中间环节。

（2）仓储活动具有生产三要素。仓储活动的劳动者是仓库作业人员，劳动资料是各种仓库设施设备，劳动对象是储存保管的物品。

（3）仓储活动中的某些环节，实际已成为生产过程的一个组成部分。在储存过程中的流通加工，如钢材切割、零件配套、设备组装等都具有明显的生产性。

2. 仓储具有非生产性

仓储活动与一般物质活动相比，又具有非生产性，主要体现在：

（1）仓储活动并不改变物品的性能、性质和使用价值，而只保持和延续仓储物品的使用价值。在仓储过程中消耗的一切活劳动和物化劳动将导致商品价值的增加。

(2) 仓储活动具有服务性，生产和消费同时进行，既不能储存也不能积累。

(3) 仓储活动具有不均衡性和不连续性。仓储活动服务于生产和销售，是根据用户需要进行的相关业务活动，需求的变动导致仓储活动不均衡和不连续。

> **想一想**
>
> 为什么仓储具有生产性？

（二）仓储的作用

1. 仓储的积极作用

(1) 仓储是物流活动的重要环节。

(2) 仓储是保证社会再生产顺利进行的重要手段。

(3) 仓储是加快资金周转、降低物流成本、提高经济效益的有效途径。

2. 仓储的消极作用

(1) 仓储需要支出一定费用。

(2) 仓储会产生货物折旧和跌价损失。

(3) 仓储需要支付一定的保险费用。

三、仓储的功能

（一）储存与保管功能

储存、保管是仓储最基本的功能，也是仓储产生的根本原因。

1. 储存功能

储存是指储藏、保护、管理物品。现代社会生产的一个重要特征就是专业化和规模化生产，劳动生产率极高，产量巨大，绝大多数产品都不能及时消费，需要经过仓储手段进行储存，这样才能避免生产过程堵塞，保证生产过程能够继续进行。对于生产过程来说，适当的原材料、半成品储存，可以防止因缺货造成的生产停顿。而对于销售过程来说，储存尤其是季节性储存可以为企业市场营销创造良机，适当的储存是市场营销的一种战略，它为市场营销中特别的商品需求提供了缓冲和有力的支持。

2. 保管功能

保管是指对物品进行储存，并对其进行保护和管理的活动。生产出的产品在消费之前必须保持其使用价值，否则将会被废弃。这项任务就需要由仓储来承担，在仓储过程中对商品进行保护管理防止损害而丧失价值。如水泥受潮易结块，使其使用价值降低，因此在保管过程中就要选择合适的储存场所，采取合适的养护措施。

（二）流通加工功能

保管物在保管期间，保管人根据存货人或顾客的要求对保管物的外观、形状、成分构成、尺度等进行加工，使仓储物发生所期望的变化。

（三）整合功能

整合是仓储活动的一个经济功能。通过这种安排，仓库可以将来自多个制造企业的产品或原材料整合成一个单元，进行一票装运。其好处是有可能实现最低的运输成本，也可以减少由多个供应商向一个客户进行供货带来的拥挤和不便。

为了能有效地发挥仓储整合功能，每一个制造企业都必须把仓库作为货运储备地点，或用作产品分类和组装的设施。这是因为，整合装运的最大好处就是能够把来自不同制造商的小批量货物集中起来形成规模运输，使每一个客户都能享受到低于其单独运输成本的服务。

（四）分类和转运功能

分类就是将来自制造商的组合订货分类或分割成个别订货，然后安排适当的运力运送到制造商指定的个别客户。

仓库从多个制造商处运来整车的货物。在收到货物后，如果货物有标签，就按客户要求进行分类；如果没有标签，就按地点分类，然后货物不在仓库停留直接装到运输车辆上，装满后运往指定的零售店。同时，由于货物不需要在仓库内进行储存，因而降低了仓库的搬运费用，最大限度地发挥了仓库装卸设施的功能。

（五）调节功能

仓储在物流中起着"蓄水池"的作用。根据市场供需关系和流通的需要，仓储物的存期可长可短。当市场需求增加、交易旺盛时，可缩短货物存期，增加货物的市场投放量；当市场需求减少、交易冷淡时，可延长货物存期、减少货物的市场投放量，等待有利的交易机会。

（六）信用担保与现货交易功能

在大批货物的实物交易中，购买方必须检验货物，确定货物的存在和货物的品质方可成交。购买方可以到仓库查验货物，由仓库保管人出具的货物仓单是实物交易的凭证，可以作为购买方提供的保证。仓单本身就可以作为融资工具，可以直接使用仓单进行质押。

存货人要转让已在仓库存放的商品时，购买人可以到仓库查验商品、取样化验，双方可以在仓库进行转让交割。国内众多的批发市场，既是有商品储存功能的交易场所，又是有商品交易功能的仓储场所。众多具有便利交易条件的仓储都提供了交易活动服务，甚至部分形成了有影响力的交易市场。近年来我国大量发展的阁楼式仓储商店，就是仓储功能高度发展、仓储与商业密切结合的结果。

即问即答 >>>

仓储最基本的功能是什么？

微课视频：
仓储认知 2

四、中国仓储业的发展历史

中国仓储业历史悠久，在中国经济发展中的作用非常重要。作为仓储人员应该清楚中国仓储业的发展历史。中国的仓储业经历了四个阶段。

（一）我国古代仓储业

我国古代商业仓库是随着社会分工和专业化生产的发展而逐步形成和扩大的。"邸店"可以说是商业仓库的最初形式，既具有商品寄存性质，又具有旅店性质。随着社会分工的进一步发展和商品交换的不断扩大，专门储存商品的"塌房"从"邸店"中分离出来，成为带有企业性质的商业仓库。

（二）我国近代仓储业

随着商品经济的发展和商业活动范围的扩大，我国近代的商业仓库得到了相应的发展。19世纪，我国把商业仓库叫"堆栈"，即堆存和保管物品的场地和设备。堆栈业与交通运输、工商业以及商品交换的深度和广度关系极为密切。堆栈业在东南沿海较为发达，特别是上海、天津、广州、福州、厦门、宁波等地。

据统计，1929年，上海码头仓库总计在40家以上，库存总容量达到90多万吨，货场总容量达到70多万吨。堆栈业初期的业务只限于堆存货物，物品的所有权属于寄存人。随着堆栈业业务的扩大、服务对象的增加，堆栈业已经具有码头堆栈、铁路堆栈、保管堆栈、金融堆栈、海关堆栈等专业划分。近代堆栈业的显著特点是建立起明确的业务种类、经营范围、责任业务、仓租、进出手续等。

（三）社会主义仓储业

中华人民共和国成立以后，接管并改造了旧中国留下来的仓库，采取对口接管改造的政策，铁路、港口仓库由交通运输部门接管，物资部门仓库由全国物资清理委员会接管，私营仓库由商业部门对口接管改造等。1962年，国家物资储运局成立。1984年，国家物资储运总公司在各地设有14个直属储运公司，下属76个仓库，拥有库房和料棚195万平方米，货场446万平方米，主要承担国家掌握的机动物资、国务院各部门中转物资以及其他物资的储运任务，再加上各地物资局下属的储运公司以及仓库，在全国初步形成了一个物资储运网。在这一阶段，无论仓库建设、装备，还是装卸搬运设施，都有很大发展，这是旧中国商业仓库无法比拟的。

（四）现代化仓储业

在较长时间内，我国仓储企业一直都属于劳动密集型企业，即仓储业中大量的装卸、搬运、堆码、计量等作业都由人工来完成。因此，仓储业不仅占用了大量的劳动力，而且劳动强度大、劳动条件差，特别是一些危险品仓库，还极易发生中毒等事故。从劳动效率来看，人工作业的效率低下，库容利用率不高。为了迅速改变这种落后状况，政府在这方面做了大量工作，一方面，重视旧仓库的改造工作，按照现代仓储业的要求，改造旧式仓库，增加设备的投入，配备各种装卸、搬运、堆码等设备，减轻人工的劳动强度，改善劳动条件，提高仓储业的机械化水平；另一方面，新建一批具有先进技术水平的现代化仓库。我国从20世纪70年代开始建造自动化仓库，并普遍采用电子计算机辅助仓库管理，使中国仓储业进入了自动化的新阶段。

即问即答 >>>

我国商业仓库的最初形式是什么？

五、中国仓储业的发展趋势

我国仓储业的发展方向主要表现在以下几个方面。

（一）仓储社会化、功能专业化

我国仓储业只有通过市场化资源及企业重组等手段，按照"产权明晰、权责明确、政企分开、科学管理"的原则进行现代企业改造，建立科学先进的企业治理结构，成为自主经营、自负盈亏的市场竞争主体，才能彻底改变我国仓储业的不良状况，进一步发展壮大。

我国仓储业的低水平重复和功能相互接近的现状，只有通过分工和专业化的发展才能加以改变。社会对仓储的需要也同对其他社会资源的需要一样，向着专业化、功能化、个性化的方向发展。同时，仓储业内部在市场竞争中也只有通过专业化的发展，充分利用企业资源为用户提供个性化、差异化的产品，才能提高经济效益、形成竞争优势。

（二）仓储标准化

仓储标准化主要包括：包装标准化、标志标准化、托盘成组标准化、容器标准化、计量标准化、条形码的采用、作业工具标准、仓储信息标准化等技术标准化，也包括服务标准化和单证报表、合同格式、仓单等文件标准化。

（三）仓储机械化、自动化、智能化、智慧化

一方面，仓储作业大多具有负荷重、作业量大、时间紧、作业环境恶劣等特点，因而仓储机械化、自动化、智能化、智慧化是仓储业发展的必然，通过机械化、自动化、智能化、智慧化实现使用最少人力作业，加大作业集成度，减少人身伤害和货物损害，提高作业效率；另一方面，随着货物运输包装的大型化、托盘化的发展，仓储业也必然需要机械化、自动化、智能化、智慧化作业配合。

启智润心

京东全球首个无人仓亮相《大国重器》，智慧物流成国之重器

京东物流位于上海"亚洲一号"的全球首个全流程无人仓的应用，已经成为中国智慧物流的名片，以完美挑战"双11"订单生产高峰的姿态，亮相本季《大国重器》。由中国物流人自主研发的无人仓智能控制系统，实现了自动化到智慧化的革命性突破，正在开启全球智慧物流的未来。

重器：无人仓智能大脑——无人仓智能控制系统。

搭载平台：全球首个全流程智能无人仓库。

机器人运行速度：每秒3米，这是全世界最快的分拣速度。

最牛实力：智能大脑在0.2秒内，计算出300多个机器人运行的680亿条可行路径，并做出最佳选择。智能控制系统反应速度0.017秒，运营效率提升3倍，均为世界领先水平。无人仓中，操控全局的智能控制系统，为京东自主研发的"智慧"大脑，仓库管理、控制、分拣和配送信息系统等均由京东开发并拥有自主知识产权，整个系统均由京东总集成。

从仓储到拣货，到打包，再到分拣出仓，所有环节的无人化操作，都由这一"智慧"大脑完成，迎接"618""双11"这种全球绝无仅有的电商大促订单需求的极致考验。

目前，京东物流已在上海、广州、武汉、成都等城市投用了30个"亚洲一号"。作为电商物流的领军企业，京东物流在智慧物流方面开创了行业标准，实现物流体系操作的无人化、运营的智能化和决策的智慧化，形成预测、库存、仓储、运输、配送全链路智慧化的物流体系，构建无界零售趋势下的物流基础设施。

（四）仓储信息化、信息网络化

仓储是物流的节点，是企业存货管理的核心环节，企业生产、经营的决策需要仓储及时和准确地反映存货信息，在充分掌握物资储备、存量、存放地点、消费速度的情况下才能进行准确的生产和经营决策。有效的物流管理是建立在对物流实时控制和支配的基础上，管理的决策应及时到达仓库，由仓库对物流进行控制和组织。要实现上述目的，就需要仓库、厂商、物流管理者、物资需求者、运输工具之间建立有效的信息网络，实现仓储信息共享，做到仓储信息网络化。

（五）管理科学化

仓储管理包括仓储的管理体制、管理组织、管理方法和管理目标等方面。从管理体制上的不同，仓储活动可以分为向社会提供仓储服务的商业仓储和为企业生产经营服务的企业自营仓储。无论管理体制如何，仓储管理都需要进行科学化管理，实现高效率、高效益的仓储。

（六）仓储数字化

仓储数字化是利用信息技术手段对传统仓储业务进行改造和优化的过程，通过数据采集、存储、分析和共享，实现对仓储流程的可视化、智能化和协同化。仓储数字化的实施可以最大程度地提高仓储效率，降低运营成本，提升服务质量，实现精细化管理和全流程控制。

仓储数字化已经成为国家基础设施建设的一项重要内容。有关部门在标准制定和产业、税收等政策上都给予更多的支持。数字化技术助力仓储转型升级的同时，还可以完善仓储企业增值业务。

 知识贴

仓储的类型

按仓储活动的运作方式不同划分为自营仓库仓储、公共仓库仓储和第三方仓储。

按仓储的功能不同划分为储存仓储、物流中心仓储、配送仓储、运输转换仓储、保税仓储、守备仓储。

按仓储物品的处理方式不同划分为保管式仓储、加工式仓储和消费式仓储。

按仓储的对象不同划分为普通商品仓储和特殊商品仓储。

任务二　仓储管理认知

微课视频：
仓储管理认知

一、仓储管理的含义

仓储管理与仓库管理相比要复杂得多，仓库管理是指物品的入库、在库、出库等环节的管理，是一种业务层面的管理。而仓储管理既包括战略层面的管理，如选址与建设，又包括业务层面的管理，如出入库、储存保管、分拣配货等。

仓储管理是对仓储及相关作业进行的计划、组织、协调与控制。（国家标准《物流术语》GB/T 18354—2021）

二、仓储管理的内容

仓储管理是物品流通过程中物品储存环节的管理，主要包括以下内容。

（一）仓库的选址与建设

仓库的选址与建设是仓储管理战略层面的问题，它直接关系到仓库企业未来的发展与战略优势的保持。例如，仓库的选址原则，仓库建筑面积的确定，库内运输道路与作业的布置等。

> **想一想**
>
> 为什么仓库的选址与建设是仓储管理战略层面的问题？

（二）仓库机械设备的选择与配置

即如何根据仓库作业特点和所储存货物种类及其物理、化学特性，选择机械设备的种类以及应配备的数量，如何对这些机械进行管理等。

（三）仓库的业务管理

即如何组织货物出入库、在库保管、保养等各项业务活动，这是仓储管理最基本的内容。

（四）仓库的库存管理

即如何利用新技术、新方法来实现在保证供应的前提下库存成本的有效降低，进而实现物流总成本的最低。例如，如何根据企业的生产需求状况，储存合理数量、合理结构的物品等。

（五）人力资源管理

即仓储人员的招聘与后期的培训，建立健全岗位职责，岗位人员的配置与优化等。

（六）仓库的安全与消防管理

建立健全仓库安全与消防管理制度，做好防盗、防火、防爆等日常安全管理工作。

> **即问即答** >>>
>
> 仓储管理的基本内容是什么？

三、仓储管理的任务

分析仓储管理的目标，可以发现仓储管理的基本任务就是满足客户需求，科学合理地做好物品的入库、保管保养和出库等工作，为客户创造价值，为企业创造利润。

（一）利用市场经济手段获得最大的仓储资源配置

配置仓储资源也应遵循市场经济资源配置的原则，即实现资源最大效益。仓储管理需要营造仓储机构的局部效益空间，吸引资源进入。其具体任务包括：根据市场供求关系确定仓储的建设规模；依据竞争优势选择仓储的地址；以产品差别决定仓储专业化分工和确定仓储功能；以所确定的功能决定仓储布局；根据设备利用率决定设备配置等。

（二）以高效率为原则组织管理机构

管理机构是开展有效仓储管理的基本条件，是仓储管理活动的保证和依托。生产要素（特别是人的要素）只有在良好组织的基础上才能发挥作用，实现整体的力量。仓储组织机构的确定需围绕仓储经营目标，以实现仓储经营的最终目标为原则，依据管理幅度、因事设岗、责权对等的原则，建立结构简单、分工明确、互相合作和促进的管理机构与管理队伍。

（三）以高效率、低成本为原则组织仓储生产

仓储生产包括货物入仓、在库、出仓的作业，仓储物验收、理货交接，在仓储期间的保管照

料、质量维护、安全防护等。仓储生产的组织应遵循高效、低耗的原则，充分利用机械设备、先进的保管技术、有效的管理手段，实现仓储快进、快出，提高仓储利用率，降低成本，不发生差、损、错事故，保持连续、稳定生产。生产管理的核心在于充分使用先进的生产技术和手段，建立科学的生产作业制度和操作规程，实行严格的监督管理，采取有效的激励机制。

（四）以不断满足社会需要为原则开展商务活动

商务活动是仓储管理中对外的经济联系，包括市场定位、市场营销、交易和合同关系、客户服务、争议处理等。仓储商务是物流企业经营收入和仓储资源得到充分利用的保证。仓储管理者要不断掌握市场的发展变化，不断开拓创新，提供适合经济发展的仓储产品。

（五）确保仓库和物品的安全

防止火灾和盗窃，保证仓库物品和仓库不受意外损失，是仓储管理的重要任务。因此，一切物品均应存放在合适的仓库中，规定严格的防护制度。

 知识贴

仓储管理的原则

1. 保证质量

仓储管理的一切活动，都必须以保证在库物品的质量为中心。没有质量的数量是无效的，甚至是有害的。为了完成仓储管理的基本任务，仓储活动中的各项作业必须有质量标准，并严格按标准执行。

2. 注重效率

仓储效率影响整个物流系统的效率和成本。在仓储过程中要充分发挥仓储设施设备的作用，提高其利用率；要充分调动仓库生产人员的积极性，提高劳动生产率；要加速在库物品的周转，缩短物品在库时间，提高库存周转率。

3. 确保安全

仓储活动中不安全因素有很多。有的来自库存物，有的来自装卸搬运作业过程，还有的来自人为破坏。因此要特别加强安全教育，提高认识，制定安全制度，贯彻执行"安全第一，预防为主"的安全生产方针。

4. 提高经济效益

仓储活动中所耗费的物化劳动和活劳动的补偿是由社会必要劳动时间决定的。为实现一定的经济效益目标，必须力争以较少的人财物消耗，及时准确地完成较多的储存任务。因此，对仓储生产过程进行计划、控制和评价是仓储管理的主要内容。

任务三　仓储企业组织与管理

一、仓储企业组织结构

（一）组织结构设计的原则

设计组织结构应遵循以下原则。

1. 任务目标原则

每个部门或岗位都是企业组织结构的一部分，都与特定的任务目标有关，否则就没有存在的价值。企业设置的每一个部门或岗位，都不是随意而为，而是要为实现战略目标做出贡献的。设置部门、岗位要以事为中心，事与人要高度配合，而不是以人为中心，因人设部门、因人设岗位、因岗位设部门。

2. 精干高效原则

精干是机构少，人员精；高效是工作效率和工作质量高。在满足仓储企业目标所要求的业务活动需要的前提下，力求减少管理层次，精简机构和人员，充分发挥仓储企业成员的积极性，提高管理效率。

3. 权责对等原则

责任是岗位必须履行的义务，权力是岗位规定应该行使的权力。在任何工作中，责任与权力必须大致相等，否则就无法完成工作。

4. 分工与协作原则

企业是一个有机的整体，各部门及岗位既要分工明确，更要相互协作。例如，仓储部、销售部、采购部等，首先要分工明确，将责任落实到岗位，但在工作中又要相互协调。

5. 统一指挥原则

一个下级只接受一个上级的命令和指挥，同时下级只对这个上级负责。该原则要求：上下级之间要形成一条纵向连续的等级链，一个下级只有一个上级领导，一个项目只能由一个人负责，一般上级不能越级指挥。

6. 管理幅度原则

管理人员有效地监督、指挥其直接下属的人数是有限的。仓储企业内部管理人员应根据自己的实际情况确定自己的管理幅度。

7. 稳定性与适应性相结合的原则

组织结构既要有相对的稳定性，也要根据仓储企业长远目标、内外部环境条件的变化做出相应的调整，以适应新条件的要求。

（二）仓储企业组织结构的形式

1. 直线制

这种组织结构形式是由一个上级直接管理多个下级的一种组织结构，如图1-1所示。

图1-1 直线制

（1）直线制组织结构的优点。

从上到下垂直领导，不设行政职能部门，组织精简，指令传达迅速，责任权限明确，仓储企业主管的管理意图得到充分执行。

（2）直线制组织结构的缺点。

管理中的各种决策易受管理者自身能力的限制，对管理者的要求较全面。当业务量大、作业复杂的情况下，仓储企业主管会感到压力太大，力不从心。

（3）适用范围。

该种组织形式适合仓库规模小、人员不多、业务简单的小型仓储企业。

2. 直线职能制

直线职能制的结构形式是在直线制的基础上加上职能部门，各职能部门分管不同专业，这些职能结构都是某种职能的组合体，如图1-2所示。

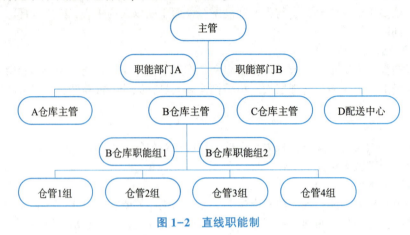

图1-2 直线职能制

（1）直线职能制组织结构的优点。

克服了直线制管理模式中管理者的精力和工作时间有限的缺点。

（2）直线职能制组织结构的缺点。

各职能部门之间有时会发生矛盾，因此需要密切配合。

（3）适用范围。

这种组织结构形式在大中型仓储企业普遍采用，是一种有效的形式。

想一想

为什么直线职能制组织结构在大中型仓储企业普遍采用？

3. 事业部制

事业部制管理模式是一种较为复杂的仓储组织管理模式，它是在总公司领导下，以某项职能（或某项目）为事业部，实行统一管理、分散经营的管理方法，如图1-3所示。

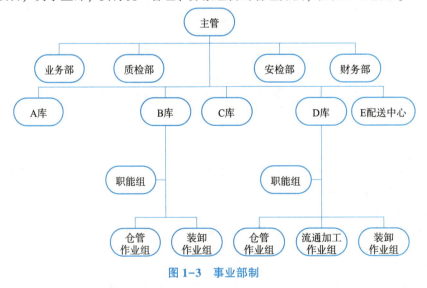

图1-3 事业部制

（1）事业部制组织结构的优点。

管理决策程序完善，运行效率高，各事业部内部管理权力相对集中，有独立经营管理能力。

（2）事业部制组织结构的缺点。

增加了管理层次，造成机构重叠，管理人员和管理费用增加。由于各事业部独立经营，各事业部之间人员互换困难，相互支援较差。

（3）适用范围。

事业部制组织结构形式，适用于大型仓储企业。

二、仓储企业人员的岗位职责和素质要求

（一）仓储企业人员的岗位职责

1. 仓储主管的岗位职责

仓储主管是仓库的主要负责人，负责仓库的全局工作。

（1）规范流程。执行并监控仓库作业流程及各项制度的实施，对仓库的正常运作负责。

（2）掌握库存。准确记账、报账；加强与台账的日核对与月盘点核查。

（3）安排库位。科学合理地安排商品的库位与堆放；建立货损商品库位。

（4）控制手续。按订单要求及商品外观要求严格把好入库关，核查出库手续。

（5）保管商品。主要对入库、在库商品有保管责任。

（6）安全防护。对全部在库商品、财产的安全、质量负责，杜绝人为损坏与遗失；做好库区防火、防水、防盗工作。

（7）培训与考核。提高自身业务水平，对员工实时进行培训与考核，掌握员工思想动态，及时做好员工思想工作，保证每一名员工的工作状态良好。

（8）严格纪律。建立并不断完善库内工作记录，针对仓库运作流程，制定相关劳动纪律，并在工作中不断修改和完善。

2. 入库管理员的岗位职责

（1）主要负责在货物入库过程中选用搬运工具与调派工作人员，并安排工具使用时段与人员的工作时间、地点、班次等。

（2）制定相应的货物入库管理制度及工作流程。

（3）负责货物的合理及安全存放。

（4）建立货物入库台账，每日进行货物入库记录及统计。

（5）严格按照手续办理产品入库。

（6）对退货及换货产品进行另类统计。

3. 保管员的岗位职责

（1）仓库保管员要努力学习业务知识，不断提高业务素质。

（2）严格遵守公司的各项规章制度，坚持原则、秉公办事。严格执行公司的进出库手续、流程。发出商品坚持先进先出的原则。

（3）建立库存商品保管账、卡片，商品要分类合理存放，标明名称、规格、数量、期限等。

（4）负责检查验收购进或退回商品的数量、质量，根据货物的品名、规格、型号、分类办理入库手续。

（5）按时检查库房内外环境，保持通风；防止潮湿、霉变；注意防火、防盗、防虫蛀、防鼠咬；不准任何人在库房内吸烟；进入库房不得随身携带打火机、火柴及其他危险物品等。

（6）每日盘点实有库存，发现问题及时处理。原则上按月与财务部对账，做到账账相符、

账货相符。及时处理盘点中发现的问题。

（7）除上述工作内容外，完成上级领导交办的其他临时性工作。

4. 出库管理员的岗位职责

（1）在部门经理领导下，做好验证、出库等工作。

（2）严格执行公司仓库保管制度及其细则规定。

（3）验收中发现的问题要及时通知主管领导和相关单位经办人处理。

（4）负责仓库区域内的治安、防盗、消防工作，发现事故隐患及时上报，对意外事件及时处置。

（5）合理安排商品在仓库内的存放次序，按商品种类、规格、等级分区堆码，不得混合乱堆，保持库区的整洁。

（6）负责定期对仓库物料盘点清仓，做到账物相符，协助巡检员做好盘点工作。

（7）做到以公司利益为重，爱护公司财产，不得监守自盗。

5. 理货员的岗位职责

（1）保障库存商品销售供应，及时清理端架、堆头和货架，并补充货源。

（2）保持区域内的卫生（包括货架、商品）。

（3）保持通道的顺畅，无空卡板、垃圾。

（4）按要求码放排面，做到排面整齐美观，货架丰满。

（5）及时收回零星物品和处理破损包装商品。

（6）保证每一种商品都有正确的条形码和正确的价格卡。

（7）整理库存区，做到商品清楚、码放安全、规范有序。

（8）商品要求先进先出，并检查保质期。

（9）微笑服务，礼貌用语。耐心礼貌解答顾客询问；补货理货时不可打扰顾客挑选商品；及时平息及调解顾客纠纷；制止顾客各种违反店规的行为——拆包、进入仓库等；对不能解决的问题，及时请求帮助或向主管汇报。

（10）器材管理要细致，理货员应随身携带工作证、资料夹、笔、手套、封口胶、便签等。

（11）认真撰写工作日志。

（二）仓储企业人员的素质要求

仓储企业人员应该达到一定的素质要求，主要包括以下几方面。

1. 政治思想修养水平

主要包括政治坚定性、敏感性、事业心、责任感、思想境界与品德情操，特别是职业道德。

2. 敬业精神和吃苦耐劳的精神

仓储作业和其他行业不同，有自己的特点，如作业过程间断、作业量不均衡、作业对象复杂等，因此，仓储人员要有敬业精神和吃苦耐劳精神。

3. 工匠精神

工匠精神就是要求仓储人员要专一、务实肯干、坚持不懈、精雕细琢、精益求精。

启智润心

中港物流的"工匠精神"

2016年《政府工作报告》中提到"鼓励企业开展个性化定制、柔性化生产，培育精益求精的工匠精神，增品种、提品质、创品牌。"

工匠精神在时间里沉淀价值、铸就品牌。瑞士钟表匠几十年如一日不断打磨精湛的技术是一种工匠精神的体现。鸿泰信中港物流致力于成为中港运输品牌服务商，也是一种工匠精神的体现。

古语云"玉不琢，不成器"，工匠精神要求我们以极致的态度对服务和产品精雕细琢、精益求精、追求更完美的精神理念，不断吸收知识技术，创造出新成果。

工匠精神就是追求卓越的创造精神、精益求精的品质精神、用户至上的服务精神。鸿泰信中港物流提供服务的宗旨正是客户至上，鸿泰信物流对服务质量的升华正是精益求精。

优质的中港货运服务一直是鸿泰信物流工匠精神的最好体现。目前，中港物流核心竞争力主要体现在两个方面。第一，时效。几乎所有的客户都需要较高的时效。第二，安全。中港物流行业价值链的体现在于将客户的货物安全无损、及时地送达目的地。

鸿泰信中港物流，针对服务、路线、商家、客户均进行了详细的统筹规划，从细节着手进而解决中港货运时效和安全问题。工匠精神对鸿泰信来讲绝不仅仅是做好一件事就可以，而是要把整个中港运输的效率、管理、服务等每个环节都做到极致。用心传递货物，鸿泰信中港物流也在不断地思考与努力中践行着中港运输品牌服务商的使命。

4. 商品知识

具有与本岗位有关的物理、化学、商品养护学的基本知识；了解所保管物品的性能、特点；了解所保管物品的储存技术标准及温湿度要求。

5. 仓储管理的技术

仓储活动离不开仓储技术装备的支撑，包括软硬件，如自动分拣系统、仓储机器人等，仓储人员必须熟练掌握这些技术，才能适应智能仓储的快速发展。

6. 仓储工具设备的使用

懂得常用仪器、仪表、设备、工具的使用方法和保养知识；掌握计算机相关知识。

7. 安全防护知识

掌握消防安全基本知识和操作规程；了解仓库安全的内容及要求；懂得物品包装储运图示标志及一般消防器材的使用方法。

8. 一定的财务管理能力

能对物品进行盘点，能查月报表，进行经济核算和成本分析，正确掌握仓储活动的相关信息，进行成本管理等。

即问即答 >>>

仓储企业人员的素质要求是什么？

项目小结

1. 仓储是指利用仓库及相关设施设备进行物品的入库、储存、出库的活动。仓储具有生产性和非生产性等性质。仓储具有积极和消极两个方面的作用。

2. 仓储具有储存保管、流通加工、分类和转运、整合、调节、信用担保与现货交易等功能。

3. 中国的仓储业经历了古代仓储业、近代仓储业、社会主义仓储业和现代化仓储业四个阶段。我国仓储业的发展方向主要表现在仓储社会化，功能专业化，仓储标准化，仓储机械化、自动化、智能化、智慧化，仓储信息化、信息网络化和管理科学化。

4. 仓储管理是对仓储及相关作业进行的计划、组织、协调与控制。

5. 仓储企业组织结构设计的原则包括任务目标原则、精干高效原则、权责对等原则、分工与协作原则、统一指挥原则、管理幅度原则等。仓储企业组织结构的形式主要有直线制、直线职能制和事业部制等。

		学习评价	
学生自评（50分）	知识巩固与提高（30分）	客观题（15分）	主观题（15分）
	学以致用（20分）	分析准确合理（20分）	分析一般（10分）
小组评价（30分）	团队合作（10分）	沟通协调（10分）	成果展示（10分）
教师评价（20分）	团队合作（10分）	知识掌握程度（5分）	成果汇报（5分）
总分			

项目二　仓储规划与布局

学习目标

知识目标
1. 了解仓库的概念和类型；
2. 理解仓库的布局；
3. 掌握仓库选址的原则、影响因素和方法；
4. 掌握物品分区分类的原则、考虑因素和方法；
5. 掌握储位划分的方式和储位编码。

能力目标
1. 具有规划仓库网络布局及仓库选址的能力；
2. 具备设计仓库内部布局与结构的能力；
3. 能够根据库存商品及仓库特点合理确定存储位置。

素质目标
1. 具有良好的职业道德；
2. 具备认真细致的工作作风以及严谨的工作态度；
3. 培养遵纪守法、爱护环境和服务社会的意识。

案例导入

菜鸟科技中国智能骨干网

随着菜鸟科技中国智能骨干网项目加速建设，双流在成都加快建设国家级电子商务示范城市和国家级区域物流中心城市战略中担负起了重要使命。通过集聚一大批相关门类配套产业，推动临空高端服务业加快发展，助力加快建设国家级临空经济示范区。菜鸟科技中国智能骨干网项目（一期）占地约536亩，主要以8个电商物流中心为主，每个物流中心的物流仓储面积约2万平方米，再加上运营中心、动力中心、宿舍等相应的配套设施，形成仓储配送、公路货运集散、商务信息服务、商业贸易及配套居住五大功能区。项目共分两期建设：一期计划投资10亿元，主要建设中国智能骨干网西部区域总部、区域结算中心、电子商务物流配送中心、电子商务营运中心等；二期项目主要建设后续的电子商务物流配送中心、电子商务营运中心等。项目建成并投运后，将对成都加快建设国家级电子商务示范城市和国家级区域物流中心城市产生极大推动作用，并将吸引一大批相关门类的配套产业聚集，这对发展临空高端服务业将产生重要意义。菜鸟科技中国智能骨干网建成投运后，将与万达电商云基地、联通IDC（互联网数据中心）等项目共同构成重要的大数据中心。当前，双流三大跨境电商产业园区正加速崛起，汇通天下、众友东方、中远国际等几十家跨境电商产业链企业陆续落户，今后将与菜鸟科技中国智能骨干网项目共同助推双流跨境电商产业蓬勃发展。

思维导读

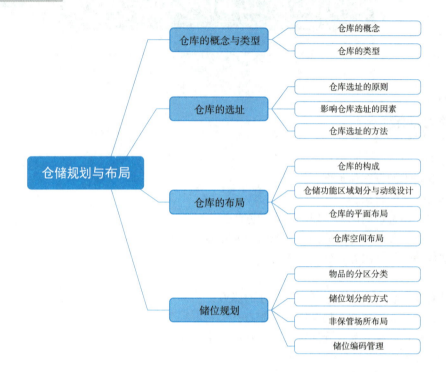

任务一　仓库的概念与类型

仓储视频：菜鸟智慧仓库

微课视频：仓库的概念与类型

一、仓库的概念

仓库是指用于储存、保管物品的建筑物和场所的总称。（国家标准《物流术语》GB/T 18354—2021）

> **知识贴**
>
> **仓库和仓储的区别**
>
> 总的来说，仓库是静态的，属于场所；仓储是静动结合的，属于行为。随着经济的发展，物流由少品种、大批量物流进入多品种、小批量或多批次、小批次物流时代，仓储功能从重视保管效率逐渐变为重视如何才能顺利地进行发货和配送作业。

性质不同。仓库是个实体，是存储物质和资材的区域；仓储是个行业，或者说是一门学科，主要涵盖了物流管理、物质管理、安全管理、账务管理、人员管理。

目的不同。仓库的目的是对物品（物资）进行集中、整理、保管和分发等；仓储的目的是满足供应链上下游的需求。

组成部分不同。仓库由储存物品的库房、运输传送设施、出入库房的输送管道和设备以及消防设施、管理用房等组成。而仓储除了包含仓库之外，还有配送中心和会计核算环节等。

作用不同。仓库的作用是对物品（物资）进行集中、整理、保管和分发等。仓储的作用：一是完好地保证货物的使用价值和价值，二是为将货物配送给用户，在物流中心进行必要的加工活动而进行的保存。

二、仓库的类型

（一）按火灾危险性分类

根据所存放或生产物质火灾危险性级别，仓库可分为甲类仓库、乙类仓库、丙类仓库、丁类仓库、戊类仓库。

1. 甲类仓库

闪点小于 28 ℃ 的液体；爆炸下限小于 10% 的气体；常温下能自行分解或在空气中氧化能导致迅速自燃或爆炸的物质；常温下受到水或空气中水蒸气的作用，能产生可燃气体并引起燃烧或爆炸的物质；遇酸、受热、撞击、摩擦、催化以及遇有机物或硫黄等易燃的无机物，极易引起燃烧或爆炸的强氧化剂；受撞击、摩擦或与氧化剂、有机物接触时能引起燃烧或爆炸的物质；在密闭设备内操作温度大于等于物质本身自燃点的生产。

2. 乙类仓库

闪点大于等于 28 ℃，但小于 60 ℃ 的液体；爆炸下限大于等于 10% 的气体；不属于甲类的氧化剂；不属于甲类的化学易燃危险固体；助燃气体；能与空气形成爆炸性混合物的浮游状态的粉尘、纤维、闪点大于等于 60 ℃ 的液体雾滴。

3. 丙类仓库

闪点大于等于 60 ℃ 的液体；可燃固体。

4. 丁类仓库

对不燃烧物量进行加工，并正在高温或熔化形态下经常发生强辐射热、火花或火焰的生产；把气体、液体、固体作为燃料或将气体、液体进行燃烧做其他用的生产；常温下利用或加工难燃烧物质的生产。

5. 戊类仓库

常温下利用或加工不燃烧物质的生产。

> **想一想**
> 为什么说闪点越低，引起火灾的危险性越大。

（二）按仓库管理体制分类

根据管理体制的不同，仓库可分为自营仓库、公共仓库。

1. 自营仓库

自营仓库是指由企业或各类组织自营自管，为自身的货物提供储存和保管的仓库。（国家标准《物流术语》GB/T 18354—2021）仓库的建设、保管物品的管理以及出入库等业务均由公司自己负责。所保管物品的种类、数量相对确定，仓库结构和装卸设备与之配套。

2. 公共仓库

公共仓库是指面向社会提供物品储存服务，并收取费用的仓库。（国家标准《物流术语》GB/T 18354—2021）它是一种社会化的仓库，面向社会，以经营为手段，以赢利为目的。与自营仓库相比，公共仓库的使用效率更高。

（三）按仓库用途分类

仓库按照它在商品流通过程中所起的作用可以分为以下几种。

1. 采购供应仓库

采购供应仓库主要用于集中储存从生产部门收购的和供国际进出口的商品，一般设在商品生产比较集中的大、中城市，或商品运输枢纽的所在地。

2. 批发仓库

批发仓库主要是用于储存从采购供应库场调进或在当地收购的商品，一般靠近商品销售市场，规模比采购供应仓库要小一些，承担批发和拆零供货业务。

3. 零售仓库

零售仓库主要用于为商业零售业做短期储货，一般是提供店面销售。零售仓库的规模较小，所储存物资周转快。

4. 储备仓库

储备仓库一般由国家设置，以保管国家应急的储备物资和战备物资。货物在这类仓库中储存时间一般比较长，并且储存的物资会定期更新，以保证物资的质量。

5. 中转仓库

中转仓库处于货物运输系统的中间环节，存放等待转运的货物。一般货物在此仅做临时停放。一般设置在公路、铁路的场站和水路运输的港口码头附近，以方便货物在此等待装运。

6. 加工仓库

一般具有产品加工能力的仓库被称为加工仓库。

7. 保税仓库

保税仓库是指经海关批准设立的专门存放保税货物及其他未办结海关手续货物的仓库。（国家标准《物流术语》GB/T 18354—2021）

保税仓库是指为国际贸易的需要，设置在一国国土之上，但在海关关境以外的仓库。外国企业的货物可以免税进出这类仓库而办理海关申报手续，而且经过批准后，可以在保税仓库内对货物进行加工、存储等作业。

（四）按库内形态分类

1. 地面型仓库

地面型仓库一般指单层地面库，多使用非货架型的保管设备，如图 2-1 所示。

2. 货架型仓库

货架型仓库是指采用多层货架保管的仓库。货架上放着物品和托盘，物品和托盘可在货架上滑动，如图 2-2 所示。货架分为固定货架和移动货架。

图 2-1　地面型仓库

3. 立体仓库

立体仓库又被称为高架仓库，是指采用高层货架，可借助机械化或自动化等手段立体储存的仓库。（国家标准《物流术语》GB/T 18354—2021）立体仓库如图 2-3 所示。

图 2-2　货架型仓库　　　　　　　　　　图 2-3　立体仓库

（五）按保管物品种类的多少分类

1. 综合库
综合库是指用于存放多种不同属性物品的仓库，如图 2-4 所示。

2. 专业库
专业库是指用于存放一种或某一大类物品的仓库。粮库如图 2-5 所示。

图 2-4　综合库　　　　　　　　　　　　图 2-5　粮库

(六) 按仓库保管条件分类

1. 普通仓库
普通仓库是指用于存放无特殊保管要求的物品的仓库,如图2-6所示。

2. 保温、冷藏、恒湿恒温库
保温、冷藏、恒湿恒温库是指用于存放要求保温、冷藏或恒湿恒温的物品的仓库,如图2-7所示。

图2-6 普通仓库

图2-7 保温、冷藏、恒湿恒温库

3. 特种仓库
特种仓库通常是指用于存放易燃、易爆、有毒、有腐蚀性或有辐射性的物品的仓库,如图2-8所示。

4. 气调仓库
气调仓库是指用于存放要求控制库内氧气和二氧化碳浓度的物品的仓库,如图2-9所示。

图2-8 特种仓库

图2-9 气调仓库

即问即答 >>>

特种仓库主要存放什么物品?

(七) 按仓库建筑封闭程度分类

1. 封闭式仓库
这种仓库俗称"库房",该结构的仓库封闭性强,便于对库存物进行维护保养,适宜存放保管条件要求比较高的物品,如图2-10所示。

2. 半封闭式仓库

这种仓库俗称"货棚",其保管条件不如库房,但出入库作业比较方便,且建造成本较低,适宜存放那些对温湿度要求不高且出入库频繁的物品,如图 2-11 所示。

图 2-10　封闭式仓库

图 2-11　半封闭式仓库

3. 露天式仓库

这种仓库俗称"货场",其最大优点是装卸作业极其方便,适宜存放较大型的货物,如图 2-12 所示。

图 2-12　露天式仓库

(八) 按建筑结构分类

1. 平房仓库

平房仓库的构造比较简单,建筑费用低,人工操作比较方便,如图 2-13 所示。

2. 楼房仓库

楼房仓库是指二层楼以上的仓库,它可以减少土地占用面积,进出库作业可采用机械化或半机械化,如图 2-14 所示。

3. 高层货架仓库

建筑本身是平房结构,但仓库的顶很高,内部设施层数多,可保管 10 层以上的托盘。在作业方面,高层货架仓库主要使用电子计算机控制堆垛机、吊机等装卸机械自动运转,能实现机械化和自动化操作,也称为自动化仓库或无人仓库,如图 2-15 所示。

4. 罐式仓库

罐式仓库的构造特殊，呈球形或柱形，主要用来储存石油、天然气和液体化工品等，如图 2-16 所示。

图 2-13　平房仓库

图 2-14　楼房仓库

图 2-15　高层货架仓库

图 2-16　罐式仓库

5. 简易仓库

简易仓库的构造简单、造价低廉，一般是在仓库不足而又不能及时建库的情况下临时采用的仓库，包括一些固定或活动的简易货棚等，如图 2-17 所示。

图 2-17　简易仓库

（九）按仓库功能分类

现代物流管理力求进货与发货同期化，使仓库管理从静态管理转变为动态管理，仓库功能也随之改变，这些新型仓库也就有了新的称谓。

1. 集货中心

将零星货物集中成批量货物称为"集货"。集货中心可设在生产点数量很多，每个生产点产量有限的地区；只要这一地区某些产品的总产量达到一定水平，就可以设置这种有"集货"作用的物流据点。

2. 分货中心

将大批量运到的货物分成批量较小的货物称为"分货"。分货中心是主要从事分货工作的物流据点。企业可以采用大规模包装、集装货散装的方式将货物运到分货中心，然后按企业生产或销售的需要进行分装。利用分货中心可以降低运输费用。

3. 转运中心

转运中心的主要工作是承担货物在不同运输方式间的转运。转运中心可以进行两种运输方式的转运，也可进行多种运输方式的转运，在名称上有的称为卡车转运中心，有的称为火车转运中心，还有的称为综合转运中心。

4. 加工中心

加工中心的主要工作是进行流通加工。设置在供应地的加工中心主要进行以物流为主要目的的加工；设置在消费地的加工中心主要进行以实现销售、强化服务为主要目的的加工。

5. 储调中心

储调中心以储备为主要工作内容，其功能与传统仓库基本一致。

6. 配送中心

配送中心是具有完善的配送基础设施和信息网络，可便捷地连接对外交通运输网络，并向末端客户提供短距离、小批量、多批次配送服务的专业化配送场所或组织。（国家标准《物流术语》GB/T 18354—2021）

7. 物流中心

物流中心是指具有完善的物流基础设施及信息网络，可便捷地连接外部交通运输网络，物流功能健全，集聚辐射范围大，存储、吞吐能力强，为下游客户提供专业化公共物流服务的场所或组织。（国家标准《物流术语》GB/T 18354—2021）

> **想一想**
>
> 为什么配送中心与物流中心不同？

仓储视频：
京东无人仓

任务二　仓库的选址

一、仓库选址的原则

仓库选址是指在一个具有若干供应点及若干需求点的经济区域内，选一个地址建立仓库的规划过程。合理的选址方案应该使商品通过仓库的汇集、中转、分发，达到需求点的全过程的效益最好。

微课视频：
仓库选址

（一）适应性原则

仓库的选址要与国家以及省市的经济发展方针、政策相适应，要与国家物流资源分布和需求分布相适应，与国民经济和社会发展相适应，符合所在地区、城市、乡镇总体规划布局。除此之外，要能与企业自身的需求相适应，要在协调服务与成本基础上进行建设。

（二）协调性原则

仓库的选址应将国家的物流网络作为一个大系统来考虑，使仓库的设施设备，在地域分布、物流作业生产力、技术水平等方面互相协调。如沃尔玛的仓储设备在中国采用的是以人力为主的设施设备，而在美国本土应用了自动化立体仓库。

（三）经济性原则

选址要保证仓库的建设成本和使用成本最优化，充分均衡建设费用、设施设备购置费用、劳动力成本和各项运营费用，以总成本最低为衡量标准。如将仓储建设在市区、郊区，还是建在港口、车站等附近，既要考虑土地购置费用，又要考虑运输成本。

（四）战略性原则

选址必须具有大局观念，以发展和全局的观念来设计和计划。要有战略眼光，局部利益服从全局利益，眼前利益服从长远利益。如果企业的眼前利益与长远利益发生矛盾，不能为了眼前利益牺牲长远利益，应当把企业的长远利益放在首位，甚至可以为了长远利益放弃部分眼前利益。

（五）可持续发展原则

在选址过程中需要充分考虑环境保护的需求，维护生态环境、保护环境是企业的社会责任之一。选址要有利于保护环境与景观，不污染水源，并符合现行环境保护法律法规的规定。

（六）可行性原则

仓库选址要充分考虑到建设的可行性，在兼顾以上五条原则的同时充分考虑最终规划的可操作性。

二、影响仓库选址的因素

仓库选址需要考虑的因素涉及多方面，不同类型的仓库不尽相同。地区选择和地点选择的考虑因素也有差异，前者注重宏观因素，后者需考虑具体条件。

（一）政策因素

仓库选址要符合国家的法律法规，在国家或当地政策指引下进行规划。政策因素主要体现在国家是否有优惠的产业政策对仓储业进行扶持，国家法律法规对仓储业的相关规定，包括城市的扩展与发展、地区产业政策、环境保护要求等因素。如果在规划过程中不考虑政策的影响，往往可能出现规划与政策冲突的情况，这样会在很大程度上给企业带来不便。因此充分了解地方政策对企业的长远发展起着十分重要的作用。

（二）经济因素

企业的使命是满足社会及客户的需求，有效需求是企业生存的必要条件，良好的经济环境为仓储企业发展带来很多机遇，所以经济环境成为选址考虑因素中的第二大因素。经济环境因素通常包括以下七个方面。

1. 货物流量大小

如果没有足够的货物流量，仓库规模效益便不能发挥。

2. 货物的流向

货物的流向决定着仓库的工作内容与设施、设备的配备。不同的仓库规划将决定是否将仓库或相关设施靠近用户，还是靠近生产厂家。

3. 城市的规模扩张与发展

仓库的选址既要考虑城市扩张的速度与方向，又要考虑仓储容量与入库、保管与出库，一些大型的货物容易受到限制，专用线的发展也会受到限制，因此仓储的选址要与地方的经济发展相适应。

4. 交通便利

公路、铁路、水路等运输方式中至少要有两种以上，仓库的功能才能充分发挥出来。

5. 服务水平

物流服务水平是影响物流产业效益的重要因素之一，在选址时要考虑到货物是否能及时送达，满足顾客的送货需求，获得必要的服务满意度。为了提高企业对客户的反应速度，更好地服务客户，许多企业都将仓库建立在服务区域的附近。

6. 劳动力成本

适当的劳动力是手工密集型、资本密集型和技术密集型仓库都不可或缺的，而不同地区的劳动力成本都存在差异，这直接影响到企业未来的运营成本。

7. 建筑和土地成本

不同选址方案对建筑的要求、土地的征用各不相同，会导致企业建设成本不同。在仓库选址过程中，考虑到运营成本，应尽量选择开发成本低的地段。

（三）自然环境因素

自然环境因素包括地理因素与气候因素。地理因素包括地形地貌、周围企业、水、地震等影响因素。地理因素不仅影响投资，还对将来货物的保管与流动有十分重要的影响。气候因素即当地自然气候条件变化情况等。

1. 气候条件

主要考虑的气候条件有：降水量、空气温湿度、风向、风力、盐分、霜期长短、冻土厚度、山洪等。

2. 地质条件

主要考虑土壤的承载能力，仓库是大宗商品的集结地，货物会对地面形成较大的压力，如果地下存在着淤泥层、流沙层、松土层等不良地质环境，则不适宜建设仓库。

3. 水文条件

要认真搜集选址地区近年来的水文资料，需远离容易泛滥的大河流域和上溢的地下水区域，地下水位不能过高，故河道及干河滩也不可选。

4. 地形条件

仓库应建在地势高、地形平坦的地方，尽量避开山区及陡坡地区，最好选长方地形。

（四）基础设施状况因素

1. 交通条件

仓库必须设置在交通便利的区域，靠近现有的水陆空交通运输线，如公路主干道（国道、省道）、港口、车站、铁路专线、机场等，便于各种运输方式的衔接。

2. 公共设施状况

作为候选地的区域道路要通畅，通信要发达，有污水和垃圾处理能力，特别是要有充足的水、电、气、热的供应能力。例如，要了解和掌握仓库供水系统以及周围用水单位的情况，调查用水高峰时间段消防水源的水压，以防紧急情况下供水不足；依赖公路运输的仓库附近要有加油站等设施。

（五）其他因素

1. 国土资源利用

仓库建设既要防止侵占耕地，充分利用土地，节约用地，又要充分考虑地价，兼顾区域与城市的发展规划。

2. 环境保护要求

要保护自然与人文环境，尽可能降低对城市生活的干扰，不影响城市交通，不破坏城市的生态环境。

3. 地区周边情况

仓库周边不能有火源，不能靠近住宅区，仓库所在地周边地区的经济发展情况要对物流产业有促进作用。

4. 竞争对手

竞争对手的仓库选址对企业的选址工作也有一定的指导意义，特别是租赁类和对外营业类的仓库。

三、仓库选址的方法

近年来，选址理论迅速发展，各种各样的选址方法越来越多，特别是计算机的应用，促进了物流系统选址理论发展，为不同方案的可行性分析提供了强有力的工具。

（一）因素评价法

因素评价法是选址方法中使用得最广泛的一种，因为它以简单易懂的模式将各种不同因素综合起来，是一种基于多种标准进行选择的方法。因素评价法把提供比较的各项因素进行加权综合评价，充分考虑各种因素对方案的影响程度。其关键在于选择好比较的因素，合理确定各因素的权重，客观地对每个方案的各因素打分。如果在选址中对影响选址的非经济因素进行量化分析评价，一般采用该方法，具体步骤如图 2-18 所示。

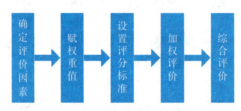

图 2-18 因素评分法步骤

1. 确定评价因素

列出所有相关因素，构建评价因素集。从仓库作业流程分析入手，在保证仓库设施安全、快速建设的基础上，实现最优化的经济效益目标。例如在选址时考虑经济环境、地质条件、环境安全、公用工程设施条件、交通等。

2. 赋权重值

对每一因素赋予一个权重以反映这个因素在所有权重中的重要性，每一因素的分值根据权重来确定，而权重则要根据成本的标准差来确定，不是根据成本值来确定。

3. 设置评分标准

对所有因素的打分设定一个共同的取值范围。通常设定的范围在 0~10 分。对每一个备择地址、所有因素按设定范围打分。比如选址时考虑的某个目标位置，地理位置便利打 8 分，经济发展水平高打 9 分，劳动力成本高打 6 分。

4. 加权评价

用各个因素的得分与相应的权重相乘，并把所有因素的加权值相加，得到每一个备择地址的最终得分。

5. 综合评价

一般企业都会规定最低得分，大于最低得分的项目才会被选择。综合分值最高的项目即为最好的方案。

例：某企业需要确定新建仓库地址，经初步比较，共有以下三种备选方案：方案 1 选择 A 地；方案 2 选择 B 地；方案 3 选择 C 地。

解：

第一步，确定评价因素：投资成本、交通条件、水电供应、地质条件四项。

第二步，赋权重值：四位专家根据各评价因素的重要性确定加权系数，如表 2-1 所示。

表 2-1　加权系数

评价因素	方案 1	方案 2	方案 3
投资成本	0.8	0.8	0.7
交通条件	0.6	0.7	0.9
水电供应	0.4	0.7	0.7
地质条件	0.5	0.5	0.6

第三步，设置评分标准：四个专家在四个目标值方面的评分如表 2-2 所示。

表 2-2　目标值评分

专家\目标值	投资成本	交通条件	水电供应	地质条件
专家 1	6	8	6	7
专家 2	6	6	7	6
专家 3	9	6	8	7
专家 4	7	8	5	8
目标值评分	7	7	6.5	7

第四步，加权评价：对目标进行评价。

$$U(A) = 7 \times 0.8 + 7 \times 0.6 + 6.5 \times 0.4 + 7 \times 0.5 = 15.9$$
$$U(B) = 7 \times 0.8 + 7 \times 0.7 + 6.5 \times 0.7 + 7 \times 0.5 = 18.55$$
$$U(C) = 7 \times 0.7 + 7 \times 0.9 + 6.5 \times 0.7 + 7 \times 0.6 = 19.95$$

第五步，综合评价：由于 $U(C)$ 最大，所以方案 3 是最优方案。即仓库建设的选址在 C 地。

（二）重心法

所谓重心法，就是利用费用函数求出由仓库至顾客间运输成本最小的地点，选址因素只包括运输费率和该点的货物运输量。数学上，该模型可被归为静态连续选址模型。

设有一系列点分别代表生产地和需求地，各自有一定量的货物需要以一定的运输费率运向位置待定的仓库，或从仓库运出，则仓库应建在总运输成本最小的点，即：

$$\min T_i = \sum V_i R_i d_i$$

式中 T_i——总运输成本；

V_i——到 i 点的运输量；

R_i——到 i 点的运输费率；

d_i——从位置待定的仓库到 i 点的距离。

求出运输成本最低的位置坐标，重心法使用的公式为：

$$\bar{x} = \frac{\sum d_{ix} V_i}{\sum V_i}$$

$$\bar{y} = \frac{\sum d_{iy} V_i}{\sum V_i}$$

式中 $\bar{x}$——重心的 x 坐标；

$\bar{y}$——重心的 y 坐标；

d_{ix}——第 i 个地点的 x 坐标；

d_{iy}——第 i 个地点的 y 坐标；

V_i——运到第 i 个地点或从第 i 个地点运出的货物运输量。

例：一家生产水泥的制造厂，要为它的三个工厂 A、B、C 建立仓库，假设运输量与运输成本存在线性关系，三个工厂的位置坐标分别为（300，150）、（200，600）、（500，760），年生产量如表 2-3 所示，试利用重心法计算仓库的位置。

表 2-3　工厂生产量

工 厂	A	B	C
年产量/吨	3 000	4 100	3 500

解：由重心公式得：

$$\bar{x} = \frac{\sum d_{ix} V_i}{\sum V_i} = \frac{300 \times 3\,000 + 200 \times 4\,100 + 500 \times 3\,500}{3\,000 + 4\,100 + 3\,500} = 327.6$$

$$\overline{y} = \frac{\sum d_{iy} V_i}{\sum V_i} = \frac{150 \times 3\,000 + 600 \times 4\,100 + 760 \times 3\,500}{3\,000 + 4\,100 + 3\,500} = 525.5$$

所以仓库的选址 $(\overline{x}, \overline{y}) = (327.6, 525.5)$。

重心法的连续选点特性和其简单性使其不论是作为一个选址模型，还是作为更复杂方法的子模型都很受欢迎。该模型的推广模型主要有：考虑客户服务和收入，解决多设施选址问题，引入非线性运输成本等。

虽然重心法的优点显而易见，但该模型的一些假设可能对选址结果的正确性带来一些影响。即便如此，也并不意味着模型没有使用价值。重要的是选址模型的结果对失实问题的敏感程度。如果简化假设条件（比如假定运输费率呈线性）对模型设施选址的建议影响很小或根本没有影响，那么可以证明简单的模型比复杂的模型更有效。

顺丰机场选址

2018 年，国务院、中央军委正式发函，同意新建湖北鄂州民用机场，也就是所谓的"顺丰机场"。顺丰控股将成为国内第一个也是唯一一个拥有自己机场的快递公司。选址鄂州除了要考虑内部因素还需要考虑大量的外部因素。简单来说，市场是设立物流中心的前提，良好的政策环境、经济环境、交通环境以及地理环境是顺利建成物流中心的必要条件。从物流需求、仓储物资消费状况来看，中国 2017 年社会物流总额 252.8 万亿元，国内物流市场已经如此巨大，全球物流更是一块巨型蛋糕。从市场竞争情况来看，就国内市场而言，虽然普洛斯与海航的联盟，成为一股不可忽视的航空货运崛起力量，但是顺丰作为国内第一家自建机场的物流企业，在空运领域暂时领跑，形势乐观。从环境角度分析，中部政策利好，全方位交通网铺开。地理环境上，地势平坦，居中独厚，北距首都北京、东距上海、西距重庆、南距广州均在 1 000 公里左右，是全国地理、人口中心地带。政策环境上，"一带一路"经济带确定，中部、西部地区货物流动增加；对外开放深化，设立空管、海关、边检、检疫，机场即贸易口岸；空运对经济有巨大拉动作用，当地政府大力支持。交通环境，避开航空客运密集地区，受客运航线干扰少，位置居中，铁路、公路运输网络发展成熟，与郑州机场相互配合，能形成 1.5 小时航空圈，西部地区、边远地区也能发展 36 小时全国通达的物流市场。所以顺丰建设货运机场选址在鄂州，是经过现状、战略、市场、环境四方面考虑的最优选择。

任务三 仓库的布局

仓库布局是指在一定的区域内，根据备选地的交通、地理、气候、客户需求、周边环境等因素对仓库的数量、规模、位置、设施等各要素进行合理规划和设计。

微课视频：
仓库布局 1

一、仓库的构成

现代化仓库根据各区域的主要用途，一般可以划分为生产作业区、辅助生产区和行政生活区三大部分。现代仓库为适应商品快速周转的需要，在总体规划布置时应注意适当加大生产作业区中收发货作业区面积和检验区面积。

（一）生产作业区

生产作业区是仓库的主体部分，是商品储运活动的场所，主要包括储货区、铁路专用线、道路、装卸站台等。

1. 储货区

储货区是储存保管的场所，具体分为库房、货棚、货场。货场不仅可存放商品，同时起着货位的周转和调剂作业作用。

在进行仓位划分时，仓库管理人员首先需要正确地计算并规划出仓库中可以使用的、能够用于保存货物的面积。

一般来说，仓库的面积可以分为建筑面积、使用面积和有效面积三种。

（1）建筑面积：库房所占用的土地面积，即库房外墙线所围的水平面积。

（2）使用面积：库房内可供使用的面积，即库房内墙线所围成的面积除去库房内立柱、电梯、消防设施、办公设施等所占的面积。

（3）有效面积：实际用来存放物资的面积，即货位和货架等所占的面积，同样也是使用面积除去过道、垛距、墙距及进行验收备货的区域后所剩的面积。

由此可见，仓库中能够真正用来摆放储存商品的面积是仓库的有效面积。因此必须正确地规划出仓库的有效区域。

2. 铁路专用线、道路

铁路专用线、道路是库内外的商品运输通道，商品的进出库、库内商品的搬运，都是通过这些运输线路。专用线应与库内道路相通，保证畅通。

3. 装卸站台

装卸站台是供货车或汽车装卸商品的平台，有单独站台和库边站台两种，其高度和宽度应根据运输工具和作业方式而定。

（二）辅助生产区

辅助生产区是为商品储运保管工作服务的辅助车间或服务站，包括车库、变电室、油库、维修车间、包装材料间等。辅助生产区应尽量靠近生产作业区。值得注意的是，油库的设置应远离维修车间、宿舍等易出现明火的场所，周围需设置相应的消防设施。

（三）行政生活区

行政生活区是仓库行政管理机构的办公地点和生活区域。为了便于仓储业务的接洽和管理，保证仓库的安全及行政办公和居民生活的安静，行政生活区应该与存储区及辅助生产区分开，并保持一定距离，一般设于仓库入口附近。

即问即答 >>>

仓库的构成。

二、仓库功能区域划分与动线设计

（一）确认固定设施

需要对该仓库规划设计的相关要素进行确认，以确定功能区域规划的约束条件，如表2-4所示。

表 2-4 设施确认表

项目	明细名称	规格	数量
仓库门			
主跨度			
天花板净高			
地面负荷承重			
消防设施			
温度控制范围			
排水系统			
木头墙体窗口			

（二）确定固定区域和设施

由于一旦确定固定区域和固定设施后就难以改变，因此在进行具体功能区域划分之前，需要提前合理设置固定区域的位置和面积，如表 2-5 所示。

表 2-5 固定区域和设施规划表

固定区域	功能需求	面积	规格	位置
办公室				
员工休息室				
公共设施				
防火设施				
堆高机充电				
维修站				
打包机				

（三）分析仓库业务流程

在进行仓库布置之前，首先要进行仓库业务流程的分析，根据该仓库的业务需要及流程对功能区域进行划分，其所涉及的区域包括进货月台区、入库验收区、入库暂存区、储存区、办公区、拣货区、流通加工区、出货复核区、出货暂存区、出货月台和返品处理区等，如表 2-6 所示。

表 2-6 仓库功能区域表

作业主流程	作业子流程	主要涉及区域
进货入库	预收货	进货月台区
	卸货	进货月台区
	验收	入库验收区
	入库上架	入库暂存区

续表

作业主流程	作业子流程	主要涉及区域
货品盘点	盘点	储存区
	库存安全	储存区
订单处理	接单	办公区
	库存分配	办公区
补货和拣货	补货	拣货区和储存区
	拣选	拣货区
流通加工	包装	流通加工区
	标示	流通加工区
出货作业	复核	出货复核区
	合流	出货暂存区
	点货上车	出货月台区
返品作业	返品处理	返品处理区

（四）分析并设计区域动线

确定了仓库需要哪些区域后，接着就要确定这些区域分布的相对位置，因为各区域功能已定，所以通过库内的动线规划就可以确定各区域的位置。动线优化遵循的基本原则是"不迂回、不交叉"。在对该仓库的动线进行设计时，需主要考虑两个方面：一方面要根据整体进出货的特性来选择动线类型，常见的动线类型有 U 型、I 型和 L 型；另一方面，要遵循行走路径最小的原则。

1. 定义高频率和低频率作业区

收货和货物上架、货物拣取、货物分拣、装车出货等高频率作业区通常设置在与收货口和出货口相邻的位置，并且与储存区比较接近。

处理空托盘、处理退货或者调拨商品回储存区、处理剩余商品、商品隔离、商品储存维护、贴标签、包装、休息室等一般处于低频率作业区域。通常低频率作业区与出货区距离较远。

2. 确定主通道位置

确定主通道位置，应主要考虑作业动线和搬运设备的最小转弯半径，宜将作业动线直线化和最短化。

3. 选择合适的动线类型

结合以上几点内容，最终确定动线类型和各功能区域所在位置。

三、仓库的平面布局

仓库平面布局是指根据库址的地理形状、气候条件和客户类别、仓库使用功能、存储特性、拣选模式以及作业流程、防火要求等因素，合理规划库区内的作业区、装卸作业区、辅助作业区、办公区、停车场、库区出入口与通道、排水系统的位置与设计参数，做到布局合理、安全、高效，并能充分提高土地利用率。仓库平面布置，将对仓储作业的效率、存储质量、存储成本和仓库盈利目标的实现产生很大影响。

微课视频：
仓库布局 2

（一）影响仓库平面布局的因素

1. 仓库的专业化程度

仓库专业化程度主要与库存物品的种类有关。库存物品种类越多，仓库的专业化程度越低，仓库平面布置的难度越大；反之，难度越小。因为存储物品种类多，各种物品的理化性质就会有所不同，所要求的储存保管保养方法及装卸搬运方法也将有所不同，因此在进行仓库平面布置时，必须考虑不同的作业要求。

2. 仓库的规模和功能

仓储的规模越大、功能越多，则需要的设施设备就越多，设施设备之间的配套衔接则成为平面布置中的重要问题，增加了布置的难度。

（二）平面布局要求

1. 要适应仓储企业生产流程，有利于仓储企业生产正常进行

（1）仓库平面布置的物品流向，应该是单一的流向。仓库内商品的卸车、验收、存放地点之间的安排，必须适应仓储生产需要，按一个方向流动。

（2）最短的搬运距离。根据作业方式、仓储物品品种、地理条件等，合理安排库房、专用线与主干道的相对位置，尽量减少迂回运输。专用线的布置应在库区中部，并根据作业方式、仓储商品品种、地理条件等，合理安排库房、专用线与主干道相对应。

（3）最少的装卸环节。减少在库商品的装卸搬运次数和环节，商品的卸车、验收、堆码作业最好一次完成。

（4）最大限度地利用空间。仓库平面布置是立体设计，应有利于商品的合理存储和充分利用库容。

2. 提高经济效益

（1）因地制宜。充分考虑地形、地质条件，使之既能满足物品运输和存放上的要求，又能避免大量的基础建设工程，并能保证仓库充分利用。

（2）平面布置应与竖向布置相适应。所谓竖向布置，是指建立场地平面布局中每个因素，如库房、货场、转运线、道路、排水、供电、站台等，在地面标高线上的相互位置。既满足仓储生产上的要求，有利于排水，又要充分利用原有地形。

（3）便于机械作业。利用现有资源和外部协作条件，总平面布置应能充分、合理地使用机械化设备。特别是需要使用门式、桥式起重机一类固定设备时，就要在这类设备的数量和位置布置上，注意与其他设备的配套，以便于开展机械化作业，最大限度发挥其效能。

3. 保证安全和文明生产

仓库建设应严格执行《建筑设计防火规范》的规定，留有一定的防火间距，并有防火防盗等安全设施。作业环境的安全卫生标准要符合国家的有关规定，既满足库房的通风、日照要求等，又要考虑环境绿化、文明生产，使之有利于职工身体健康。

（三）仓库动线

仓库动线是指由人或物在仓库内移动形成的一系列的点连接而成的线。如拣货动线为拣货员由拣货设备存放区至某个拣货储位再到其他储位，最后至复核区，这一系列的点构成的线即为拣货动线。

1. 仓库动线规划

（1）按出货频率规划。仓库动线的规划通常先要考虑仓库物品的出货频率高低，而对于如何有效快速地管控仓库的货品，最常用的方法是 ABC 分类法。ABC 分类法是按照销售量、缺货成本、周转次数、供应商的稳定性、库存风险成本等指标来分类的方法。例如，将出货频率高的货品存放在接近出入口处，出货率低的货品存放在远离出入口处，以缩短出入库搬运距离，减少所需的作业时间和物流成本，有效提高仓库的利用率。

（2）按搬运难易规划。在仓库布局时，常常需要考虑货品的搬运难易度来设计合理的动线。需考虑货品体积、形状、重量单位的大小，以确定货品所需堆码的空间。通常，重而大的货品保管在地面上或货架的下层位置，越是轻的货品则越是可以储放在上层的货架。为了货架的安全和方便人工搬运，人的腰部以下的位置通常宜储放重物或大型货品，而体积小或重量轻的货品则可使用较远或较高的储区。因此，仓库管理基本思路中，会将重量重、体积大的货物储存于坚固层架并接近出货区或易于移动的位置，由此可缩短拣货时间和搬运路径，并简化清点工作。

2. 仓库动线类型

动线优化遵循的基本原则是"不迂回、不交叉"。"不迂回"的目的是防止无效搬运；"不交叉"的目的是避免动线冲突，给搬运带来安全隐患。为了使动线设计最优化，需要根据行走距离最小原则进行精细计算，但常常受限于缺乏真实数据来源。因此，实际操作中往往根据整体进出货的特性来选择合适的动线类型。常见的动线类型有 U 型动线、L 型动线、I 型动线三种。

（1）U 型动线。U 型动线货物的进货区和出货区设置在仓库的同一侧，如图 2-19 所示。货物由进—存—出形成了一个类似倒 U 形的移动路线。在传统仓储中，经常会将入库月台和出库月台合并为进出库月台，供货物进出作业共用，也属于 U 型动线。

货架储存区		拆零区
		复核合流区
入库暂存区	返品处理区	出库暂存区
入库月台区	仓库办公室	出库月台区

图 2-19　U 型动线

U 型动线的仓库各功能区的运作范围经常重叠，交叉点也比较多，容易降低运作效率。另外，由于进出仓库的货物在同一个月台上进行收发，也容易造成混淆，特别是在繁忙时段及处理类似货物的情况下，解决的方法可以是组建不同小组，分别负责货物进出。

由于 U 型动线的出、入库月台集中在同一边，只需在配送中心其中一边预留货车停泊及装卸货车道，这样一方面可以更有效利用配送中心外围空间，另一方面也可以集中月台管理，减少月台监管人员。在土地少而人工成本高的时期，采用 U 型动线的配送中心是最常见的。

U 型动线的主要特点是：月台资源能综合运用；适合越库作业；使用同一车道供车辆出入；易于控制货物安全。

（2）L 型动线。L 型动线货物的进货区和出货区设置在仓库相邻的两侧，如图 2-20 所示。货物由进—存—出形成一个类似 L 形的移动路线。需要快速处理货物的配送中心通常会采用 L 型动线，把货物出入配送中心的途径缩至最短。

L 型动线的主要特点是：可以应对进出货高峰同时发生的情况；适合有库存和无库存同时并存的配送作业；可同时处理高频率和低频率的货品；适用于流通加工中心。

图 2-20 L 型动线

（3）Ⅰ型动线。Ⅰ型动线出货区和进货区设置在仓库相对的两侧，如图 2-21 所示。货物由进—存—出形成了一个类似Ⅰ形的移动路线。由于Ⅰ型动线的运作流向是呈直线型的，各运作动线平行性进行，因此无论是人流还是物流，相互的碰撞交叉点相对来说都是最少的，可降低操作人员和物流搬运车相撞的可能性。

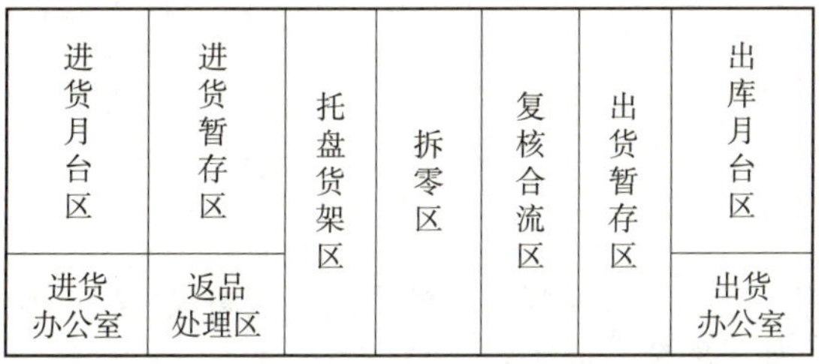

图 2-21 Ⅰ 型动线

Ⅰ型动线存在的最大问题是出、入库月台相距甚远，增加货物的整体运输路线，降低效率，但是由于直线型的流程较为简单，操作人员比较容易适应，可以弥补该方面的不足。此外，由于出、入库月台分布在配送中心的两旁，需最少两队保安小组负责两个月台的监管，增加了人力投入及运作成本。Ⅰ型动线特别适合一些快速流转的货物，进行集装箱或是货物转运业务。

Ⅰ型动线的主要特点是：可以应对进出货高峰同时发生的情况；适用于无库存的转运中心。

在实际规划过程中，因为业务流程的复杂性，有可能将两种动线结合起来应用。例如 L 型动线和Ⅰ型动线结合成 T 型动线等。如果仓库分为上下两层或多层，动线立体设计更加复杂。

四、仓库空间布局

（一）空间布局原则

为了对仓库空间进行合理安排，应遵循以下五项原则。

1. 近距离原则

在条件允许的情况下，使人员、货物在仓库内移动的距离最短，使货物在各功能区间流动，以最快的速度、最小的成本送达用户，提高配送中心运作的效率和有序性。

2. 布局优化原则

在仓库布局规划时，应尽量使彼此之间货物流量大、关系密切的功能区靠近，而物流量小、关系不密切的功能区与设施布置得远一些。同时，尽量避免货物运输的迂回和倒流，迂回和倒流现象会严重影响仓库整体效率与效益，甚至会引发环保问题。将迂回和倒流减少到最低程度，使整个仓库的功能区布局达到整体最优。

3. 系统优化原则

由于现代物流作业与管理离不开信息技术的支撑，系统优化包含仓储信息系统和配送信息系统，以及配送园区或中心的管理系统。物流的无纸化管理和智能化发展，都离不开互联网和物联网技术的开发和应用。

4. 柔性化原则

仓库的布局应随物流量和进货物品种类以及社会经济发展而做出相应的调整。随着社会经济的发展，仓库的流量及种类会发生变化，原布局规划的局限性就会显露出来，因此，仓库功能布局应预留发展的空间以适应变化。

5. 便于管理原则

仓库的功能布局要有利于货畅其流，有利于作业和管理。完善物流增值配套功能，有利于各环节的协调配合，使仓库的整体功能得到充分的发挥并获得最好的经济效益。

总之，仓库的空间布局直接影响企业作业效率和作业成本，因此，使仓库的布局合理化对企业有着重要意义。

（二）空间布局的类型

1. 平面仓库

平面仓库（简称平库）是指平面布局、自然码放、无高层货架的普通仓库，包括平房仓库、楼房仓库和露天货场等，是一类较为传统的仓库。

平面仓库所具有的特点仍符合某些领域实际运用的需要。因此，平面仓库依然是中国企业运用非常普遍的仓库。但如何提高平面仓库存储效率，提高仓库操作人员工作效率，将成为企业管理者所面对的重要问题之一。面对繁多的出入库流程和信息，以及平面仓库错综复杂的货区和货物的码放，传统的手工管理和普通的信息管理系统无法快速、直观地提取有效信息，已成为提高平面仓库存储及作业效率的瓶颈。而运用管理信息系统与可视化技术，用简单的图形和颜色直观地表示库存状态和信息，有助于提高平面仓库的存储和作业效率，使之达到现代化高效物流系统的要求。

2. 立体仓库

立体仓库也称为高架库或高架仓库，一般是指采用几层、十几层乃至几十层高的货架储存单元货物，用相应的物料搬运设备进行货物入库和出库作业的仓库。由于这类仓库能充分利用空间储存货物，故常形象地将其称为"立体仓库"。

立体仓库是采用高层货架等进行物流仓储作业的，这样做的好处就是能够让仓库中的货物存储集中化、立体化，能够将仓库的空间利用率尽可能地提高，也能够尽可能地降低土地的购置成本费用。

3. 自动化立体库

自动化立体库（AS/RS）是物流技术的革命性成果，可以在计算机系统控制下完成单元货物的自动存取作业，是利用自动化存储设备同计算机管理系统的协作来实现立体仓库的高层合理化，并结合不同类型的仓库管理软件、图形监控及调度软件、条形码识别跟踪系统、搬运机器人、货物分拣系统、堆垛机控制系统、货位探测器等构成完整的现代化立体化仓储管理系统。自动化立体库由高层货架、托盘（货箱）、巷道式堆垛机、输送机系统、自动控制系统、库存信息管理系统等几个部分组成。

总之，自动化立体库是采用高层货架及有轨巷道式堆垛机，配合多种周边设备，实现自动存取和货物管理的一种现代化仓库。采用更多计算机控制和管理技术使自动化立体库的功能得到最大限度的发挥，可为企业提供从存储、自动化输送、自动化生产到成品配送的完整物流自动化解决方案。

任务四 储位规划

微课视频：
储位规划 1

一、物品的分区分类

（一）物品分区分类的原则

物品分区分类的目的，一方面是提高仓库平面和空间的利用率，另一方面是提高物品保管质量，方便出入库作业，从而降低物品的仓储处置成本。

1. 存放在同一库区的商品必须具有互容性

所谓互容性，是指两种商品之间不发生或很少发生不良影响。也就是说，商品的性质互有影响、互相抵触的不能同库储存。

> **想一想**
>
> 为什么存放在同一库区的商品必须具有互容性？

2. 保管条件要求不同的商品不应混存

当商品保管要求的温度、湿度等条件不同时，不可能在同一库房得到满足，因此不能把商品存放在一起。

3. 作业手段要求不同的商品不应混存

当存放在同一场所中的商品体积和重量悬殊时，如存入同一库房将严重影响设备的利用率和仓容的利用率，同时还增加了作业的复杂性和难度。

4. 灭火方法要求不同的商品不能混存

灭火方法要求不同的商品不能储存在一起，必须分开储存。如存放在一起不仅增加了安全隐患，还增加了火灾控制的难度和补救措施的难度。

（二）物品分区分类的方法

仓库规模、类型、用途、建筑与设备的完整程度，储存商品的种类性质及养护方法，收发商品的方式，经营范围的不同，使商品分区分类的方法有所区别，大致有以下几种情况。

1. 按商品种类和性能进行分区分类

这是当前仓库普遍采用的方法。它是按商品的自然属性，把怕热、怕潮、怕冻、怕光、怕风等不同性质的商品分别归类，集中起来分区存放，安排适当的储存场所。例如，药品与非药品、内用药与外用药、处方药与非处方药之间应分开存放等。

2. 按商品发往地区进行分区分类

这种方法主要适用于商品存放时间短的中转仓库或口岸仓库。它是先按不同运输方式划分，如铁路、公路、水路等，再按商品运送的不同路线划分，然后按商品发往的不同地点划分。需要注意的是相互影响的商品以及运价悬殊的商品要分别堆放。

3. 按商品的危险性质进行分区分类

这种方法主要适用于化学危险品仓库，储存时可根据危险品易燃、易爆、有毒的性质以及不同的灭火方法来分区分类。

4. 按方便作业和安全作业进行分区分类

对于出入库频繁的商品，要安排在靠近库门处；对于笨重、体积较大的商品，不宜放在库房深处；易碎商品应避免与笨重商品存放在一起，以免在搬动时影响易碎商品的安全。

5. 按不同货主的储存商品进行分区分类

这通常是综合性仓库采用的方法，目的是与货主对口衔接，防止不同货主的商品混淆，便于联系、核对。在具体存放时，还应按商品性能划分为若干货区，以保证商品储存安全。

二、储位划分的方式

仓库内部布局包括平面布局和空间布局。

（一）仓库内部平面布局

仓库内部平面布局是对保管场所内的货垛（架）、通道、垛（架）间距、收发货区等进行合理的规划，并正确处理它们的相对位置。保管面积是库房使用面积的主体，它是货垛、货架所占面积的总和。货垛、货架的排列形式决定了库内平面布局的形式。仓库内部平面布局的形式可以概括为垂直式和倾斜式。

1. 垂直式布局

垂直式布局指货垛或货架的排列与仓库的侧墙互相垂直或平行，具体包括横列式布局、纵列式布局、混合式布局。

（1）横列式布局。横列式布局是指货位、货垛或货架的长度方向与库房的宽向平行排列布置，如图2-22所示。这种布局的主要优点是：主通道长且宽，副通道短，整齐美观，便于存取查点，还有利于通风和采光。但通道占用面积大，仓库面积利用率低。

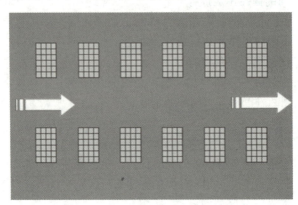

图 2-22　横列式布局

（2）纵列式布局。纵列式布局是指货位、货垛或货架的长度方向与库房的宽向垂直排列布置，如图2-23所示。这种布局的特点主要是：可以根据库存物品在库时间的不同和进出频繁程度安排货位；在库时间短、进出频繁的物品放置在主通道两侧；在库时间长、进库不频繁的物品放置在里侧；仓库空间利用率较高，但通风采光不足，存取商品不便，不利于通风采光及机械化作业。

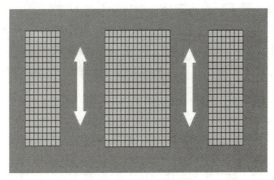

图 2-23　纵列式布局

（3）混合式布局。混合式布局指在同一保管场所内，横列式布局和纵列式布局兼而有之，可以综合利用两种布局的优点，是最常用的一种方式，如图 2-24 所示。露天货场货位的布局多采取与货场的主作业通道呈垂直方向排列的形式，以便于装卸和搬运。货位布局既要考虑操作的需要，又要考虑物品的安全。要留出一定的作业通道、垛距、墙距等，要合理、充分利用库房面积，尽量提高仓库、货场的利用率。

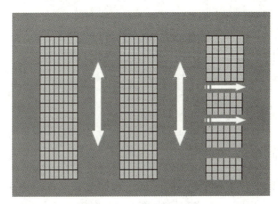

图 2-24　混合式布局

2. 倾斜式布局

倾斜式布局是指货垛或货架与仓库侧墙或主通道成 60°、45° 或 30° 夹角。具体包括货垛倾斜式布局和通道倾斜式布局。

（1）货垛倾斜式布局。货垛倾斜式布局是指货垛的布置与库墙和通道之间成锐角的布局，如图 2-25 所示。它是横列式布局的变形，这样便于叉车作业、缩小叉车的回转角度、提高作业效率。缺点：造成不少死角，不能充分利用仓库面积。

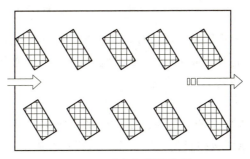

图 2-25　货垛倾斜式布局

（2）通道倾斜式布局。通道倾斜式布局是指货垛与库墙之间仍垂直，而通道与货垛和库墙之间成锐角，如图2-26所示。仓库的通道斜穿保管区，把仓库划分为具有不同作业特点，如大量存储和少量存储的保管区等，以便进行综合利用。这种布局形式，仓库内形式复杂，货位和进出库路径较多。优点：避免了死角，可以充分利用仓库面积，且便于搬运商品，提高作业效率。缺点：仓库内形式复杂，货位和进出库路径较多。

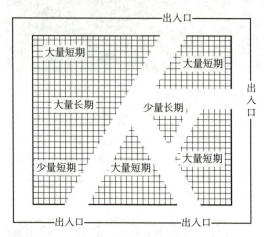

图2-26 通道倾斜式布局

即问即答 >>>

仓库内部平面布局的方式是什么？

（二）仓库内部空间布局

仓库内部空间布局也称为仓库内部竖向布局，指储存物品在仓库立体空间上的布局，其目的在于充分有效地利用仓库空间。空间布局的形式主要有以下几种。

1. 物品堆垛

物品堆垛是大批量物品的垂直布局形式。它是将物品包装后直接堆码在托盘或地坪上，层层堆码到一定高度。

想一想

为什么要对物品进行堆码？

2. 利用货架

物品进行竖向布局的主要手段是利用各种货架。货架的类型和高度决定了竖向布局的形式和高度。有些物品可以用原包装直接存入货架；有些可以装入货箱或码到托盘上再存入货架，这样可充分利用仓储空间，并有利于迅速发货。

3. 采用架上平台

在仓库净空比较高和货架比较矮的情况下，可采用架上平台的方式充分利用有效空间，即在货架的顶部铺设一层承压板构成的二层平台，这样可在平台上直接堆放物品，也可排布货架。

知识贴

自动库的高度

自动库的高度一般由货架的高度来确定，货架的最佳高度为 12~20 米，并且货架高度在 20 米左右的时候单位费用最低。

三、非保管场所布局

仓库内货架和货垛所占的面积为保管面积或使用面积，其他则为非保管面积。应尽量扩大保管面积，缩小非保管面积。非保管面积包括通道、墙间距、收发货区、库内办公地点等。

微课视频：
储位规划 2

（一）通道

库房内的通道，分为运输通道（主通道）、作业通道（副通道）和检查通道。运输通道供装卸搬运设备在库内行走，其宽度主要取决于装卸搬运设备的外形尺寸和单元装载的大小，运输通道的宽度一般为 1.5~3 米。一般情况下，作业通道的宽度为 1 米左右。检查通道是供仓库管理人员检查库存物品的数量及质量行走的通道，其宽度只要能使检查人员自由通行即可，一般为 0.5 米左右。

（二）墙间距

墙间距的作用，一方面是使货物和货架与库墙保持一定的距离，避免物品受库外温湿度的影响；另一方面也可作为检查通道和作业通道。墙间距一般宽度为 0.5 米左右，当兼作作业通道时，其宽度需增加一倍。墙间距兼做作业通道是比较有利的，它可以使库内通道形成网络，方便作业。

（三）收发货区

收发货区是供收货、发货时临时存放物品的作业场地，可分为收货区和发货区，也可以规定一个收发货区，即收货、发货共用。收发货区的位置应靠近库门和运输通道，可设在库房的两端或适中的位置，并要考虑到收货、发货互不干扰。对靠近专用线的仓库，收货区应设在靠近专用线的一侧，发货区应设在靠近公路的一侧。如果专用线进入库房，收货区应在专用线的两侧。

（四）库内办公地点

仓库管理人员需要一定的办公地点，可设在库内也可设在库外。总的来说，管理人员的办公室设在库内特别是单独隔成房间是不合理的，既不经济又不安全，所以办公地点最好设在库外，使仓库的面积能存放更多的商品。

四、储位编码管理

（一）储位编码

储位编码是将库房、货场、货棚、货垛、货架按物品存放的具体位置顺序，统一编列号码，并做出明显标志。

1. 储位编码要求

做好储位编码工作，应根据不同仓房条件、货物类别和批量整零情况，做好货位划分及编排序号，以符合"标志明显易找、编排循规有序"的要求。

（1）标志设置。储位编码的标志设置，要因地制宜，采取适当方法，选择适当位置。例如，仓库标志，可在库门外挂牌；多层建筑库房的走道、支道、段位的标志，一般都刷置在水泥或木板地坪上。但存放粉末类、软性笨重类货物的库房，其标志也有印制在天花板上的；泥土地坪简易货棚内的货位标志，可利用柱、墙、顶、梁刷置或悬挂标牌。

（2）标志制作。目前，仓库货位编号的标志制作很不规范统一，可谓多种多样。例如"甲、乙、丙、丁""东、南、西、北"以及用字母等作为标志，这样很容易造成单据串库、货物错收和错发事故。若统一使用阿拉伯字母制作货位编号标志，则可以避免以上问题。

另外，制作库房、走道和支道的标志，可在阿拉伯字母外，辅以圆圈标示，可用不同直径的圆标示不同处的标志。

（3）编号顺序。仓库范围的库房、货棚、货场以及库房内的走道、支道、段位的编号，基本上都以进门的方向左单右双或自左而右的规则进行。

（4）段位间隔。段位间隔的宽窄，取决于储存物品批量的大小。遵从大时宽、小时窄的原则进行。

想一想

为什么储位编码的标志设置要适当？

2. 货位编号的方法

（1）地址法。利用保管区中的现成参考单位，如建筑物第几栋、区段、排、行、层、格等，按相关顺序编号。通常采用的编号方法为"四号定位"法。

"四号定位"是指用库房号、货架号、货架层次号和货格号表明货物储存的位置，以便查找作业物品定位的方法。例如，"7-3-12-8"即指7号库房、3号货架、第12层、8号货格。顺序从上到下（也有企业从下到上）、从左到右、从里到外编排。

① 库房编号。把整个仓库的所有储存场所，依地理位置按顺序编号。库房的号码可统一写在库房外墙或库门上，编号要清晰醒目，易于查找，如图2-27所示。

图2-27　库房的编号

② 库房内货位编号。根据库内业务情况，按照库内主干、支干道分布，划分为若干货位，按顺序以各种简明符号与数字，来编制货区、货位的号码，并标于明显处。示例如图2-28所示。

A通道		
3	2	1
4	5	6
B通道		
9	8	7
10	11	12

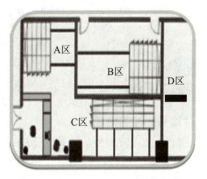

图 2-28　库房内货位编号

③ 货架上的货位编号。在收发多品种物品及进行拼装作业的仓库，往往在一个库房有许多货架，每个货架有许多格，作为存货的货位。可先按一个仓库内的货架进行编号，然后再对每个货架的货位按层、位进行编号。货位编号可以用符号或数字，数字可以是 $1\sim n$ 位。在实际应用时可以根据企业仓库的实际情况和需求来定。示例如图 2-29 所示。

图 2-29　货架上的货位编号

④ 货场货位编号。常见的有两种方法：一种是在整个货场内先按排编上排号，然后再按各排货位顺序编上货位号；另一种是不分排号，直接按货位顺序编号。对于集装箱堆场，应对每个箱位进行编号，并画出箱门和四角位置标记，如图 2-30 所示。

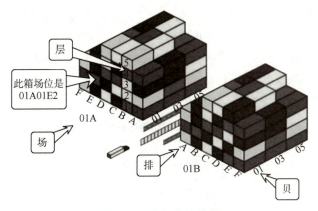

图 2-30　货场货位编号

（2）区段法。把保管区分成不同的区段，再对每个区段进行编码。这种方法以区段为单位，每个号码代表的储区较大。

（3）品类群法。把一些相关性商品经过集合后，区分成几个品类群，再对每个品类群进行编码。

即问即答 >>>

货位编号常用的方法。

3. 货位编号的注意事项

（1）正确批注货位编号。入库货物在完成堆垛后，保管员必须准确无误地在仓储账页和货卡上批注存货位置，以供账务员（业务会计）签发存货凭证。如货物移位后，要及时更改货卡和保管账的货位编号。

在批注货位编号时，应区分库房、货棚、货场，并把仓库、楼房、库房的编号连写在一起，然后分别以连接线连接库房走道、支道及段位编号。例如水壶储存在2号楼5层第3库房、第6支道、第10段位，整个货位编号的批注应是253-6-10。

（2）熟悉货位编号的位置。保管员必须熟悉其保管区内库房（棚、场）走道、支道及段位的编号位置，以便发货时按货位编号的顺序迅速理单，按出库的先后顺序依次发货，并做到"发货不走回头路"。

（3）库房走道、支道不宜经常变动。库房走道、支道经常变更位置，不仅会打乱原来的货位编号，而且要调整库房照明设备，因此不宜轻易变动。

（4）绘制货位编号平面布置图。为了便于管理，通过绘制货位编号平面布置图，不但可以全面反映库房和货场的商品储存分布状况，而且可以及时掌握商品储存动态，便于仓库调整安排。

4. 货位确定的方法

在分区分类的基础上根据商品的特性、轻重、形状及周转率等情况，确定商品在仓库中具体存放的位置。

（1）根据商品周转率确定货位。计算商品的周转率，将库存商品周转率进行排序，然后将排序结果分段或分列。将周转率大、出入库频繁的商品储存在接近出入口或专用线的位置，以加快作业速度和缩短手动距离。周转率小的商品存放在远离出入口处，在同一段或同列内的商品则可以按照定位或分类储存法存放。

另外，当进货口与出货口不相邻时，可依据出、入库次数来做货位的调整。如表2-7所示，A、B、C……H为8种物品进出仓库的情况，当出入口分别在仓库的两端时，可依据物品入库及出库次数的比率，来安排其存放货位。出入库次数比越高的商品越应靠近入口位置，如H、C、B、A商品。出入库次数比越低的商品越应靠近出口位置，如E、F、D、G商品，如图2-31所示。

表2-7 出入库次数比与存储位置的关系

货位	入库次数	出库次数	入库次数/出库次数
A	40	40	1
B	67	67	1
C	250	125	2
D	30	43	0.7
E	10	100	0.1

续表

货位	入库次数	出库次数	入库次数/出库次数
F	100	250	0.4
G	200	400	0.5
H	300	300	1

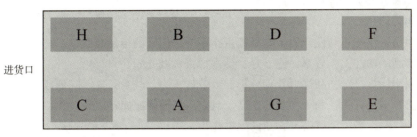

图 2-31 出入库次数比与存储位置的关系

（2）根据商品相关性确定储位。有些库存的商品具有很强的相关性，相关性大的商品，通常被同时采购或同时出仓，对于这类商品应尽可能规划在同一储区或相近储区，以缩短搬运路径和拣货时间。

（3）根据商品特性确定储位。为了避免商品在储存过程中相互影响，性质相同或所要求保管条件相近的商品应集中存放，并相应安排在条件适宜的库房或货场。即将同一种货物存在同一保管位置，产品性能类似或互补的商品放在相邻位置。将相容性低，特别是互相影响其质量的商品分开存放。这样既可提高作业效率，又可防止商品在保管期间受到损失。

5. 货位指派方法

在储位确定、储位编码等一系列前期工作准备就绪之后，用什么方法把物品分配到最佳的位置上。目前，常用的货位分配方法有人工分配、计算机辅助分配和计算机分配三种方式。

（1）人工分配。人工分配货位就是管理者根据经验分配货位，因凭借的是管理者的知识和经验，所以其效率会因人而异。这种分配方法的优点是计算机等设备投入费用少，其缺点是分配效率低、出错率高、需要大量人力。

（2）计算机辅助分配。这种货位的分配方法是利用图形监控系统，收集货位信息，并显示货位的使用情况，提供给货位分配者实时查询，为货位分配提供参考，最终还是由人工下达货位分配指示。采用这种分配方法需要投入计算机、扫描仪等硬件设备及全方位管理软件系统支持。

（3）计算机分配。计算机分配是利用图形监控储位管理系统和各种现代化信息技术（条形码扫描器、无线通信设备、网络技术、计算机系统等），收集货位有关信息，通过计算机分析后直接完成货位分配工作，整个作业过程不需要人工分配作业。

纵观几种分配方法，不难看出，计算机辅助分配和计算机分配方法因为不受人为因素的影响，出错率低，效率高，为自动化仓库的首选。当然，设备投资和维护费用也高。因此根据适当的情境选择适当的储位分配方法，取长补短。

自动化立体仓库货位指派的方法有哪些？

(二) 物品编码

物品编码是指按一定规则赋予物品易于机器和人识别、处理的代码,是给物品赋予编码的过程。

注1:通常,物品编码包括物品标识编码、物品分类编码和物品属性编码三种类型。

注2:作名词时,指给物品赋予的代码本身。(来源:GB/T 37056—2018,2.7)(国家标准《物流术语》GB/T 18354—2021)

1. 物品编码的作用

(1) 提高物品资料的正确性,便于物品信息在不同部门间的传递及共享。

(2) 提高物品活动的工作效率,便于对物品进行查核及管理。

(3) 可以利用计算机对物品进行处理分析,以节省人力、减少开支、降低成本。

(4) 可以防止重复订购,利于物品的仓储及盘点,进而削减库存。

(5) 便于进货和发货,可以实现物品的先进先出。

(6) 利用编码代码来表示各种物品,可以防止公司机密外泄。

2. 物品编码的原则

为确保物品编码的科学性与实用性,物品编码应遵循以下原则:

(1) 简易性。将物品化繁为简,使编码便于物品活动的处理。

(2) 完全性。确保每一项物品都有一种编码代替。

(3) 单一性。每一个编码只能代表一项物品。

(4) 一贯性。编码应统一且具有连贯性。

(5) 充足性。编码所采用的文字、符号或数字,必须有足够的数量以满足需求。

(6) 扩充弹性。为未来物品的扩展及产品规格的增加预留编码,使编码能按照需要自由延伸或随时从中插入。

(7) 组织性。编码需经过科学组织,以便存档或查询相关资料。

(8) 易记性。应选择易于记忆的文字、符号或数字来编码,编码应富于暗示性和联想性。

(9) 分类展开性。若物品过于复杂而使编码庞大,则应使用渐进分类的方式作层级式的编码。

(10) 实用性。编码应考虑与事务性机械或计算机的配合,提高物品编码的应用管理效率。

3. 物品编码的方法

(1) 顺序编码法。顺序编码法又称流水编码法,即将阿拉伯数字或英文字母按顺序往下编码,如表2-8所示。其优点是代码简单,使用方便,易于延伸,对编码对象的顺序无任何特殊规定和要求。缺点是代码本身不会给出任何有关编码对象的其他信息。在物流管理中,顺序码常用于账号及发票编号等。在少品种多批量配送中心也可用于商品编码,但为使用方便,必须配合编号索引。

表2-8 顺序编码法示例

编号	物品名称
1	可口可乐(1 000毫升)
2	百事可乐(500毫升)
3	红牛(250毫升)

（2）实际意义编码法。实际意义编码法是根据商品的名称、重量、尺寸以及分区、储位、保存期限或其他特性的实际情况来考虑编号。这种方法的特点在于通过编号即能很快了解商品的内容及相关信息。

例如，F04915A1 表示的意义如表 2-9 所示。

表 2-9　实际意义编码法示例

编号		意义
F04915A1	F0	表示 FOOD，食品类
	4915	表示 4×9×15，尺寸大小
	A	表示 A 区，货物储存区号
	1	表示第一排货架

（3）暗示编码法。用数字与文字的组合编号，编号暗示物品的内容和有关信息。这种方法的优点是容易记忆，也容易保持信息的保密性。例如，BY008WB11，表示的意义如表 2-10 所示。

表 2-10　暗示编码法示例

属性	物品名称	尺寸	颜色与款式	供应商
编码含义	BY	008	WB	11
	自行车	大小为 8 号	白色、儿童款	供应商号码

（4）后数字编号法。用编号最后的数字，对同类物品做进一步的细分，且可采用杜威式十进制编号法，如表 2-11 所示。

表 2-11　后数字编号法示例

编号	物品
520	饮料
530	食品
531	休闲食品
531.1	袋装休闲食品
531.11	薯片

（5）数字分段法。即把数字分段，每一段代表一类物品的共同特性，此方法要编交叉索引，如表 2-12 所示。

表 2-12　数字分段法示例

编号	物品名称	备注
1	吉列 2 片装剃须刀	1~4 预留给吉列剃须刀编号用
2	吉列 5 片装剃须刀	
3		
4		

续表

编号	物品名称	备注
5	飞科剃须刀	5~7预留给飞科剃须刀编号用
6		
7		

项目小结

1. 仓库是指保管、存储物品的建筑物或场所的总称。

2. 仓库按不同的标准可进行不同的分类，它们的结构形态各异，服务范围和对象也有着较大的差异，一个企业可以根据自身的条件选择建设或租用不同类型的仓库。

3. 仓库选址是指在一个具有若干供应点及若干需求点的经济区域内，选一个地址建立仓库的规划过程，包括仓库选址的原则、影响仓库选址的因素、仓库选址的方法。

4. 仓库的构成包括生产作业区、辅助作业区和行政生活区三大部分。仓库平面布局包括影响仓库平面布局的因素、平面布局要求、仓库动线。仓库功能区域划分与动线设计包括确认固定设施、确定固定区域和设施等。

5. 物品的分区分类包括物品分区分类的原则、分区分类的方法。

6. 仓库内部布局包括平面布局和空间布局。仓库内部平面布局包括横列式布局、纵列式布局、混合式布局和倾斜式布局。仓库内部空间布局包括物品堆垛、利用货架、采用架上平台和空中悬挂。

7. 储位编码是将库房、货场、货棚、货垛、货架按物品存放的具体位置顺序，统一编列号码，并做出明显标志。包括储位编码要求、货位编号的方法、货位确定的方法、货位指派方法等。

8. 物品编码是指按一定规则赋予物品易于机器和人识别、处理的代码，是给物品赋予编码的过程，包括物品编码的作用、原则和方法。

学习评价			
学生自评（50分）	知识巩固与提高（30分）	客观题（15分）	主观题（15分）
	学以致用（20分）	分析准确合理（20分）	分析一般（10分）
小组评价（30分）	团队合作（10分）	沟通协调（10分）	成果展示（10分）
教师评价（20分）	团队合作（10分）	知识掌握程度（5分）	成果汇报（5分）
总分			

项目三　仓储的设施设备

学习目标

知识目标
1. 了解仓储设备的使用、维修保养；
2. 认识堆垛机、起重机、输送机、搬运车；
3. 掌握仓储设备选用的原则；
4. 掌握货架的作用，叉车、托盘的特点。

能力目标
1. 初步具备识别仓储设施设备的能力；
2. 具备选择和使用货架、叉车等设备的能力。

素质目标
1. 具备与人沟通和协作的能力；
2. 能够不断学习，并具备吃苦耐劳的能力；
3. 具备良好的职业道德和安全意识。

案例导入

京东物流率先建设 5G 智能物流示范园区

2019 年 3 月，京东物流宣布率先建设国内首个 5G 智能物流示范园区，依托 5G 网络通信技术，通过 AI、IoT、自动驾驶、机器人等智能物流技术和产品融合应用，打造高智能、自决策、一体化的智能物流示范园区。据了解，首个 5G 智能物流示范园区位于上海嘉定，将在年内逐步建成并落地运营，其中包含智能人员管理与智能车辆管理系统的一期工程已经上线交付使用。除此之外，京东物流还将同时在北京亚一、物流全链路可视化监控、机器人智能配送等多个物流场景进行 5G 应用部署。

根据设计规划，京东物流 5G 智能物流园区将实现高智能、自决策、一体化，推动所有人、机、车、设备的一体互联，包括自动驾驶、自动分拣、自动巡检、人机交互的整体调度及管理，搭建 5G 技术在智能物流方面的典型应用场景。

园区内将设置智能车辆匹配、自动驾驶覆盖、人脸识别管理和全域信息监控，预留全园自动驾驶技术接入，实现无人重卡、无人轻型货车、无人巡检机器人调度行驶；依托 5G 定位技术实现车辆入园路径自动计算和最优车位匹配；通过人脸识别系统实现员工管理，进行园区、仓库、分拣多级权限控制；基于 5G 提供园区内无人机、无人车巡检以及人防联动系统，实现人、车、园区管理的异常预警和实时状态监控。

而在数字化仓库中，自动入仓及出仓匹配、实时库容管理、仓储大脑和机器人无缝衔接、AR 作业、包裹跟踪定位等场景，5G 技术也将发挥重要作用。根据规划，园区将通过自动识别仓内商品实物体积，匹配最合理车辆，提升满载率；借助仓储大脑实现所有搬运、拣选、码垛机器人互联互通和调度统筹，及仓内叉车、托盘、周转筐等资产设备的定位跟踪；通过AR眼镜帮助操作员自动识别商品，并结合可视化指令辅助作业；实现包裹实时追踪和全程视频监控，方便商家、客户随时查询包裹情况并进行履约超时预警。

以5G智能物流园区为开始，京东物流联合国内各大5G运营商一同继续推动更多场景的5G技术落地，实现物流全环节人员、设备、数据的互联和园区、仓储、站点、车辆、末端设备等全流程基础设施的互通，逐步形成5G在物流行业的应用和技术标准。

思维导读

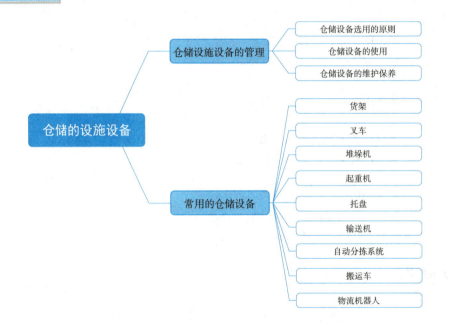

任务一 仓储设施设备的管理

仓储设施主要是指用于仓储活动的库场建筑物，包括仓库的主体建筑、辅助建筑和附属设施等。仓储设备是指能够满足仓储保管需要而在货物存储区进行作业活动的技术装置和设备器具，包括各种托盘、货架、叉车、起重机、货品检验器具和商品保管及维护工具等。

微课视频：
仓储设备认知

一、仓储设备选用的原则

（一）合理性原则

选择仓储设备时，应该根据仓储作业的特点，结合企业的自身情况，按照系统化的思想，选择技术先进、经济合理的仓储设备，满足仓储作业的需要。避免不顾成本，盲目追求功能和数量，或是只考虑节约成本而非实际需求，导致设备配备数量或功能不足，影响仓储作业的顺利进行。

（二）适用性原则

仓储设备的选择应该根据仓储管理的实际需要，合理选择机械化、智能化设备，使所选设备与仓储作业的要求和作业量的规模相匹配，保证仓储作业的顺利完成。此外，适用性也要求在选择设备时，不必盲目追求过多功能、过于先进，否则设备难以被充分利用，容易造成资源浪费和成本增加。

（三）前瞻性原则

设备选择的前瞻性原则要求设备不仅能够满足目前的仓储作业要求，而且要立足于企业的长远发展和仓储技术的进步，适当选择技术先进、功能超前的仓储设备，以提高仓储作业效率、降低工人劳动强度，保证企业的技术领先性。

（四）标准化原则

物流设备标准化对于提高物流运作效率和降低仓储成本起着至关重要的作用。首先，统一的标准有利于各种设备之间的相互衔接配套，有利于物流企业之间的业务合作，从而缩短物流作业时间，提高生产效率，改善物流服务质量，进而减少物流成本在生产总成本中所占的比重。其次，标准化设备的有效利用，可以扩大设备的适用范围，减少备用零件、配件的存储数量，设备的使用和维修保养人员更易于熟悉设备性能，既降低了设备的采购维护费用，又降低了人力成本。

（五）安全性原则

使用仓储设备的目的是减轻劳动强度，提高工作效率，但由于仓储设备在生产、使用、维护过程中的某些因素会影响仓储设备的安全性，导致设备使用过程中的人身伤害和经济损失，为了避免这些事故，在选择仓储设备时，就应该严格遵循安全性原则，对设备的安全性进行分析和控制，以降低操作失误情况下事故发生的概率和危害。

（六）环保性原则

环保性原则是指选择仓储设备时，应优先选择污染性小、能耗少的设备，以降低仓储作业环境的污染和减少能源消耗。

> **想一想**
>
> 在选择仓储设备时为什么要选择技术上先进、经济上合理的呢？

二、仓储设备的使用

仓储设备的使用管理直接影响到仓储设备的使用寿命、生产效率和工作精度，因此必须加强对仓储设备的管理，防止出现设备故障。

（一）加强对操作人员的规范管理

对设备操作人员进行技术培训和严格考核，使其熟悉设备的性能、结构、原理、用途和操作流程，并学会按照设备操作规程检查、维修保养和排除设备故障。

(二) 合理安排设备的工作负荷

使用仓储设备时,要根据设备的各项性能参数和作业量,合理安排设备的工时定额,充分发挥设备的效率,防止设备负荷太重。

(三) 完善技术保障工作

在设备的使用过程中,应提供符合设备规格和质量要求的设备燃油、润滑油、液压油、备品配件等日常消耗品,保证仓储设备正常运行。

三、仓储设备的维护保养

(一) 设备的保养

设备的保养是一项经常性的工作。设备的保养分为日常保养、一级保养和二级保养。

1. 日常保养

日常保养主要是观察设备在日常使用过程中运行是否正常。它具有经常化和制度化的特点,主要由操作人员进行。其主要内容包括清扫、加油、调整、更换个别零件以及检查润滑、异音、漏油、安全和损伤等情况。

2. 一级保养

一级保养主要是局部检查和调整设备,并清洗特定部位,疏通油路和紧固设备零部件等。它是一种强制性保养,由操作人员和保养人员按规范有计划地进行。一级保养的主要目的是减少设备磨损,消除隐患,延长设备使用寿命。

3. 二级保养

二级保养主要是对设备进行部分解体检查和调整,并重点对设备内部进行清洁、润滑、修复或更换损件等,以恢复设备的精度。二级保养由专业维修人员进行,并由操作人员协助完成。二级保养的主要目的是使设备达到完好标准,提高和巩固设备完好率,延长大修周期。

即问即答 >>>

二级保养指的是什么?

(二) 设备的检查

设备的检查是指通过观察或检测手段,对设备的关键部位或薄弱环节进行检查,并及时准确地获取设备关键部位的技术状况,然后决定是否继续使用、预防或处理。设备检查按时间可分为日常检查和定期检查;从技术上又可分为机能检查和精度检查。

通过检查可以全面掌握设备技术状态的变化和磨损情况,针对检查发现的问题,可以及时查明和消除设备隐患;指导设备的正确使用和维护保养;提出改进维修的措施;有目的地做好修理前的各项准备工作,以提高修理质量;缩短修理时间和降低修理成本。

(三) 设备的修理

设备的修理是指当设备的技术状况劣化到一定程度或出现故障时,为恢复其功能而进行的技术活动。设备的修理可分为小修、中修和大修。

1. 小修

小修通常只需修复、更换部分磨损较快和使用期限等于或小于修理间隔期的零件,调整设备的局部结构，以保证设备能正常运转到计划修理时间。小修的特点是：修理次数多，工作量小，每次修理时间短。

2. 中修

中修是对设备进行部分解体、修理或更换部分主要零件与基准件，或修理使用期限等于或小于修理间隔期的零件；同时要检查整个机械系统，紧固所有机件，消除扩大的间隙，校正设备的基准，以保证机器设备能恢复和达到应有的标准和技术要求。中修的特点是：修理次数较多，工作量不是很大，每次修理时间较短。

3. 大修

大修是指通过更换，恢复其主要零部件，恢复设备原有精度、性能和生产效率而进行的全面修理。大修的特点是：修理次数少，工作量大，每次修理时间较长。

任务二 常用的仓储设备

微课视频：
常用仓储设备 1

一、货架

（一）货架的概念与作用

1. 货架的概念

货架是指由立柱、隔板或横梁等结构件组成的储物设施。（国家标准《物流术语》GB/T 18354—2021）

货架是基本的仓储设备，是现代企业仓库、物流中心、配送中心的重要组成部分。

2. 货架的作用

（1）充分利用仓库空间，提高库容利用率，扩大仓库储存能力。
（2）有利于实现仓库的机械化、自动化管理。
（3）存入的物品互不挤压，损耗小，减少物品的损失。
（4）便于采取防潮、防尘、防盗、防破坏等设施，保证储存物品的质量。
（5）存取方便，便于清点及计量，可以做到先进先出。

（二）货架的种类

货架的种类很多，具体如表 3-1 所示。

表 3-1 货架的类型

序号	分类标准	具体类型
1	按货架的发展分类	传统式货架：层架、层格式货架、抽屉式货架、橱柜式货架、U 形架、栅架、悬臂架等
		新型货架：旋转式货架、移动式货架、装配式货架、驶入驶出式货架、调节式货架、托盘货架、高层货架、阁楼式货架、重力式货架等
2	按货架的适用性分类	通用货架和专用货架
3	按货架的制造材料分类	钢货架、木制货架、钢木合制货架等

续表

序号	分类标准	具体类型
4	按货架的封闭程度分类	敞开式货架、半封闭式货架、封闭式货架等
5	按结构特点分类	层架、层格架、橱架、抽屉架、悬臂架、三角架、栅型架等
6	按货架的可动性分类	固定式货架、移动式货架、旋转式货架、组合货架、可调式货架、流动储存货架等
7	按货架结构分类	整体结构式和分体结构式
8	按货架的载货方式分类	悬臂式货架、橱柜式货架、棚板式货架
9	按货架的构造分类	组合可拆卸式货架和固定式货架
10	按货架高度分类	低层货架（5米以下）、中层货架（5~15米）和高层货架（15米以上）
11	按货架承载量分类	重型货架（500千克以上）、中型货架（150~500千克）和轻型货架（150千克）三种
12	按加工工艺分类	焊接式货架和组合式货架

（三）主要货架

1. 托盘货架

托盘货架专门用于存放已经码放到托盘上的物品，如图3-1所示。

图3-1 托盘货架

托盘货架是使用最广泛的货架之一。托盘货架具有通用性强、有利于物品保管、可实现机械化存取作业、仓容利用率高、出入库可做到先进先出等优点。

即问即答 >>>

货架中使用最多的货架是什么？

2. 轻型货架

轻型货架由优质钢板制造，表面采用静电喷涂处理，防腐、防锈，坚固美观，如图3-2所示。

项目三　仓储的设施设备

图 3-2　轻型货架

轻型货架适合放轻型散件物品，为商城、超市、图书馆等常用货架。轻型货架具有结构简单、适用性强、有利于提高空间利用率、物品存取方便、安装拆卸方便、钢层板上下可任意调节、满足多种使用要求等特点。

3. 阁楼式货架

阁楼式货架可以将库房内的存储空间分隔成上下两层区域，利用支柱、货架、楼板将存储空间分为两层，如图 3-3 所示。

阁楼式货架具有提高空间利用效率、有效增加库房的容积率等特点。但是，阁楼货架的上层部分因为楼板承重有限、装卸搬运不方便，所以通常用来存放轻小型货品或者周转量较低的货品。

4. 悬臂式货架

悬臂式货架是指在立柱的一侧或两侧装设杆臂而构成的货架，如图 3-4 所示。

图 3-3　阁楼式货架

图 3-4　悬臂式货架

悬臂式货架具有结构稳定、载重能力好、空间利用率高、存取物品方便和快速等特点。其适用于长、大型物品和不规则物品的存放。

5. 重力式货架

重力式货架是一种密集储存单元物品的货架系统。在货架每层的通道上，都安装有一定坡度的、带有轨道的导轨，入库的单元物品在重力的作用下，由入库端流向出口端，如图 3-5 所示。

图 3-5　重力式货架

重力式货架具有的特点是：单位面积库容量大；固定了出入库位置，出入库工具运距短；出入库作业分离，互不干扰，有利于实现专业化、高效；保证货物的先进先出；拣选货作业面小，拣选效率高等。

重力式货架主要适用于大批量、少品种储存物品的存放或出库前准备。

6. 旋转货架

旋转货架又称回旋式货架，是指能够进行水平或垂直旋转，使物品移动到取货者面前的货架，如图 3-6 所示。旋转货架分为水平旋转货架和垂直旋转货架，能够将货物旋转输送到指定位置，货架之间无须预留通道。具有节省储存空间，提高库房的空间利用率等特点。旋转货架通常用于存放轻小型物品，多用于配送中心少量多样货物的拣选过程，实现"物到人"的拣货作业，减少拣货人员的行走距离，降低拣货人员的工作强度，提高拣货作业效率。

图 3-6　旋转货架

7. 移动式货架

移动式货架是指在底部安装了行走轮使其可在地面轨道上移动的货架，如图 3-7 所示。

图 3-7　移动式货架

移动式货架具有的特点是：只需一个作业通道，提高仓库利用率；物品存取方便，易于控制，安全性好等。其广泛用于办公室存放档案、图书馆存放档案文献、仓库存放工具等。

8. 流利货架

物品从有坡度的滑道上端存入，当在低端取货时，物品借助动力自动下滑，如图3-8所示。

图3-8　流利货架

流利货架具有可实现先进先出、使用成本低、储存密度大、可提高工作效率等特点。其广泛用于超市、医药、化工、电子等行业。

二、叉车

（一）叉车的概念与特点

仓储视频：
同轴叉车AGV

1. 叉车的概念

叉车是指具有各种叉具及属具，能够对物品进行升降和移动以及装卸作业的搬运车辆。（国家标准《物流术语》GB/T 18354—2021）

叉车是仓储装卸搬运机械中应用最广的一种，主要用于仓库内物品的装卸搬运。

2. 叉车的特点

(1) 机械化程度高。
(2) 机动灵活性好。
(3) 功能齐全，可以一机多用。
(4) 提高仓容利用率。
(5) 有利于托盘运输和集装箱运输。
(6) 投资少，成本低。

3. 选择叉车考虑的因素

(1) 可供使用的作业空间，包括通道的宽度等。
(2) 叉车技术参数，包括标准载重、装卸搬运高度等。
(3) 物品本身参数，包括体积、重量、长度、形状等。

（二）叉车的类型

叉车的类型很多，具体如表3-2所示。

表 3-2　叉车的类型

序号	分类标准	具体类型
1	耗能方式分类	燃料叉车、电力叉车、手动叉车
2	特种行业分类	防爆叉车、多向走叉车、越野叉车、集装箱行走吊、军用工业叉车、车载式叉车、无人驾驶工业叉车
3	工业车辆分类	平衡重式叉车、前移式叉车、低位拣选式叉车、高位拣选式叉车、电动拖头、集装箱叉车、伸缩臂式叉车
4	行走方式	托盘叉车、电瓶叉车、侧叉式叉车、固定平台搬运车、集装箱正面吊、三向堆垛叉车

（三）常用的叉车

1. 平衡重式叉车

平衡重式叉车是指车体前方装有升降货叉、车体尾部装有平衡重块的起升车辆，如图 3-9 所示。平衡重式叉车是使用最广泛、用量最大的一种叉车。这种叉车应用广泛，约占叉车总数的 80% 以上。

平衡重式叉车具有机动性强、效率高、操作简便、动力大、对地面适应性强等特点。

图 3-9　平衡重式叉车

想一想

为什么平衡重式叉车是使用最广泛、用量最大的一种叉车？

2. 前移式叉车

前移式叉车有两条前伸的支腿，支腿前段装有车轮，作业时，起升机构沿着支腿内侧轨道向前移动，叉取货物后，稍微起升一定高度后，沿着支腿内侧轨道缩回，然后可以继续进行搬运或者升降作业，如图 3-10 所示。

前移式叉车具有车身小、重量轻、转弯半径小、机动性好；货物的重心落到车辆的支撑平面内，稳定性很好；前轮较大，支腿较高，作业时支腿不能插入货物的底部等特点。

3. 侧叉式叉车

侧叉式叉车的门架和货叉位于车体的同侧，货叉既可以上下运动，也可以前后伸缩，如图 3-11 所示。

项目三　仓储的设施设备

图 3-10　前移式叉车

图 3-11　侧叉式叉车

侧叉式叉车具有前方视野开阔、行驶速度快，可降低长、大货物对道路宽度的要求等特点。其适合于窄通道作业，搬运长、大件货物。

4. 插腿式叉车

插腿式叉车是指车体前方有带小轮子的支腿，且支腿能与货叉一起伸入货物底部的叉车，如图 3-12 所示。

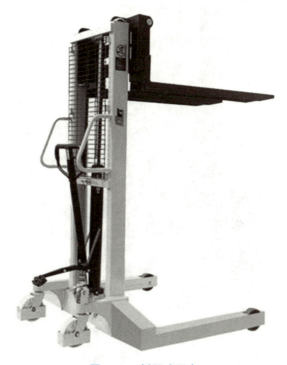

图 3-12　插腿式叉车

插腿式叉车具有结构简单，货叉稳定性好，自重和外形尺寸小、重量轻，灵活方便，运行速

61

度慢,行走轮直径小,对地面要求高等特点。其适合在狭窄的通道和室内堆垛、搬运。

5. 伸缩臂式叉车

伸缩臂式叉车是指车体侧面的后部装置了伸缩臂,并用伸缩臂式货叉进行作业的叉车,如图 3-13 所示。

图 3-13 伸缩臂式叉车

伸缩臂式叉车具有前方视野良好(开阔),适用的作业范围广,可以跨越障碍进行货物的堆垛作业,并可通过变换叉车属具进行多种作业,稳定性好等特点。

6. 高位拣选式叉车

高位拣选式叉车是指装有一个能随装卸装置做升降运动的载人操作平台的叉车,如图 3-14 所示。

图 3-14 高位拣选式叉车

高位拣选式叉车具有反应灵敏、驾驶自如、视野开阔等特点,适用于高层货架仓库。

7. 托盘叉车

托盘叉车又称托盘搬运车,是指主要用于搬运托盘的叉车,如图 3-15 所示。

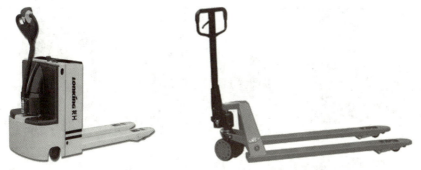

图 3-15 托盘叉车

托盘叉车具有体型小巧灵活、重量轻、载荷较小、作业时不受场地限制等特点。

8. 集装箱叉车

集装箱叉车是指专门用于装卸搬运集装箱的叉车，如图 3-16 所示。

图 3-16 集装箱叉车

集装箱叉车具有货叉和门架的抬升高度高、载重量较大、搬运距离较短等特点，适用于集装箱吞吐量不大的综合性码头和堆场。

> 知识贴
>
> **叉车属具**
>
> 叉车的属具是指为扩大叉车对特定物品的作业而附加或替代原有货叉的装置，如图 3-17 所示。

图 3-17 叉车属具

三、堆垛机

堆垛机又称堆垛起重机,是指专门用于搬运、堆码货物或从高层货架上存取货物的机械。堆垛机是立体仓库中最重要的起重运输设备,运用这种设备的仓库最高可达 40 米,大多数在 10~25 米。

微课视频:
常用仓储设备 2

(一)堆垛机的分类

堆垛机的类型如表 3-3 所示。

表 3-3 堆垛机的类型

序号	分类标准	具体类型
1	按有无导轨分类	有轨堆垛机和无轨堆垛机
2	按高度分类	低层型堆垛机(5 米以下)、中层型堆垛机(5~15 米)、高层型堆垛机(15 米以上)
3	按驱动方式分类	上部驱动式堆垛机、下部驱动式堆垛机和上下驱动式堆垛机
4	按用途分类	桥式堆垛机和巷道式堆垛机

(二)常用的堆垛机

常用的堆垛机主要有桥式堆垛机和巷道式堆垛机。

1. 桥式堆垛机

桥式堆垛机是指由桥架结构、回转小车、立柱等组成的堆垛机,如图 3-18 所示。

桥式堆垛机作业高度受立柱高度的限制:作业时,要求货物和仓库顶棚之间有一定空间,以保证桥架的正常运行。其适合提升或堆码笨重、长、大件货物,适用于高度在 12 米以下、跨度中等的仓库。

图 3-18 桥式堆垛机

2. 巷道式堆垛机

巷道式堆垛机是指在高层货架的窄巷道内来回穿梭,将位于巷道口的货物存入货格或将货格内的货物送到巷道口的机械设备,如图 3-19 所示。

图 3-19 巷道式堆垛机

巷道式堆垛机的优点:可沿巷道内的轨道运行,作业高度较大;作业巷道窄,更节省仓库空间;一般采用半自动或自动控制装置,因而运行速度较快。

即问即答 >>>

自动化立体仓库采用的堆垛机是什么堆垛机?

四、起重机

起重机又称天车、航吊、吊车，是指一种以间歇作业方式对物品进行起升、下降和水平移动的搬运机械，如图 3-20 所示。

仓储视频：
巨无霸起重机

图 3-20　起重机

起重机适用于装卸大件笨重物品，也可以借助各种吊索具装卸其他物品，同时，起重机也是唯一以悬吊方式装卸搬运物品的设备。

五、托盘

（一）托盘的概念与特点

1. 托盘的概念

托盘是指在运输、搬运和存储过程中，将物品规整为货物单元时，作为承载面并包括承载面上辅助结构件的装置。（国家标准《物流术语》GB/T 18354—2021）

托盘是重要的集装设备，与叉车配合使用，形成科学高效的装卸搬运系统，极大地提高了装卸搬运的效率，也提高了装卸搬运作业的机械化水平。

2. 托盘的特点

（1）优点：成本低，自重小；周转回运效率高；堆叠容易；搬运效率高。

（2）缺点：对货品的保护性能不如集装箱，自身容易损坏；不宜露天存放；托盘本身的回运需要消耗资源。

3. 选择托盘考虑的因素

（1）堆存物品的体积、形状和重量。

（2）托盘运输过程中，上游供应商和下游客户使用的托盘类型。

（二）托盘的种类

按托盘的结构划分，托盘可以分为平托盘、柱式托盘、箱式托盘、轮式托盘等。

按托盘的材料划分，托盘可以分为塑料托盘、金属托盘、木制托盘、纸质托盘。

1. 平托盘

平托盘是指承载面上无其他装置的托盘，如图 3-21 所示。平托盘几乎是托盘的代名词，只要一提托盘，一般都是指平托盘，因为平托盘使用范围最广，利用数量最大，通用性最好。

平托盘按照承托货物的台面可以分为单面型、单面使用型、双面使用型。根据叉车叉入方式，有单向叉入型、双向叉入型、四向叉入型等。平托盘类型如图 3-22 所示。

项目三 仓储的设施设备

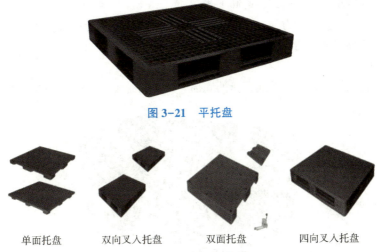

图 3-21 平托盘

单面托盘　　双向叉入托盘　　双面托盘　　四向叉入托盘

图 3-22 平托盘类型

2. 柱式托盘

柱式托盘是指承载的四角有固定式或可卸式的立柱，有的柱与柱之间有连接的横梁，形成框架型的托盘，如图 3-23 所示。

图 3-23 柱式托盘

柱式托盘的优点：可防止托盘上的物品在运输、装卸等过程中发生塌垛；利用柱子支撑物品，将物品堆高叠放，不会压坏下面的物品。

3. 箱式托盘

箱式托盘是指承载面的四边有侧板的托盘，如图 3-24 所示。

图 3-24 箱式托盘

箱式托盘有固定箱式、折叠式、可卸下式三种。

箱式托盘的优点：防护能力强，可防止塌垛和货损；既可装运形状整齐的稳定堆码的物品，也可装载异型不能稳定堆码的物品；应用范围广。

4. 轮式托盘

轮式托盘是指在柱式托盘或箱式托盘的底部装入滑轮而成的托盘，如图3-25所示。

图3-25　轮式托盘

轮式托盘可以利用底部的滑轮进行短距离的移动。轮式托盘可以对大多数的货物进行集装，尤其适用于需要短距离移动的较为沉重的货物。但是轮式托盘因为有底部滑轮的存在，所以轮式托盘不可以多层码垛，只能单层存放，不利于提高库房的空间利用率，限制了其使用范围。

（三）托盘的规格

2008年3月1日，我国正式在国内实施标准为1 200毫米×1 000毫米和1 100毫米×1 100毫米两种规格的托盘，并优先推广使用1 200毫米×1 000毫米规格的托盘。国际标准化组织承认以下4种国际规格的托盘：

1 200毫米×800毫米，欧洲规格。

1 200毫米×1 000毫米，欧洲部分国家、加拿大、墨西哥规格。

1 219毫米×1 016毫米，美国规格。

1 100毫米×1 100毫米，亚洲规格。

六、输送机

输送机是指按照规定路线连续地或间歇地运送散状物品或成件物品的搬运机械。（国家标准《物流术语》GB/T 18354—2021）

输送机的输送线路一般是固定的，输送能力大、运距长、持续性强，可以在输送过程中完成加工、包装、拣选等作业，在仓储作业过程中应用广泛。

根据输送机的结构，输送机可以分为带式输送机、辊筒输送机、链式输送机、悬挂输送机等，其结构和运作方式不同，适用于不同的物流作业场合。

1. 带式输送机

带式输送机是利用连续而具有挠性的输送带进行物品输送，常用的是织物芯橡胶带，如图3-26所示。带式输送机是应用最为广泛、最为典型的输送机。带式输送机主要用于输送散装、块状、颗粒状物品，也可输送中小型包装的物品。

图3-26 带式输送机

2. 辊筒输送机

辊筒输送机是依靠转动着的辊子和物品间的摩擦使物品向前移动，主要由辊子、机架、支架、驱动部分等组成，如图3-27所示。

辊筒输送机可以分为动力辊筒输送机和无动力辊筒输送机。辊筒输送机结构简单、可靠性高、输送量大、速度快、承载能力强，可以满足多品种物资共线分流输送的要求。辊筒输送机适用于各类箱、包、托盘等件货的输送，散料、小件物品或不规则的物品可以放在托盘上或周转箱内，再利用辊筒输送机进行输送。

3. 链式输送机

链式输送机是利用链条牵引、承载，或由链条上安装的板条、金属网带、辊道等承载物料的输送机，如图3-28所示。

图3-27 辊筒输送机　　　　图3-28 链式输送机

链式输送机因被运物的性质不同，结构有较大差别。链式输送机又可分为鳞板输送机、刮板输送机和埋刮板输送机。

4. 悬挂输送机

悬挂输送机主要由链条、轨道、吊具、支架、传动座和调整座等组件组成，如图3-29所示。

图3-29 悬挂输送机

其运行轨道和支架大部分悬挂于建筑物上，主要用于库房、车间内的物料空中输送，能将仓库、装配线等相关节点有机地结合起来，可在最大程度上理顺车间的物流，产生更大的效益。悬挂输送机能有效地利用空间、节省人力、提高工作效率，广泛适用于各种物品的远距离输送、楼层提升、空中储存、送料等工作场合以及制造企业的流水线生产。

即问即答 >>>

在实际工作中应用最多的输送设备是什么？

七、自动分拣系统

自动分拣系统是指通常由控制系统、分拣信息识别系统、计算机管理系统、输送设备和分拣设备组成，能够依据物品的类别、批次、流向等信息，迅速准确地将物品从仓储系统或输送设备中拣取出来，并按照指令自动完成分类、集中、配装等作业，如图3-30所示。自动分拣系统是仓库、配送中心进行拣选、分货、配装作业的现代化设备，是分拣、配送作业强有力的技术保证，反映拣选技术水平。

图3-30 自动分拣系统

仓储视频：
自动分拣系统

（一）自动分拣系统的组成

自动分拣系统一般由控制装置、分类装置、输送装置及分拣道口组成。

1. 控制装置

控制装置是用来识别、接收和处理分拣信号的装置。其根据分拣信号的要求指示分类装置、按物品品种、送达地点或按货主的类别对物品进行自动分类。这些分拣需求可以通过不同方式,如可通过条形码扫描、键盘输入、重量检测、语音识别、高度检测及形式识别等方式,输入到分拣控制系统中,并根据对这些分拣信号的判断,来决定某一种物品该进入哪一个分拣道口。

2. 分类装置

分类装置是根据控制装置发出的分拣指示作业的装置。分类装置的种类很多,一般有推出式、浮出式、倾斜式和分支式几种,不同的装置对分拣货物的包装材料、包装重量、包装物底面的平滑程度等有不同的要求。

3. 输送装置

输送装置的主要组成部分是传送带或输送机,其主要作用是使待分拣物品通过控制装置、分类装置。输送装置的两侧,一般连接若干分拣道口,使分好类的物品滑下主输送机(或主传送带)以便进行后续作业。

4. 分拣道口

分拣道口是已分拣物品脱离主输送机(或主传送带)进入集货区域的通道,一般由钢带、皮带、滚筒等组成滑道,使物品从主输送装置滑向集货站台。在分拣道口的工作人员将该道口的所有物品集中后或是入库储存,或是组配装车并进行配送作业。

(二)自动分拣系统的特点

1. 能连续、大批量地分拣物品

由于采用大生产中使用的流水线自动作业方式,自动分拣系统不受气候、时间、人的体力等的限制,可以连续运行。通常情况下,自动分拣系统可以连续运行 100 个小时以上,每小时可分拣上万件物品,如顺丰自动分拣中心每小时可以分拣 7.1 万件,中国邮政自动分拣中心每小时可以分拣 5.28 万件。如用人工则每小时只能分拣 150 件左右,同时分拣人员也不能在这种劳动强度下连续工作 8 小时。因此与传统的人工拣货作业相比,自动分拣系统更能满足持续时间长、作业批量大的拣货作业要求。

2. 分拣误差率极低

自动分拣系统的分拣误差率大小主要取决于所输入分拣信息的准确性大小,这又取决于分拣信息的输入机制。如果采用人工键盘或语音识别方式输入,则误差率在 3% 以上;如采用条形码扫描输入,除非条形码的印刷本身有差错,否则不会出错。因此,目前自动分拣系统主要采用条形码技术来识别货物。

3. 分拣作业基本实现无人化

建立自动分拣系统的目的之一就是减少人员的使用,减轻员工的劳动强度,提高人员的拣货效率,而自动分拣系统在信息输入、识别、传递、找货、计数、分流等环节,无须人工干预,由系统自动完成,可最大限度地减少人员的使用,基本做到无人化。

 启智润心

顺丰物流自动分拣系统

近年来,我国的电子商务行业发展迅猛,快递业在中国市场的竞争也将进入一个新的阶段。为迎接飞速发展的物流行业,顺丰快递采用了更为先进的自动分拣系统作业。顺丰快递自动分拣系统可以采用传票、计算机条形码技术、无线射频识别技术等自动化分拣方式,正确而迅速地完成分拣作业,提升客户订单响应速度,保证客户满意度。

顺丰自动化分拣智能化、集成化程度高,实现对物品高效有序的大批量分拣。而人工作业的低效率,造成快件大量积压、耗损、丢失等问题。如果碰上节假日快递"爆仓",你将有幸看见一件物品由"生"到"死"的过程。

自动分拣的效率极高,每小时分拣 71 000 件,而人工作业每小时仅 1 277 件;顺丰自动化分拣机的运转速度达到 2 米/秒,效率远远高于人工分拣速度。

如今,顺丰速运将在国内东部地区铺开网络,搭建好服务平台,确保市场占有率,明确提高服务效率,打造顺丰的第一服务品牌。效率高、系统化的自动分拣系统更有利于将顺丰推向新的高度。

八、搬运车

(一) 自动导引车

自动导引车(Automated Guided Vehicle,AGV)是指在车体上装备了电磁学或光学等导引装置、计算机装置、安全保护装置,能够沿设定的路径自动行驶,具有物品移载功能的搬运车辆。(国家标准《物流术语》GB/T 18354—2021)其通常需要与导向系统、自动装卸系统、通信系统、安全系统、管理控制系统等构成自动导引车系统(AGVS)以更好地发挥作用,满足仓储搬运作业自动化、柔性化的要求。自动导引车如图 3-31 所示。

图 3-31 自动导引车

自动导引车机动性较强,具有高柔性化、高智能化、高集成化等特点。另外,AGVS 的组成系统可以根据仓储作业的需要进行调整,相比传送带、输送机等传统的输送系统,对场地布置、导引路线的变更简单易行,能够充分利用仓库内的人行通道和叉车通道,提高库房的面积利用率。

(二) 手推车

手推车是靠人力来驱动行驶的搬运车辆,它是最传统、最常见的人力搬运车辆。它造价低廉、维护简单、操作方便、自重轻,能在机动车辆不便使用的地方工作,在短距离搬运较轻的物品时十分方便。常见的手推车有二轮杠杆式手推车、手推台车、登高车等。

九、物流机器人

物流机器人是指具有一定程度的自主能力,能代替人执行物流作业预期任务,可重复编程的自动控制操作机。(国家标准《物流术语》GB/T 18354—2021)

从应用领域方面来看,物流机器人分为工业用物流机器人和商业用物流机器人;从功能方面来看，可分为 AGV（自动引导车）、码垛机器人、分拣机器人、AMR（自主移动机器人）、RGV（有轨制导车辆）、无人配送机器人等，可应用于无人仓库、生产线、室外封闭或半封闭区域道路等场景。物流机器人的使用能够在有效提高运送和分拣效率的同时减少人工操作带来的各种风险。但当前物流机器人在中国绝大部分的仓库中使用率并不高，即使在欧美等发达国家应用也比较少。

仓储物流机器人

仓储物流机器人，不仅是自动物流搬运的重要帮手，也是智慧物流的重要组成部分，物流仓储自动化是指以机器人为基础，实现物流作业过程的设备和设施自动化，包括自动化立体仓储系统、自动输送系统、自动识别系统、自动分拣系统等里面包含的 AGV/AMR 机器人、码垛机器人、分拣机器人等，如图3-32所示。仓储物流机器人的广泛应用将会使物流行业发生重大改变，行业发展将会从部署货架到人、料箱到人到强调轻便灵活的订单到人，进而使自动化技术无所不在。

图3-32 仓储物流机器人

为了推进物流行业的智能化发展，中国大力支持发展仓储物流机器人在物流行业中的应用，并出台了一系列利好政策。在国家政策的支持下，旷视机器人等人工智能企业发展迅速。近年来，旷视机器人打造了一系列机器人硬件设备及机器人网络操作系统河图，为物流智能化赋能，让各系列机器人以及硬件设备之间实现了完美配合，同时实现了机器人与仓储物流业务的结合。

天猫超市的"曹操"机器人是一部可承重50公斤，速度达到2米/秒的智能机器人，造价高达上百万元，所用的系统都是由阿里自主研发的。"曹操"接到订单后，可以迅速定位商品在仓库分布的位置，并且规划出最优拣货路径，拣完货后会自动把货物送到打包台，能在一定程度上解放出一线工人的劳动力。

项目小结

1. 仓储设备的选用包括合理性、适用性、前瞻性、标准化、安全性、环保性等原则。仓储设备的使用管理直接影响到仓储设备的使用寿命、生产效率和工作精度。仓储设备的维护保养包括设备的保养、检查和修理。

2. 货架是指用支架、隔板或者横梁等结构件组成的储物设施。货架主要有托盘货架、轻型货架、阁楼式货架等。

3. 叉车是具有各种叉具及属具，能够对物品进行升降和移动以及装卸作业的搬运车辆。叉车主要包括平衡重式叉车、前移式叉车、侧叉式叉车、插腿式叉车等。

4. 堆垛机又称堆垛起重机，是指专门用于搬运、堆码货物或从高层货架上存取货物的机械。常用的堆垛机主要有桥式堆垛机和巷道式堆垛机。

5. 托盘是指用于集装、堆放、搬运和运输、放置，作为单元负荷物品的水平平台装置，主要包括平托盘、柱式托盘、箱式托盘、轮式托盘等。

6. 输送机是指按照规定路线连续地或间歇地运送散装物料和成件物品的搬运机械。输送机可以分为带式输送机、辊筒输送机、链式输送机、悬挂输送机等。

7. 自动分拣系统是仓库、配送中心进行拣选、分货、配装作业的现代化设备。自动分拣系统一般由控制装置、分类装置、输送装置及分拣道口组成。

学习评价			
学生自评（50分）	知识巩固与提高（30分）	客观题（15分）	主观题（15分）
	学以致用（20分）	分析准确合理（20分）	分析一般（10分）
小组评价（30分）	团队合作（10分）	沟通协调（10分）	成果展示（10分）
教师评价（20分）	团队合作（10分）	知识掌握程度（5分）	成果汇报（5分）
总分			

项目四　入库作业管理

 学习目标

知识目标
1. 了解入库申请、入库作业计划的编制；
2. 理解物品的接运、物品的入库登记；
3. 掌握入库作业的准备；
4. 掌握物品的验收。

能力目标
1. 具备物品接收、验收的能力；
2. 具备单证处理的能力；
3. 具备处理入库过程中问题的能力。

素质目标
1. 具有与人沟通的能力；
2. 具有良好的职业道德与专业素养；
3. 具有团结协作的能力。

 案例导入

青年路储运经营公司仓储作业流程

青年路储运经营公司隶属于北京市机电设备总公司，占地面积 11 万平方米，内有标准库房 17 栋（保温库 6 栋），库高 10 米，专门储运大型机电产品。单个库房面积从 1 080 平方米到 2 480 平方米不等，地面防潮处理较好，库内配备简单的立体货架 4 或 5 层，高约 3 米，并配有 5 吨、10 吨桥式吊车，库房实行机械通风。场内有铁路专用线及其相关设备，并且有专业的消防队伍。

目前，青年路仓库作为集散型仓库，主要储存家用电器、食品、医药、装饰材料等物品，库房堆高 6~7 米。青年路仓库负责部分物品的储存、配送、运输作业，部分物品由厂家自己负责储存、运输与配送，其主要作业流程包括入库验收、抽样检测、进库码垛、保管、出库等环节。

 思维导读

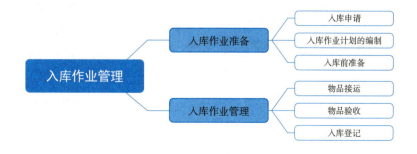

任务一 入库作业准备

仓储视频：智能仓储出入库

微课视频：入库作业准备1

一、入库申请

（一）入库申请

入库申请是生成作业计划的基础和依据，是存货人（供应商）对仓储服务产生需求，并向仓储企业发出需求通知。仓储企业接到申请后，对此项业务进行评估并结合仓储企业自身业务状况做出反应：或拒绝该项业务，并做出合理解释，以求客户谅解；或接受此项业务，制订入库作业计划，并分别传递给存货人和仓库部门，做好各项准备工作。

（二）入库通知单

入库通知单是存货人给仓库的一个客户委托，即存货人向仓储企业提出入库申请的书面形式。一般入库通知单是货主或货主委托方对入库任务的下达单。根据仓储协议，入库通知单在一批货物由司机送达仓库前下达给仓库，仅仅起到预报入库信息的作用。

入库通知单的内容一般根据用途不同，可包括编号、日期、订单号、供应商、存货人、物品编号、物品属性、物品件数、物品重量、包装材质及规格、存放要求等信息。

入库通知单示例如表4-1所示。

表4-1 入库通知单示例

入库通知单编号：20190001		计划入库时间：到货当日		
序号	物品名称	包装规格/ （长×宽×高）/毫米^3	单价/ （元·件$^{-1}$）	重量/ 千克	入库数量/件
1	生脆瓜子	595×395×375	120	15	10
2	康师傅方便面	595×325×330	200	3	20
3	好娃娃薯片	455×245×200	60	2	40
4	长城干红葡萄酒	460×260×230	580	16	50
5	利鑫达板栗	330×235×240	300	35	80
6	金多多婴儿营养米粉	295×245×240	480	18	120
存货人：					

知识贴

物品入库作业的基本要求

物品入库作业的工作如何，直接关系到后续工作能否顺利进行，因此物品入库必须满足以下要求：

（1）凭证入库。物品入库必须依据正式的入库凭证，没有正式的凭证，物品不能入库。

（2）严格执行入库作业流程。入库作业流程是入库工作顺利进行的基本保证，入库人员必须严格执行。

（3）及时入库。物品到达后，入库人员必须迅速行动，按照作业流程进行，保证在规定的时间内完成物品入库工作。

（4）完整准确记录入库作业信息。入库作业信息是仓储管理的基本依据，因此入库作业信息的完整准确至关重要。入库作业信息包括物品自身的基本信息、供应商的信息、承运商的信息等。

二、入库作业计划的编制

（一）入库作业计划的内容

入库作业计划是存货人发货和仓库部门进行入库前准备的依据。入库作业计划主要包括：到货时间，接运方式，包装单元与状态，存储时间，物品的名称、品种、规格、数量、单件体积与重量，及物理、化学、生物特性等详细信息。仓库部门要对入库作业计划的内容进行分析，并根据物品在库时间，物理、化学、生物特性，单品体积、重量，包装物等，合理安排货位。仓库部门在对入库作业计划做出测评与分析之后，即可进行物品入库前的准备工作。

（二）影响入库作业的因素

1. 供应商的送货方式

供应商的送货方式直接影响到入库作业的组织和计划，具体内容如下。

（1）每天平均送货的供应商数量及最大量。平均每天来送货的供应商数量的多少和一天中最多有多少供应商来送货对仓库入库作业的影响最大。入库作业应充分考虑每天送货供应商的数量和均衡性，以做到人员安排的合理性及设施设备等资源配置的合理性与经济性。

（2）送货的车型及车辆台数。送货的车型主要影响卸货站台的合理安排、利用及卸货方式，车辆台数直接影响作业人员的配置和作业设备、作业方式的选择。

（3）每台车平均卸货的时间。每台车平均卸货的时间是用来衡量入库作业效率高低的重要指标。每台车平均卸货的时间越短，服务水平就越高，但设施设备的自动化、机械化的程度要求也越高。

（4）物品到达的高峰时间。物品到达的高峰时间是制定作业人员轮班轮岗方案的重要依据。要合理安排不同班次的作业人数，以求做到作业人员的作业量和劳动强度的均衡性，同时既可以降低成本又可以保证服务水平。

（5）物品的装车方式。散货装车，卸货时应充分利用货物自身的重力；件杂货且经过配装，则卸车主要以人工为主，尽量采用不落地的装卸搬运方式；以单元形式装车，则尽可能选择机械作业方式。

(6) 中转运输的转运方式。物品转运方式对入库的影响如表 4-2 所示。

表 4-2　物品转运方式对入库的影响

送货方式	转运方式	特点
中转运输	直达转运	不卸车，不入库
	直通转运	卸车，不入库
	储存分拣转运	卸车入库，大进小出
	流通加工转运	分拣，加工，分拣
	投机转运	去向信息不明，待价而沽

即问即答 >>>

物品转运的方式有哪些？

2. 物品的种类、特性与数量

（1）每天平均送达的物品品种数。平均每天送达的物品品种越多，物品之间的理化性质差异也就越大，对作业环节影响越大。

（2）单位物品的尺寸与重量。单位物品的尺寸及重量对装卸搬运、堆码上架、库区货位的确定等作业会产生影响。单位物品的尺寸小、重量轻，入库时一般采用人工作业；单位物品的尺寸大、重量重，入库时一般采用机械化作业。

（3）物品的包装形态。物品的包装形态可分为散装物品、件杂货、单元货（托盘化、集装化）三种形态。物品包装形态的差异会对装卸搬运工具与方式、库区货位的确定、堆存状态产生影响。

（4）物品的保质期。物品保质期的长短直接影响物品的在库周期，保质期短的物品入库存储宜选用重力式货架，以严格保证"先进先出"，以延长物品后续的销售周期和消费周期。

（5）装卸搬运方式。入库物品的形态决定物品入库时的装卸搬运作业方式。仓储企业在进行人员配置、选择装卸搬运设备时应充分考虑仓储对象的形态以形成经济合理的科学决策。

3. 仓库设备及存储方式

仓库设备是影响入库作业的一个主要因素，叉车、传送带、货架储位的可用性，以及人工装卸、无货架堆码等都要加以综合考虑。若仓库设备先进，而且均为货架存储，其操作简单，现场干净整齐，仓容利用率高；若仓库设备简陋，基本依赖人工操作，现场一般比较混乱，仓库利用率低，管理难度大。

同时，要考虑物品在仓库期间的存储方式和作业状态，是否需要拆捆开箱、再包装等，为入库安排提供帮助。

想一想

为什么设备先进的仓库操作过程简单，现场干净整齐，仓库利用率高，便于管理？

三、入库前准备

（一）货位的准备

仓库部门应根据入库物品的性能、数量、类别，结合仓库分区分类的要求

微课视频：
入库作业准备 2

核算货位大小；根据货位使用原则严格验收场地，妥善安排货位，确定堆垛方法和苫垫方式。

1. 高架库货架货位的准备

计划入库物品如果上架储存，保管人员应在入库前准备好足够的货位和上架所需的托盘。

（1）货架货位的优化。决定计划入库物品的存储位置的关键因素是物动量分类的结果。高物动量物品应选择下层货位，中物动量物品应该选择中间层货位，低物动量物品则应选择上层货位。

（2）货架货位及托盘数量准备。计算所需货位及托盘数量时应考虑的因素：①计划入库的物品种类及包装规格；②货架货位的设计规格；③所需托盘规格；④叉车作业要求；⑤作业人员的熟练程度及技巧。

> **即问即答** >>>
>
> 高物动量物品的货物应该选在哪里存放？

货架库入位与平置库入位不同的地方还包括货位净高的要求，以及叉车作业空间的预留，作业预留空间可以根据实际情况确定。

计算步骤如下：

第一步，计算托盘面积最大码放物品的数量。

第二步，计算托盘码放层数。

　　托盘码放层数=（货架每层高度-货架横梁高度-托盘厚度-作业预留空间）÷物品高度

第三步，确认物品堆码极限层高。

第四步，计算货位承重范围内堆码层数。

　　　　　货位承重范围内堆码层数=（单货位承重-托盘重量）÷（物品重量×
　　　　　　　　　　　　　　　　托盘面积最大码放物品的数量）

第五步，计算码托层高。

　　码托层高=min（托盘码放层数，物品堆码极限层高，货位承重范围内堆码层数）

第六步，计算货位及托盘数量。

　　　　货位（托盘）=物品数量÷（码托层高×托盘面积最大码放物品的数量）
　　　　　　　　　=物品数量÷单位托盘码放数量

例：某物流公司收到一份入库通知单，计划入库物品为某品牌沐浴露，包装规格为325毫米×157毫米×237毫米，堆码层限为4层，每箱重量为8千克，共4 200箱。货架规格为1 200毫米×1 000毫米×1 000毫米，单货位承重500千克；托盘规格为1 200毫米×1 000毫米×160毫米；单位托盘重量10千克；作业预留高度不少于150毫米。

解：第一步，计算托盘面积最大码放物品的数量。

按照托盘利用最大化的原则，托盘面积最大码放物品的数量为21箱。

第二步，计算托盘码放层数。

　　托盘码放层数=（货架每层高度-货架横梁高度-托盘厚度-作业预留空间）÷物品高度
　　　　　　　=（1 000-160-150）÷237=2（层）

第三步，确认物品堆码极限层高。

　　　　　　　　物品堆码极限层高=4（层）

第四步，计算货位承重范围内堆码层数。

　　　　货位承重范围内堆码层数=（单货位承重-托盘重量）÷（物品重量×
　　　　　　　　　　　　　　　托盘面积最大码放物品的数量）
　　　　　　　　　　　　　　=（500-10）÷（8×21）=2（层）

第五步，计算码托层高。

$$码托层高 = \min(托盘码放层数，物品堆码极限层高，货位承重范围内堆码层数)$$
$$= \min(2, 4, 2) = 2 \text{（层）}$$

第六步，计算货位及托盘数量。

$$货位（托盘）= 物品数量 \div (码托层高 \times 托盘面积最大码放物品的数量)$$
$$= 物品数量 \div 单位托盘码放数量$$
$$= 4\,200 \div (2 \times 21) = 100 \text{（个）}$$

因此，本次共需要100个货位及托盘。

2. 平置库货位的准备

（1）确定物品存储的位置主要考虑平置库平面布局、物品在库时间、物品物动量高低等关键因素。高物动量的物品，在库时间一般较短，所以高物动量的物品一般应放置在离通道或库门较近的地方。

（2）确定物品所需货位面积必须考虑的因素包括仓库的可用高度、仓库地面荷载、物品包装物所允许的堆码层数以及物品包装物的长、宽、高。

计算步骤如下：

第一步，计算单位包装物面积。

$$单位包装物面积 = 长 \times 宽$$

第二步，计算单位面积重量。

$$单位面积重量 = 单位物品毛重 \div 单位面积$$

第三步，可堆层数。

从净高考虑：层数 a = 库高 ÷ 箱高

可堆层数从地坪荷载考虑：层数 b = 地坪单位面积最高载荷量 ÷ 单位面积重量

从包装标识限高考虑：层数 c

$$可堆层数 = \min(层数\,a，层数\,b，层数\,c)$$

第四步，计算占地面积。

$$占地面积 = (总件数 \div 可堆层数) \times 单位包装物面积$$

例：某仓库建筑面积10 000平方米，今收到供货商发来的入库通知单，计划到货日期为明天上午10点，内容如下：

品名：五金工具　　　　　　包装规格：500毫米×200毫米×300毫米

包装材质：杨木　　　　　　单体毛重：45千克

包装标识限高：5层　　　　数量：3 600箱

如果此批货物入库后就地码垛堆存，你作为仓库管理员请计算出至少需要多大面积的储位。如果目标存储区域可堆垛宽度限制为5.0米，计算出计划堆成的货垛的垛长、垛宽及垛高各为多少箱。

注：（1）仓库高度为4.6米，地坪荷载为2 000千克/平方米。

（2）垛型要求为重叠堆码的平台垛。

（3）储位面积计算要充分考虑仓储"五距"。

解：（1）计算单位包装物面积。

$$单位包装物面积 = 长 \times 宽 = 500 \times 200 = 100\,000 \text{（平方毫米）} = 0.1 \text{（平方米）}$$

（2）计算单位面积重量。

$$单位面积重量 = 单位物品毛重 \div 单位面积 = 45 \div 0.1 = 450 \text{（千克）}$$

(3) 可堆层数。

从净高考虑：层数 a = 库高÷箱高 = 4.6÷0.3 = 15（层）

可堆层数从地坪荷载考虑：

层数 b = 地坪单位面积最高载荷量÷单位面积重量 = 2 000÷450 = 4（层）

从包装标识限高考虑：层数 c = 5（层）

可堆层数 = min(层数 a, 层数 b, 层数 c) = min(15, 4, 5) = 4（层）

(4) 计算占地面积。

占地面积 = (总件数÷可堆层数)×单位包装物面积 = (3 600÷4)×0.1 = 90（平方米）

垛宽 = 5÷0.2 = 25（箱）

垛高 = 4（箱）

垛长 = 90÷5÷0.5 = 36（箱）

3. 立体库货位的准备

在明确储存位置和所需货位数量的同时，还要准备好相应数量的托盘。

计算步骤如下：

第一步，计算托盘面积最大码放物品的数量。

第二步，计算托盘码放层数。

托盘码放层数 = (货架每层高度−货架横梁高度−托盘厚度−作业预留空间)÷物品高度

第三步，确认物品堆码极限层高。

第四步，计算货位承重范围内堆码层数。

货位承重范围内堆码层数 = (单货位承重−托盘重量)÷(物品重量×托盘面积最大码放物品的数量)

第五步，计算码托层高。

码托层高 = min(托盘码放层数, 物品堆码极限层高, 货位承重范围内堆码层数)

第六步，计算货位及托盘数量。

货位(托盘) = 物品数量÷(码托层高×托盘面积最大码放物品的数量)

= 物品数量÷单位托盘码放数量

例：某物流公司收到一份入库通知单，计划入库物品为汽车空调压缩机，包装规格为 460 毫米×260 毫米×200 毫米，堆码层限为 5 层，每箱重量为 10 千克，共 2 700 箱。自动化立体仓库货位规格为 1 100 毫米×1 300 毫米×1 000 毫米，单货位承重 500 千克；托盘规格为 1 200 毫米×1 000 毫米×160 毫米；单位托盘重量 10 千克；作业预留高度不少于 150 毫米。

解：第一步，计算托盘面积最大码放物品的数量。

按照托盘利用最大化的原则，托盘面积最大码放物品的数量为 9 箱。

第二步，计算托盘码放层数。

托盘码放层数 = (货架每层高度−货架横梁高度−托盘厚度−作业预留空间)÷物品高度

= (1 000−160−150)÷200 = 3（层）

第三步，确认物品堆码极限层高。

物品堆码极限层高 = 5（层）

第四步，计算货位承重范围内堆码层数。

货位承重范围内堆码层数 = (单货位承重−托盘重量)÷(物品重量×托盘面积最大码放物品的数量)

= (500−10)÷(10×9) = 5（层）

第五步，计算码托层高。

码托层高=min(托盘码放层数,物品堆码极限层高,货位承重范围内堆码层数)
       =min(3,5,5)= 3（层）

第六步，计算货位及托盘数量。

货位(托盘)= 物品数量÷(码托层高×托盘面积最大码放物品的数量)
         = 物品数量÷单位托盘码放数量
         = 2 700÷(3×9)= 100(个)

因此，本次共需要 100 个货位及托盘。

4. 密集型储存区（货到人储区）货位的准备

在明确储存位置和所需货位数量的同时，还要准备好相应数量的周转箱。

计算步骤如下：

第一步，计算周转箱内单层最大码放物品的数量。

第二步，计算周转箱内物品码放层数。

周转箱内物品码放层数=[周转箱高度+物品包装(高度)在周转箱中的高度-
                作业预留空间]÷物品高度

第三步，确认物品堆码极限层高。

第四步，计算货位承重范围内堆码层数。

货位承重范围内堆码层数=(单货位承重-单位周转箱重量)÷(物品重量×
                周转箱内单层最大码放物品的数量)

第五步，计算码托层高。

码托层高=min(周转箱内物品码放层数,物品堆码极限层高,货位承重范围内堆码层数)

第六步，计算货位及周转箱数量。

货位(托盘)= 物品数量÷(码托层高×周转箱内单层最大码放物品的数量)
         = 物品数量÷单位周转箱码放数量

例：某物流公司收到一份入库通知单，计划入库物品为路由器，包装规格为 115 毫米×115 毫米×108 毫米，堆码层限为 6 层，每盒重量为 1 千克，共 1 000 盒。密集型存储区为四列六层货架，单位规格为 600 毫米×800 毫米×500 毫米，单货位承重 50 千克；周转箱规格为 600 毫米×400 毫米×360 毫米；单位周转箱重量 2 千克；作业预留高度不少于 100 毫米，且物品包装（高度）至少应有 1/3 在周转箱中。

解：第一步，计算周转箱内单层最大码放物品的数量。

周转箱内单层最大码放物品的数量为 15 台。

第二步，计算周转箱内物品码放层数。

周转箱内物品码放层数=[周转箱高度+物品包装(高度)在周转箱中的高度-
                作业预留空间]÷物品高度
                =(360+72-100)÷108 = 3（层）

第三步，确认物品堆码极限层高。

物品堆码极限层高=6（层）

第四步，计算货位承重范围内堆码层数。

货位承重范围内堆码层数=(单货位承重-单位周转箱重量)÷(物品重量×
                周转箱内单层最大码放物品的数量)
                =(50-2)÷(1×15)= 3（层）

第五步，计算码托层高。

码托层高＝min(周转箱内物品码放层数，物品堆码极限层高，货位承重范围内堆码层数)
＝min(3,6,3)＝3（层）

第六步，计算货位及周转箱数量。

货位(托盘)＝物品数量÷(码托层高×周转箱内单层最大码放物品的数量)
＝物品数量÷单位周转箱码放数量
＝1 000÷(3×15)＝23（个）

因此，本次共需要 23 个货位及周转箱。

（二）苫垫材料的准备

根据预计到货物品的特性、体积、质量、数量和到货时间等信息，结合物品分区分类和货位管理的要求，确定货位。同时，要做好防雨、防潮、防尘、防晒准备，即准备所需要的苫垫材料。苫垫材料应根据货位位置和到货物品特性进行合理的选择。

苫盖材料主要有：塑料薄膜、席子、油毡纸、铁皮、苫布等。

垫垛材料主要有：枕木、方木、石条、水泥墩、防潮纸等。

> **想一想**
>
> 为什么要对物品进行苫垫？

（三）验收、入库及装卸搬运设备准备

投入的物流设备有：夹抱叉车、托盘、周转箱、叉车、地牛、RF 手持终端等。同时根据到货物品的特性、货位、设备条件、人员等情况，科学合理地确定卸车搬运工艺，备好相关作业设备，安排好卸货站台或场地，保证装卸搬运作业的效率。

任务二　入库作业管理

微课视频：
入库作业管理

一、物品接运

物品接运是物品入库前的重要环节，目的是向托运人或承运人办清业务交接手续、及时将货物安全接运回库。仓库管理人员首先要了解接运产品的方式及程序，然后才能根据不同的接运方式，安排人员进行接货，并处理接货过程中出现的各种问题。

接货的方式主要包括到车站、码头提货，铁路专用线路接货，自提货及库内接货四种。

（一）到车站、码头提货

这是由外地托运单位委托铁路、水运、民航等运输部门或邮局代运或邮递货物到达本地车站、码头、机场、邮局后，仓库依据货物通知单派车接运货物。一般适用于零担托运、到货批量较小的货物。

1. 安排接运工具

在去车站、码头提货时，接货人员对所提取物品要了解其品名、型号、特性、尺寸等情况，并以此安排接运工具。

2. 前往承运单位

准备好接运工具后，接货人员携带提货凭证前往承运单位，准备接货。

3. 出示提货凭证

接货人员到达车站、码头后，出示提货凭证，将物品取回。

4. 检查物品状况

在提货时，接货人员根据运单仔细核对物品的名称、规格、数量、收货单位等，然后认真对物品的外观进行检查，包装是否完好无损，有无水渍、油渍、受潮、破损等。

5. 装载运回货物

物品检查无误后，接货人员进行装载，并将物品安全运回企业仓库。

6. 办理内部交接

物品运达仓库后，接货人员逐一清点物品后，交给仓库管理人员，并办理交接手续。

注意事项：提货人员应了解所提取物品的品名、型号、特性和一般保管知识、装卸搬运注意事项等；提货时应根据运单以及有关资料详细核对货物；在短途运输中，要做到不混不乱，避免碰坏损失；物品到库后，提货人员应与保管员密切配合。

（二）铁路专用线路接货

铁路专用线路接货是铁路部门将转运的物品直接运送到仓库内部专用线的一种接运方式。一般适用于整车大批量货物。接货人员在接到车站到货的通知后，一般按照接车卸货准备、卸车前检查、卸车作业、卸车后清理和办理交接手续等步骤完成接货工作。

注意事项：接到专用线到货通知后，应立即确定卸货货位，做好卸车准备；车皮到达后，应检查车皮，核对货物，检查是否有异常情况；卸车时要注意为物品验收和入库保管提供便利条件，分清车号、品名、规格等；编制卸车记录，办好内部交接手续。

（三）自提货

自提货是指仓库受托运方的委托，直接到供货单位提货的一种形式。其流程是做好接货准备、前往供货单位、现场验收、办理收货手续、装载运回、质量复检、办理内部交接。

注意事项：接货与出验工作应同时进行；仓库根据提货通知，做好准备，接货与验收合并一次完成。

（四）库内接货

库内接货是指供货单位或其委托的承运单位将物品直接送达仓库的一种供货方式。采取这样的方式通常是因为托运单位与仓库在同一城市或附近地区，不需要长途运输。

注意事项：当物品到达后，接货人员及验收人员应直接与送货人员进行接收工作，当面验收并办理交接手续。如果有差错，应填写记录，并由送货人员出具书面证明、签章确认，据此向有关部门提出索赔。

二、物品验收

（一）物品验收的内容

1. 数量验收

数量验收是保证物品数量准确的重要步骤，一般在质量验收之前，由仓库保管职能机构组织进行。数量验收应采取与供货单位一致的计量方法进行。按物品性质和包装情况，数量验收分为三种形式，即计件、检斤、检尺求积。

（1）计件。计件是按件数供货或以件数为计量单位的物品，在做数量验收时的件数清点。一般情况下，计件物品应全部逐一点清。包装内有小件包装，应抽取部分包装进行拆包点验；国内物品一般只检查外包装；进口物品按合同约定或惯例办理。

（2）检斤。检斤是按重量供货或以重量为计量单位的物品，做数量验收时的称重。金属材料、某些化工产品多半是检斤验收。按理论换算重量供应的物品，先要通过检斤，如金属材料中的板材、型材等，然后按规定的换算方法换算成重量验收。对于进口物品，原则上应全部检斤，若订货合同规定按理论换算重量交货，则应该按合同规定办理。所有检斤的物品，都应填写磅码单。

（3）检尺求积。检尺求积是对以体积为计量单位的物品，如木材、竹材、沙石等，先检尺后求体积所做的数量验收。

数量验收应一次进行完毕。计重物品的数量验收应实行一次清点制。一次清点制，即在入库验收时，逐磅记数，按顺序分层堆码，一次弄清标准，以后清查和发放出库时不再过磅。因此，在入库验收时，必须把好过磅、记码单和码垛三个环节，以保证数量准确。凡是经过检尺求积检验的物品，都应该填写磅码单。

2. 质量验收

质量验收包括物品的外观检验、物品的尺寸精度检验和理化检验。

（1）物品的外观检验。在仓库中，物品的外观检验是由仓库保管职能机构组织进行的。外观检验是指通过感官检验，检验物品的包装外形或装饰有无缺陷；检查物品包装的牢固程度；检查物品有无损伤，如撞击、变形、破碎等；检查物品是否被雨、雪、油污等污染，有无潮湿、霉腐、生虫等。外观有缺陷的物品，有时可能影响其质量，所以对外观有严重缺陷的物品，要单独存放，等待处理，防止混杂。凡经过外观检验的物品，都应该填写检验记录单。物品的外观检验只通过直接观察物品包装或物品外观来判别质量情况，大大简化了仓库的质量验收工作，避免了各个部门反复进行复杂的质量检验，从而节省大量的人力、物力和时间。

知识贴

感官鉴别法

感官鉴别法又称为感官分析、感官检查或感官评价。该方法是把人的感觉器官作为检验器具，对物品的外形、色、香、味、手感、音色等感官质量特性，在一定的条件下做出判断或评价的检验方法。其包括视觉检验、听觉检验、味觉检验和触觉检验。这种方法简单易行，快速灵活，成本较低。

（2）物品的尺寸精度检验。物品的尺寸精度检验由仓库的技术管理职能机构组织进行。进行尺寸精度检验的物品，主要是金属材料中的型材、部分机电产品和少数建筑材料。不同型材尺寸检验标准各不相同，如椭圆型材主要检验直径和圆度，管材主要检验壁厚和内径，板材主要检验厚度及其均匀度等。对部分机电产品的检验，一般请用料单位派技术员进行。尺寸精度检验是一项技术性强、很费时间的工作，全部检验的工作量大，并且有些产品质量的特征只有通过破坏性的检验才能测到。所以，一般采用抽验的方式进行。

哪些物品适合尺寸精度检验？

（3）理化检验。理化检验是对物品内在质量和物理化学性质所进行的检验，一般主要是对进口物品进行理化检验。对物品内在质量的检验要求一定的技术知识和检验手段，目前仓库多不具备这些条件，所以一般由专门的技术检验部门进行。例如，羊毛含水量的检测，药粉含药量的检测，花生含黄曲霉的检测等。

> **想一想**
> 为什么说一般仓库无法进行理化检验？

（二）物品验收方式

物品验收方式分为全部检验和抽样检验。

1. 全部检验

在进行数量和外观验收时一般要求全部检验。在质量验收时，当批量小、规格复杂、包装整齐或要求严格验收时可以采用全部检验。全部检验需要大量的人力、物力和时间，但是可以保证验收的质量。

2. 抽样检验

当批量大、规格和包装整齐、存货单位的信誉较高、人工验收条件有限的情况下通常采用抽样检验的方式。物品质量和储运管理水平的提高以及数理统计方法的发展，为抽样检验方式提供了物质条件和理论依据。抽样检验方式可以节约人力，减少对物品质量的影响，提高物品入库的速度。

（三）物品验收中问题的处理

物品验收中，可能会发现如单证不齐、数量短缺、质量不符合要求等问题，应区别不同情况，及时处理。

1. 数量问题

验收物品时，数量短缺在规定磅差范围内的，可按原数入账；凡超过规定磅差范围的，应查对核实，做好验收记录，填写磅码单，交主管部门会同货主向供货单位交涉。凡实际数量多于原发料量的，可由主管部门向供货单位退回多发数，或补给货款。数量短缺不论是何原因，应由收货人在凭证上做好详细记录，并按实际数量签收，同时通知发货人。

2. 质量问题

验收物品时，发现质量不符合规定时，应及时向供货单位办理退货、换货交涉，或征得供货单位同意代为修理，或在不影响使用前提下降价处理。物品规格不符或错发时，应先将规格对的予以入库，规格不对的要详细做好验收记录并交给主管部门处理。

3. 凭证问题

验收物品时，单证未到或不齐时，应及时向供货单位索取，到库物品应作为待检验物品堆放在待验区，待单证到齐后再进行验收。单证未到时，不能验收，不能入库，更不能发料。

4. 价格问题

验收物品时，发现价格不符，供方多收部分应予拒付，少收部分经过检查核对后，应主动联系，及时更正。

5. 未按时到货

验收物品时，发现凭证已到，在规定的时间未见物品到库时，应及时向有关部门反映，以便查询处理。

6. 包装异常

验收物品时，发现包装有异常，会同送货人员开箱或拆包检查，明确有物品数量短少或外观包装严重残损等，由送货人员填写物品异常记录，或在送货单上注明，并单独存放以待处理。

7. 待处理的物品

验收物品时，发现问题等待处理的物品，应该单独存放，妥善保管，防止混杂、丢失、损坏。

三、入库登记

物品一经入库，就应立即办理入库手续。物品入库登记包括登账、立卡和建档。

（一）登账

1. 登账的内容

登账的内容包括入库日期、凭证编号、物品名称、规格、数量、件数、累计数或结存数、存货人或提货人、批次、入库时间、保质期、金额、注明货位号、接（发）货经办人等。

2. 登账的要求

（1）以正式合法凭证为依据。登账必须以正式合法凭证为依据，使账目真实。

（2）书写清晰规范。登账时，一律用蓝黑墨水笔记账，用红墨水笔冲账。

（3）保持账目连续、完整。登账时，应保持账目连续、完整，按时间顺序将账页依次编号，切记隔行、跳页。

（4）保证账目的准确性。登账时，负责人应做到每天登账、经常查对，以保证账货相符、账卡相符、账账相符。

（二）立卡

所谓立卡，即物品入库后，仓库保管员将各种物品的名称、数量、规格、质量状况等信息编制成一张卡片，即物品的物料卡，并将卡插放在货架的支架上或货垛的显著位置的过程。

"卡"即是放在物料垛位上直接反映该垛物品的品名、型号规格、单价、进出库动态结存数的保管卡片，又叫料签、物料卡、保管卡。物品在验收完毕、入库上架或码垛的同时，即应建立卡片，应一架一卡或一垛一卡，拴挂在货架或货垛上面。卡片应按"入库通知单"所列内容逐项填写。填写时一定要准确、齐全。填写错误时，要用"画红线更正法"予以更改，不得涂改、刮擦。

（三）建档

物品入库验收后，在立卡的同时，必须建立物品档案，即按物品品名、型号、规格、单价、批次等分类立账归档，集中保存记录物品数量、质量等情况的资料、证件和凭证等。

1. 建档工作的具体要求

（1）物品档案应一物一档，即将同一种物品的各种材料用档案袋存放起来。

（2）物品档案应统一编号，并在档案上注明编号、名称和供货厂家，同时在保管实物明细账上注明档案号，便于查阅。

（3）物品档案应妥善保管，应由专人进行保管，在专用的柜子里存放。当物品整进整出时，物品相关技术证件应随物转给收货单位；金属材料的质量保证书等原始资料应留存，而将复制件加盖公章，转给收货单位。整进零发时，其质量证明书可以用复印件加盖公章代用。整个档案应妥善长期保存。

2. 确定资料的保存期

为了加强对档案资料的保存，档案管理人员要根据实际情况确定资料的保存期。有些资料，如库区气候资料，应长期保存。

3. 及时更新资料

对于库存物品的变化，档案管理人员要及时收集新资料，并将其放置在物品的档案中。

项目小结

1. 入库申请是生成作业计划的基础和依据，包括入库申请和入库通知单。

2. 影响入库作业的因素包括供应商的送货方式，物品的种类、特性与数量，仓库设备及存储方式。

3. 入库前准备由货位准备，苫垫材料的准备，验收、入库及装卸搬运设备准备组成。

4. 物品接运主要包括到车站、码头提货，铁路专用线路接货，自提货及库内接货四种情况。

5. 物品验收包括数量验收和质量验收。物品验收方式分为全部检验和抽样检验。正确处理物品验收中常见问题。

6. 物品一经入库，就应立即办理入库手续。物品入库登记包括登账、立卡和建档。

\	学习评价		
学生自评（50分）	知识巩固与提高（30分）	客观题（15分）	主观题（15分）
	学以致用（20分）	分析准确合理（20分）	分析一般（10分）
小组评价（30分）	团队合作（10分）	沟通协调（10分）	成果展示（10分）
教师评价（20分）	团队合作（10分）	知识掌握程度（5分）	成果汇报（5分）
总分			

项目五　在库作业管理

学习目标

知识目标

1. 了解物品堆码的重要性与原则；
2. 理解物品保管保养的基本要求、库区的5S管理；
3. 掌握物品堆码的要求、堆码的方式、垛距；
4. 掌握物品的苫垫、物品的盘点；
5. 掌握物品的质量变化、仓库温湿度管理、仓库的害虫防治等。

能力目标

1. 具备物品堆码的能力；
2. 具备物品保管保养的能力；
3. 具备物品苫垫的能力；
4. 具备5S管理的能力；
5. 具备物品盘点的能力。

素质目标

1. 具有与人沟通的能力；
2. 具有团队合作的能力；
3. 具有吃苦耐劳的精神；
4. 养成良好的节约习惯。

案例导入

服装的储存与养护

　　服装厂商多把经营的重点放在生产、销售环节上，对服装的储存和养护方面相对比较粗放，导致了库存过大、物流成本过高、反应速度过慢、退货烦琐等一系列问题。服装企业如何建立"小批量、多批次、快出货"的现代经营管理模式，合理有效地储存服装和在储存期间进行养护，以维护好服装的质量，降低服装的损耗，有效地维护服装的使用价值，满足订货商和消费者的需求，已成为迫切需要解决的问题。

　　库存服装要经常保养。服装受外界自然条件影响，如受空气、温度、湿度等的影响，如果仓库温度和湿度过高或过低，会引起发热、霉变、老化。一定的温度又是微生物和各类害虫生长繁殖的条件，会引起质量改变或造成损失。库存养护应坚持"以防为主，防治结合"的方法，严格验收、科学堆码、妥善保管。仓库管理要了解各种服装所适应的温湿度，并对库房内外的温湿度，经常进行测量和记录，掌握温湿度变化的规律，采取相应的措施，随时控制库内的温湿度，使其适于储存服装。根据纺织面料及服装容易受潮发霉和被虫蛀的特性，服装的养护要做到

仓储管理实务

"一细三勤",即处处细心,勤清洁、勤整理和勤处理。要建立健全库房卫生制度。库房里的灰尘、垃圾是霉菌、害虫繁殖的场所,因此库房内要经常打扫,货架要擦洗干净,可使用杀虫剂预防各种害虫滋生。由于各种服装面料的保养性能不同,要时刻预防霉变变色、残损变质、虫蛀鼠咬等。发现苗头,及时报告并处理。

思维导读

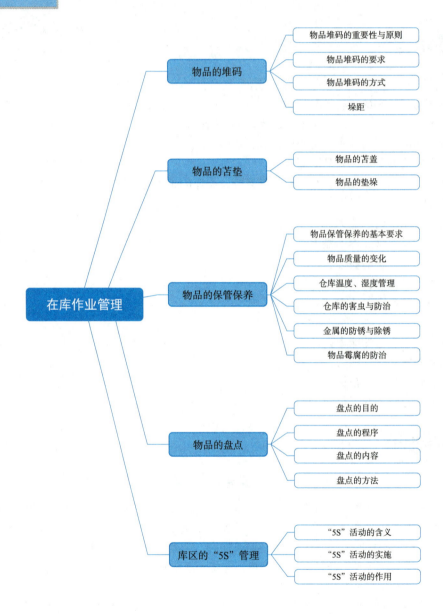

任务一 物品的堆码

微课视频：
物品堆码 1

一、物品堆码的重要性与原则

堆码是将物品整齐、规则地摆放成货垛的作业。（国家标准《物流术语》GB/T18354—2021）

（一）物品堆码的重要性

1. 堆码要与所采用的托盘相匹配

托盘的规格不一致，就要根据不同的托盘进行堆码，以方便叉车、托盘车搬运作业。而且托盘上的货物要尽量堆放平整，便于堆码。

2. 堆码对货物质量具有维护作用

正确的堆码方式可以减少货物的损坏，可以识别和检查货物质量，对于维护货物的质量具有重要意义。

3. 堆码能够充分利用库房容积并提高装卸作业效率

合理的堆码能够提高仓库的空间使用率。堆码后的货物要整齐、牢固，这样在进行装卸搬运时货物不易掉落，避免造成货物损失，可节省搬运时间，提高作业效率。

（二）物品堆码的原则

1. 分类存放原则

分类存放是物品储存保管的基本原则，不同类别、规格、批次、等级、流向、经营方式的物品应分区分类存放。

2. 面向通道原则

货垛以及存放物品的正面，尽可能面向通道，以便察看；所有物品的货垛、货位都应有一面与通道相连，处在通道旁，以便能对物品进行直接作业。

3. 上轻下重原则

堆码物品时，必须遵循轻物品放在上面、重物品放在下面的规则，以免下面物品被压坏或发生倒垛的现象。

4. 充分利用空间原则

堆码物品时，应该根据地面承重和单位面积堆放量，尽可能将物品码得更高，以提高仓库的空间利用率。

5. 先进先出原则

堆码物品时，不要轻易地改变物品储存的位置，出入库频率高的物品尽可能放在出口的附近，方便物品先进先出。

> **想一想**
>
> 物品为什么要分类存放？

二、物品堆码的要求

在物品堆码前要结合仓储条件做好准备工作,在分析物品的数量、包装、清洁程度、属性的基础上,遵循合理、牢固、定量、整齐、节约、方便等基本要求,进行物品堆码,如图5-1所示。

图5-1 物品堆码的要求

(一)合理

要做到搬运活性、分垛、垛形、重量、间距、顺序合理。不同性质、品种、规格、型号、等级的物品和不同客户的物品,应分开堆放,采用不同的堆垛方式;坚持贯彻先进先出的原则。

(二)牢固

适当选择垛底面积、堆垛高度和垫衬材料,提高货垛的稳定性,保证堆码的牢固、安全,货垛必须不偏不斜、不歪不倒,不压坏底层物品或外包装,不超过库场地坪承载能力。

(三)定量

为了便于检查和盘点,使保管人员过目成数,在物品堆码时,垛、行、层、包等数量力求整数,每垛应有固定数量,通常采用"五五堆码"。对某些过磅称重物品不能成整数时,必须明确地标出重量,分层堆码,或成捆堆码,定量存放。

(四)整齐

堆垛排列整齐有序,同类物品垛形统一,形成良好的库容。货垛横成行,纵成列,物品包装上的标志一律朝外,便于查看与拣货。

(五)节约

坚持一次堆码成功,减少重复作业,节约劳动消耗;合理使用苫盖材料,避免浪费;节约备用品用料,降低消耗;堆码科学,节约货位,提高仓库利用率。

(六)方便

要做到便于装卸搬运、收发保管、日常维护保养、检查点数和灭火消防,从而有利于物品保管和安全。

三、物品堆码的方式

物品堆码的方式包括散堆方式、货架方式、成组堆码方式和堆垛方式。

（一）散堆方式

散堆方式是将无包装的散货在仓库或露天货场上堆成货堆的存放方式，如图5-2所示。特点是这种堆码方式简便，便于采用现代化的大型机械设备，节省包装费用，提高仓库的利用率，降低运费。这种方式特别适用于大宗散货，如煤炭、矿石、散粮和散化肥等，也可适用于库内少量存放的谷物、碎料等散装货物。

图5-2 散堆方式

即问即答 >>>

哪些物品适合采用散堆方式？

（二）货架方式

货架方式是指采用通用或者专用的货架进行货物堆码的方式，如图5-3所示。特点是能够提高仓库的利用率，减少货物存取时的差错。这种方式适合于存放小件货物或不宜堆高的货物。

图5-3 货架方式

（三）成组堆码方式

成组堆码方式是指采用成组工具使货物的堆存单元扩大，如图5-4所示。常用的成组工具有货板、托盘和吸塑等。其特点是可以提高仓库利用率，实现货物的安全搬运和堆存，提高劳动效率，加快货物流转。这种方式适合于小件不宜单独采用机械装卸的物品。

图 5-4 成组堆码方式

（四）堆垛方式

堆垛方式是指直接利用物品或包装外形进行堆码。其特点是可以增加堆高，提高仓库利用率，有利于保护物品质量。这种方式应用最广、最为复杂。常用的方式主要有：重叠式、纵横交错式、旋转交错式、正反交错式、压缝式、衬垫式、栽桩式、通风式、仰伏相间式、"五五化"等。

动漫：物品堆码

1. 重叠式堆码

重叠式是指各层码放方式相同，上下对应，层与层之间不交错堆码的方式，如图 5-5 所示。

优点：操作简单，工人操作速度快，包装物品的四个角和边重叠垂直，承载能力大。

缺点：各层之间缺少咬合，稳定性差，容易发生塌垛。

适用范围：在物品底面积较大的情况下，采用这种方式具有足够的稳定性，如果再配上相应的紧固方式，则不但能保持稳定，还可以使装卸操作省力。

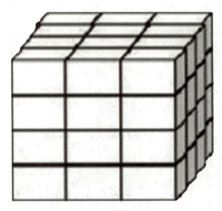

图 5-5 重叠式堆码

2. 纵横交错式堆码

纵横交错式是指相邻两层物品摆放旋转 90°，一层横向放置，另一层纵向放置，层与层之间交错堆码的方式，如图 5-6 所示。

优点：操作相对简单，层次之间有一定的咬合效果，稳定性比重叠式好。

缺点：咬合强度不够，稳定性不足。

适用范围：比较适合自动装盘堆码作业。

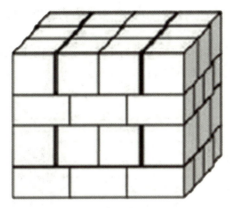

图 5-6　纵横交错式堆码

托盘的七个码放要求

（1）木质和金属容器等硬质货物单层或多层交错码放，拉伸或收缩膜包装货物。

（2）纸质或纤维质类货物单层或多层码放，用捆扎带十字固定。

（3）密封的金属容器等圆柱体货物单层或多层码放，木质隔板加固。

（4）需进行防潮、防水等防护的纸制品、纺织品货物单层或多层交错码放，拉伸或收缩膜包装货物，加盖隔板以加固货物。

（5）易碎类货物单层或多层码放，增加木质支撑隔板结构。

（6）金属瓶类圆柱体容器或货物单层垂直码放，增加货框及板条加固结构。

（7）袋类货物多层交错压实码放。

3. 旋转交错式堆码

旋转交错式是指每一层与相邻两边的包装体互为90°，同一层上下两层之间堆码相差180°的堆码方式，如图5-7所示。

优点：相邻两层之间咬合交叉，托盘物品的稳定性较高，不易塌垛。

缺点：堆码难度较大，中间形成空穴，降低托盘的利用率。

图 5-7　旋转交错式堆码

4. 正反交错式堆码

正反交错式是指同一层中不同列的货品以90°垂直码放，相邻两层物品码放形式旋转180°的堆码方式，如图5-8所示。

优点：不同层间咬合强度较高，相邻层次间相互压缝，稳定性较好。

缺点：操作较为麻烦，人工操作速度慢。

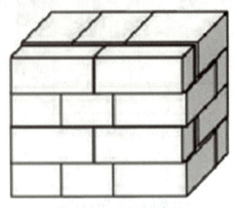

图5-8　正反交错式堆码

即问即答 >>>

在托盘上堆码的方式有哪些？

5. 压缝式堆码

压缝式是将底层物品并排摆放，上层物品放在下层的两件物品之间的堆码方式，如图5-9所示。如果每层物品都不改变方向，则形成梯形形状；如果改变每层物品的方向，则类似于纵横交错式。常见的有："2顶1""3顶2""4顶3"等。

优点：稳定性好、易苫盖、操作方便、节约仓容。

缺点：不便清点物品。

适用范围：建筑陶瓷、阀门、桶形等物品。

6. 衬垫式堆码

衬垫式是指码垛时，隔层或隔几层铺放衬垫物，衬垫物平整牢靠后，再往上码的堆码方式，如图5-10所示。它适用于不规则的较重物品，如电机、水泵等物品。

图5-9　压缝式堆码

图5-10　衬垫式堆码

7. 栽桩式堆码

栽桩式是指码放物品前在货垛两侧栽上木桩或钢棒，然后将物品平码在桩柱之间，几层后用铁丝将相对两边的柱拴紧，再往上摆放物品的堆码方式，如图 5-11 所示。它适用于棒材、管材等长条状物品。

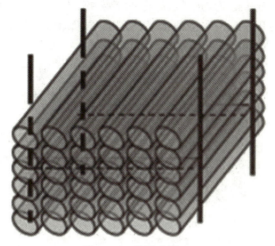

图 5-11　栽桩式堆码

8. 通风式堆码

通风式是指堆码时，使相邻的物品之间留有空隙，以便通风的堆码方式。层与层之间采用压缝式或者纵横交错式，如图 5-12 所示。

优点：有利于通风、透气，适宜物品的保管养护。

缺点：空间利用率较低。

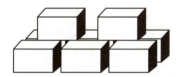 

图 5-12　通风式堆码

9. 仰伏相间式堆码

仰伏相间式是对上下两面有大小差别或凹凸的物品，如槽钢、钢轨、箩筐等，将物品仰放一层，再反一面伏放一层，仰伏相间相扣的堆码方式，如图 5-13 所示。

优点：堆垛极为稳定。

缺点：操作不便。

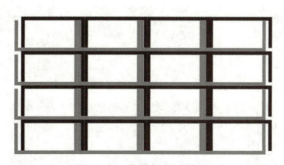

图 5-13　仰伏相间式堆码

10. "五五化"堆码

"五五化"就是以五为基本计算单位，堆码成各种总数为五的倍数的货垛，即大的物品堆码成五五成方；小的物品堆码成五五成包；长的物品堆码成五五成行；短的物品堆码成五五成堆；带眼的物品堆码成五五成串，如图5-14所示。它适用于按件计量的物品。

优点：清点方便，不易出现差错，收发快，效率高等。

图5-14 "五五化"堆码

 知识贴

特殊物品的堆码方式

（1）怕压物品的堆码。为了使物品不致受损，堆码时应根据物品承受力的大小，适当地控制堆码的方式和堆码的高度。

（2）容易渗漏物品的堆码。这类物品为方便检查，应堆码成小垛，并且成行排列，同时行与行之间应该留有一定的空隙。

（3）危险物品的堆码。在满足物品堆码基本要求的基础上，根据危险品的属性，进行物品堆码。要注意保持堆放场所干燥、通风、阴凉，做好防毒、防爆、防腐工作。

四、垛距

物品的堆码要保持通常所说的货垛"五距"，即指墙距、柱距、顶距、灯距和垛距，如图5-15所示。"五距"的主要作用是通风、防潮、散热、安全、方便。五距的确定要严格遵守《中华人民共和国消防法》《危险品安全管理条例》的要求，不得随意修改。

微课视频：
物品堆码2

图5-15 货垛"五距"

（一）墙距

为了防止库房墙壁和货场围墙上的潮气对物品的影响，也为了散热通风、消防工作、建筑安全、收发作业，货垛必须留有墙距。墙距可分为库房墙距和货场墙距，其中，库房墙距又分为内墙距和外墙距。库内货垛与隔断墙之内墙距不得小于0.3米，外墙距不得小于0.5米。

（二）柱距

货垛或货架与库房内支撑柱子之间应留有不小于0.2~0.3米的距离。

（三）顶距

平房仓库顶距应不小于0.3米；多层库房顶距不得小于0.5米；人字形屋架库房，以屋架下檐（横梁）为货垛的可堆高度，即垛顶不可以触梁。

（四）灯距

货垛与照明灯之间的必要距离称为灯距。为了确保储存物品的安全，防止照明灯发出的热量引起靠近物品燃烧而发生火灾，货垛必须留有足够的安全灯距。灯距按规定应不少于0.5米的安全距离。但对危险货物应按其性质，另行规定。

（五）垛距

它是指货垛与货垛或货架与货架之间的必要距离。库房的垛距应不小于0.5米；货架与货场货垛间距均应不小于0.7米。

> **想一想**
>
> 为什么物品的堆码要保持通常所说的货垛"五距"？

仓库通道的宽度应根据物品体积的大小和作业机械的要求进行设计，通道一般包括主干道和支干道以及副道。主干道的宽度一般为2~3.5米，不少于1.5米。通道转弯处的宽度，根据物品和作业机械要求可酌情考虑。

> **即问即答 >>>**
>
> 主干道的宽度是多少？

副道是供作业人员存取搬运物品的行走通道。其宽度取决于作业方式和货物的大小。一般情况下，副道的宽度为0.5米左右。

货垛堆码必须满足仓库消防规定，不能倚墙靠柱，不能与屋顶照明设备接触，与墙、柱、顶、灯之间保留适当距离，货垛相互间也不能挤得太紧，并保证货垛堆码时避开排水沟。

任务二 物品的苫垫

微课视频：
物品苫垫

苫垫是对货垛苫盖和垫垛的统称。"苫"是指在货垛上加上遮盖物，"垫"是指在货物垛底加衬垫物。许多货物在堆垛时都需要苫垫，即把货垛苫盖、垫高，是库场货物码垛和保管中防止货物损坏的重要措施。其主要目的是防止货物日晒和受潮受损。除了矿石、原木等天然产品和部分密封桶装货物外，堆场堆放的货物都要采取相应的苫垫措施，防止货物受风雨和日晒以及地面积水或潮气的危害，防止货物受压不均造成损坏，确保货物质量。在仓库内则根据需要采取相应的苫垫措施，防止货物受损。

一、物品的苫盖

（一）苫盖材料

通常使用的苫盖材料有塑料薄膜、（草、芦）席、油毡纸、铁皮铁瓦、纤维瓦、苫布（帆布、油布）等，也可以利用一些物品的旧包装材料改制成苫盖材料。苫盖材料的选择首先是依据满足苫盖的功能，起到遮挡雨水、挡风遮日晒的作用；其次是方便操作。由于港口货物的苫盖随着货物周转频繁，苫盖、揭盖次数极为频繁，方便操作的苫盖材料会大大减少工作量，因而大面积的帆布是库场苫盖的主要材料；苫盖材料的选择还应考虑经济性原则，选用成本低廉、能重复使用的材料。

（二）苫盖的要求

苫盖的基本要求：苫盖严密，货物不外露；苫盖材料不拖地；刮风不开，下雨不漏；垛要起脊，肩有斜度。一般屋脊形的堆垛容易苫盖，对有排水性能、不怕雨、雪、风及日光侵蚀的货物，或使用时必须进行再加工的原材料，如生铁等，露天存放也可以不苫盖。

1. 选择合适的苫盖材料

选用符合防火要求、无害的安全苫盖材料；苫盖材料不会与货物发生不利影响，例如，硫会腐蚀帆布，帆布苫盖鱼骨粉会发生自燃等。

> **想一想**
>
> 为什么要选择合适的苫盖材料？

2. 苫盖要牢固

每张苫盖材料都需要牢固固定，必要时在苫盖物外用绳索、绳网绑扎或者采用重物镇压，确保刮风揭不开。

3. 苫盖的接口要紧密

苫盖的接口要有一定深度的互相叠盖，不能迎风叠口或留空隙，苫盖必须拉挺、平整，不得有折叠或凹陷，防止积水。

4. 苫盖底部要平整

苫盖的底部与垫垛平齐，不腾空或拖地，并牢固地绑扎在垫垛外侧或地面的绳柱上；衬垫材料不露出垛外，以防雨水顺延渗入垛内。

（三）苫盖的方法

1. 就垛苫盖法

就垛苫盖法是指直接将大面积苫盖材料覆盖在货垛上遮盖的方法，如图5-16所示。其适用于起脊垛或大件包装物品的苫盖。一般采用大面积的帆布、油布、塑料膜等。它的优点是操作便利，缺点是基本不具有通风条件。它适用于对通风要求不高的物品。

2. 鱼鳞式苫盖法

鱼鳞式苫盖法是指将苫盖材料从货垛的底部开始逐渐向上围盖，从外形看呈鱼鳞状的逐层交叠的方法，如图 5-17 所示。一般使用面积较小的席、瓦等材料苫盖。它的优点是具有较好的通风条件，缺点是操作比较烦琐、复杂。

图 5-16　就垛苫盖法

图 5-17　鱼鳞式苫盖法

3. 固定棚架苫盖法

固定棚架苫盖法是指用预制的苫盖骨架与苫叶合装而成简易棚架的方法，如图 5-18 所示。棚架不需要基础工程，可随时拆卸和人力移动。

4. 活动棚架苫盖法

活动棚架苫盖法是指将苫盖物制成一定形状的棚架，在物品堆垛完毕后，移动棚架到货垛遮盖，或者采用即时安装活动棚架的方式苫盖的方法，如图 5-19 所示。它的优点是操作比较快捷，具有良好的通风条件；缺点是活动棚本身需占用仓库位置，需较高的购置成本。

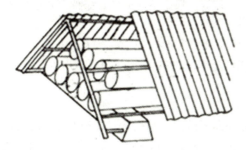

图 5-18　固定棚架苫盖法

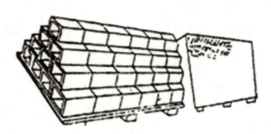

图 5-19　活动棚架苫盖法

5. 隔离苫盖法

隔离苫盖法是指采用隔离物使苫盖物与货垛间留有一定空隙的方法，如图 5-20 所示。隔离物有竹竿、钢管、钢筋、木条、隔离板等。其优点在于垛内通风散潮，便于排水，防止雨水渗透。

图 5-20　隔离苫盖法

即问即答 >>>

苫盖的方法有哪些?

二、物品的垫垛

垫垛是指在物品码垛前，在预定的货位地面位置，根据物品保管的要求和堆放场所的条件，使用适合的衬垫材料进行铺垫。

垫垛的目的：使地面平整；堆垛物品与地面隔离，防止地面潮气和积水浸湿物品；通过强度较大的衬垫物使重物的压力分散，避免损害地坪；地面杂物、尘土与物品隔离；形成垛底通风层，有利于货垛通风排湿；物品的泄漏物留存在衬垫之内，不会流动扩散，便于收集和处理。

1. 垫垛的基本要求

（1）地面一定要平整夯实，防止承载负荷后下沉、倾斜倒塌造成货物变形或损坏。

（2）垫垛高度足够，保证货物不受水浸或潮湿。场地垫垛要求30~50厘米，场地地台或仓库内防水垫垛要在10厘米以上。

（3）要疏通排水沟道，防止积水浸泡。

（4）所使用的衬垫物不会与拟存物品发生不良影响，具有足够的抗压强度。衬垫物要摆平放正，并保持同一方向；铺垫物的间隙不超过10厘米，空隙对空隙并朝向通道，以利于通风。

（5）衬垫物间距适当，直接接触物品的衬垫面积与货垛底面积相同，衬垫物不伸出货垛外。

2. 垫垛材料

通常采用水泥墩、条石、枕木、货板、废旧道轨、垫架、苇席、防潮纸、塑料薄膜、垫仓板、油布（帆布）、铁架、钢板、水泥预制件（条、块）等。根据不同的储存条件，物品的不同要求，采用不同的垫垛材料。

货板应采用标准尺寸。ISO规定的尺寸有：800毫米×1 200毫米、1 200毫米×1 600毫米。我国常用的有：2 000毫米×1 200毫米、2 000毫米×1 100毫米、1 800毫米×1 100毫米。

3. 物品垫垛的方式

常用的垫垛方式主要有以下三种：

（1）码架式。即采用若干个码架，拼成所需货垛底面积的大小和形状，以备堆垛。码架是用垫木为脚，上面钉着木条或木板的构架，专门用于垫垛。码架规格不一，常见的有：长2米、宽1米、高0.2米或0.1米。不同储存条件，所需码架的高度不同：楼上库房使用的码架，高度一般为0.1米；平库房使用的码架，高度一般为0.2米；货棚、货场使用的码架高度一般在0.3~0.5米。

（2）垫木式。即采用规格相同的若干根枕木或垫石，按货位的大小、形状排列，作为垛垫。枕木和垫石一般都是长方体，其宽和高相等，约为0.2米，枕木较长约2米，而垫石较短约0.3米。这种垫垛方法最大的优点是，拼拆方便，不用时节省储存空间。其适用于底层库房及货棚、货场垫垛。

（3）防潮纸式。即在垛底铺上一张防潮纸作为垛垫，常用芦席、油毡、塑料薄膜等防潮纸。地面干燥的库房，同时储存的物品对通风要求又不高时，可在垛底垫一层防潮纸防潮。

此外，若采用货架存货，或采用自动化立体仓库的高层货架存货，则货垛下面可以不用垫垛。

物品垫垛的方式有哪些?

任务三 物品的保管保养

微课视频：
物品保管保养1

一、物品保管保养的基本要求

（一）严格验收入库物品

要防止物品在储存期间发生各种不应有的变化。首先在物品入库时要严格验收，弄清物品及其包装的质量状况，做到心中有数。

（二）适当安排储存场所

由于不同物品的性能不同，对保管条件的要求也不同。因此，对各种物品存放地点应妥当安排，保管条件不同的物品、灭火措施不同的物品、操作条件不同的物品等不能混存。

（三）合理进行堆码苫垫

阳光、雨雪、地面潮气对物品的质量影响很大，容易引起物品受潮、霉变等。因此，要做好货垛隔潮工作和货垛的苫盖工作。货垛应根据各种物品的性能和包装材料，结合季节气候等情况进行合理的堆码。

（四）控制好仓库的温度、湿度

仓库的温度、湿度，对物品的质量影响很大。各种物品由于其本身的特性，对温度、湿度都有一定的适用范围，超过这个范围，物品的质量就会发生不同程度的变化。因此，应根据库存物品的性能要求，采取密封、通风、吸潮等措施，保证物品质量的安全。

（五）认真进行物品在库检查

做好物品的在库检查，对维护物品安全具有重要作用。库存物品质量发生变化，如不能及时发现并采取措施，就会造成损失。因此，对库存物品的质量情况，应进行定期或不定期的检查。一旦发现异常，就应该分析发生问题的原因，及时采取相应的措施消除隐患。

（六）做好仓库清洁卫生

存储环境不清洁，容易引起微生物、虫类的滋生繁殖，危害物品。因此，对仓库内外环境应该经常清扫，彻底铲除仓库周围的杂草、垃圾等物，必要时使用药剂杀灭微生物和潜在的害虫。

二、物品质量的变化

（一）物品质量变化的形式

1. 物品的物理机械变化

物理变化是指只改变物质的本身外表形态，不改变其本质，没有新物质的生成，并有可能进行反复的变化。物品的机械变化是指物品在外力的作用下，发生形态变化。物品常发生的物理机械变化主要有挥发、溶化、熔化、串味、沉淀、渗漏、玷污、破碎与变形等。

（1）挥发。挥发是指低沸点液化物品或液化的气体物品在低于沸点的温度下转变为气态，散发到空气中的现象。液体挥发的难易程度，主要取决于液体分子之间吸引力的大小。常见的易挥发的物品很多，如酒精、白酒、香精、香水、化学试剂中的各种溶剂、医药中的一些试剂、部分化肥、农药、杀虫剂、油漆等。

影响挥发速度快慢的主要因素是温度的高低、液体表面接触空气面积的大小、液面上压力的大小、空气流动速度的快慢。温度越高，物品挥发的速度越快；反之亦然。防止物品挥发的主要措施是加强包装的密封性、控制仓库温度等。

（2）溶化。溶化是指某些固态物品在保管过程中，吸收空气中的水分，当吸收量达到一定程度时，就溶化成液体。

物品的溶化是由物品本身的特性决定的，具有吸湿性和水溶性。常见易溶化的物品有食盐、食糖、明矾、硼酸氯化钙、尿素、硝酸铵、硝酸锰、硝酸锌、鸡精等。

影响物品溶化的因素是空气温度、湿度、物品的堆码高度。溶化后的物品本身的性质没有发生变化，但由于形态改变，给储存、运输及销售带来很大的不便。对易溶化的物品应按物品性能，分区分类存放在干燥阴凉的库房内，不适合和含水率较大的物品放在一起。对易吸湿溶化的物品，在堆码时要注意底层物品的防潮和隔潮，垛底要垫高一些，并采取吸潮和通风相结合的温湿度管理方法来防止物品吸湿溶化。

（3）熔化。熔化是指低熔点的物品受热后发生软化以致最后变成液体的现象。影响物品熔化的因素有温度的高低、物品本身的熔点、物品中杂质的种类和含量的高低。熔点越低，越易熔化；杂质含量越高，越易熔化。常见易熔的物品有香脂、蜡烛、复写纸、圆珠笔芯、松香、石蜡、沥青、沥青制品、油膏、各种润滑脂等。

物品的熔化不但影响物品本身的质量，而且会造成物品流失，浸入包装污染其他物品。预防物品的熔化应根据熔点的高低，选择阴凉通风的库房储存。在保管过程中一般可采用密封和隔热措施，加强对物品的管理。

（4）串味。串味是指吸附性较强的物品吸附其他气体、异味，从而改变物品本来气味的现象。如茶叶和化妆品同处存放彼此吸附异味，会失去其使用价值。常见易被串味的物品有大米、面粉、茶叶、木耳、卷烟、饼干、食糖、汽油、煤油、桐油、腌肉、樟脑丸、卫生球、化妆品、肥皂等。

影响物品串味的因素有物品的表面状况、异味物质接触面积的大小、接触时间的长短以及环境中异味的浓度。预防物品串味，应对易被串味的物品采取密封包装，在储存和运输中不与有强烈气味的物品同车、船混装或同库储存。

> **想一想**
>
> 为什么有些物品容易串味？有哪些物品？

（5）沉淀。沉淀是指含有胶质和易挥发的物品，在温度等因素影响下，引起部分物质凝固，进而发生沉淀或膏体分离的现象。常见的易沉淀的物品有墨汁、墨水、牙膏、化妆品等。影响物品沉淀的因素与物品的性质和气温的高低有关。

预防物品的沉淀，必须保证物品包装的密封性，并做好物品冬季保温和夏季降温工作。

（6）渗漏。渗漏是指液态物品由于包装不严密，包装质量不符合要求或物品包装破损而发生的跑、冒、滴、漏现象。影响物品渗漏的因素有包装材料性能、容器结构、包装技术的优劣、库内温度的变化。因此，应加强液态物品入库验收、在库物品检查以及温湿度控制和管理。

（7）玷污。玷污是指物品表面沾有脏物或其他污染物，从而影响物品质量的现象，如服装、纺织品、精密仪器等。物品玷污主要是生产、储运过程中卫生条件差或包装不严密造成的。

（8）破碎与变形。破碎与变形是常见的机械变化，是指物品在外力作用下所发生的形态上的改变。破碎主要发生于脆性较大的物品，如玻璃、陶瓷等因包装不良，在搬运过程中受到碰、挤、压、撞和抛掷而破碎、掉瓷、变形等。物品的变形是指通常发生在塑性较大的物品中，如皮革、塑料等制品由于受到强烈的外力撞击或长期重压，使物品丧失回弹性能，从而发生形态改变。其主要是由包装不好、挤压、碰撞等造成的。

即问即答 >>>

常见的机械变化是什么？

2. 物品的化学变化

物品的化学变化是在外界环境的影响下物品本身的性质和结构发生了变化，它不仅改变了物品的外表形态，也改变了物品的本质，并且有新物质生成，且不能恢复原状，严重时会使物品失去使用价值。物品的化学变化有分解、水解、锈蚀、氧化、化合、聚合、裂解、风化、老化、曝光等。

（1）分解。分解是指某些性质不稳定的物品，在光、热、酸、碱及潮湿空气的作用下，由一种物质分解成两种或两种以上物质的现象。如溴化银在光照的作用下生成银和溴气的曝光现象；电石遇到潮气，能分解生成乙炔和氢氧化钙，并释放出一定的热量。物品发生分解反应后，不仅使其数量减少，质量下降，有的还会产生一定的热量和可燃气体，从而引发事故。储存这类物品时要注意包装的密封性。

（2）水解。水解是指某些物品在一定的条件下，遇水产生分解的现象。不同物品在酸或碱的催化下发生水解的情况是不同的。如肥皂在酸性溶液中，能全部水解，而在碱性溶液中却很稳定；蛋白质在碱性溶液中容易水解，在酸性溶液中却很稳定。易发生水解的物品在物流过程中，要注意包装材料的酸碱性，要弄清哪些物品可以或不能同库储存，以防止物品的人为损失。

（3）锈蚀。锈蚀是金属制品的特有现象，是指金属制品与周围环境（主要是空气）发生化学反应或电化学反应所引起的腐蚀现象。锈蚀主要有化学锈蚀和电化学锈蚀两种。金属制品的锈蚀，不仅使制品重量减少，还会影响制品的质量和使用价值。

（4）氧化。氧化是指物品与空气中的氧或其他能放出氧的物质发生化学变化的现象。物品的氧化不仅能降低物品的质量，还会在氧化过程中产生热量，发生自燃，有的甚至会发生爆炸现象。常见氧化现象有棉、麻、丝、毛等纤维制品长期与日光接触会发生变色；桐油布、油布伞、油纸等桐油制品，在还没有干透就打包储存的情况下，会发生自燃现象等。因此，这些物品要放在干燥、通风、散热、低温的地方。

（5）化合。化合是指物品在储存期间，在外界条件的影响下，两种或两种以上的物质相互作用，从而生成一种新物质的反应。化合反应通常不是单一存在于化学反应中，而是两种反应依次先后发生。例如，过氧化钠如果同潮湿的空气接触，在迅速吸收水分后，便会发生分解，减少有效成分。氧化钙的吸潮作用也是一种化合反应的过程。

（6）聚合。聚合是指某些物品，在外界条件的影响下，能使同种分子互相加成而结合成一种更大分子的现象。如福尔马林变性、桐油表面结块，都是聚合反应的结果。因此在保管这些物品时，要特别注意日光和温度的影响，以防止因发生聚合反应而降低物品的质量。

（7）裂解。裂解是指高分子有机物（如棉、麻、丝、毛、塑料等）在日光、氧、高温条件的作用下，发生分子链断裂、分子量降低，从而使其强度降低，机械性能变差，产生发软等现象。因此，这类物品在保管中要防止受热和日光的直接照射。

（8）风化。风化是指含结晶水的物品，在一定温度和干燥的空气中，失去结晶水而使晶体崩解变成非结晶状态的无水物质的现象。常见的易风化的物品有硫酸钠、硫酸锌、硫酸铜、硫酸钙等。预防物品风化的主要措施是密封物品包装。

（9）老化。老化是指含有高分子有机物成分的物品（如橡胶、塑料等），在日光、氧化、热等因素的作用下，出现变软发黏、变硬发脆等失去原有优良性能的变质现象。老化是高分子材料存在的一个严重缺陷。这些物品在保管过程中，要注意防止日光照射和高温的影响，更不能曝晒，堆码时不能过高，防止底层物品受压变形等。

（10）曝光。曝光是指物品见光后发生变色或变质的现象。如照相用的胶片见光后，即成为废品。容易曝光的物品在保管和养护过程中，要防止空气中的氧和温湿度的影响，包装要做到密封严密。

3. 物品的生物变化及其他生物引起的变化

生物变化是指有生命活动的有机物品，在生长发育过程中，为了维持它们的生命，本身所进行的一系列生理变化。这些变化主要有呼吸作用、发芽、胚胎发育、后熟、霉变、发酵、虫蛀、鼠咬等。

（1）呼吸作用。呼吸作用是指有机物品在生命活动过程中，不断地进行呼吸，分解体内有机物质，产生热量，维持其本身的生命活动的现象。呼吸作用分为有氧呼吸和无氧呼吸两种类型。不论是有氧呼吸还是无氧呼吸，都要消耗营养物质，降低物品的质量。如粮食的呼吸作用，产生的热不易散失，会使粮食变质。保持正常的呼吸作用，维持有机体的基本生理活动，物品本身也具有一定的抗病性和耐储存性。因此，在储存期间，既要保持有机物品的正常呼吸，又要抑制旺盛的呼吸，特别是储存鲜活物品时应保证它们正常而最低的呼吸，利用它们的生命活性，减少物品损耗，延长储存时间。

（2）发芽。发芽是指有机物品在适宜条件下，冲破"休眠"状态，发生的发芽现象。发芽使有机体物品的营养物质转化为可溶性物质，供给有机体本身的需要，从而降低有机体物品的质量。在发芽过程中，通常伴有发热、生霉等现象，不仅增加损耗，而且会降低物品的质量。因此，为了延长这些有机物品的储存时间，必须控制它们的水分，并加强对温度、湿度的管理，防止发芽等现象的发生。

想一想

为什么吃了发芽的土豆容易中毒？

（3）胚胎发育。胚胎发育是指鲜蛋的胚胎发育。在鲜蛋的保管过程中，当温度和供氧条件适宜时，胚胎会发育成血丝蛋和血红蛋。经过胚胎发育的禽蛋新鲜度和食用价值会大大降低。为了抑制鲜蛋的胚胎发育，应加强温度、湿度管理，最好是低温储存或阻断供氧条件，也可采用石灰水浸泡、表面涂层等方法。

（4）后熟。后熟是指瓜果、蔬菜等食品在脱离母株后继续其成熟过程的现象。瓜果、蔬菜等的后熟作用，能改进色、香、味及适口的硬脆度等食用性能。但当后熟作用完成后，则容易发生腐烂变质，难以继续储藏甚至丧失其食用价值。因此，对于这类鲜活食品，应在其成熟之前采收并采取控制储藏条件的办法，来调节其后熟过程，从而达到延长储藏期、均衡上市的目的。

（5）霉变。霉变是指由于霉菌在物品上生长繁殖而发生的物品变质现象。霉菌是一种低等植物，无绿叶素，菌体为丝状，主要靠孢子进行无性繁殖。霉菌大约有三万种，对物品危害较大的除毛霉外，还有根霉、曲霉和毒霉。物品霉变的实质是霉菌在物品上吸取营养物质和排泄废物的结果。霉变不但会导致物品变糟、发脆、降低强度等变质现象，还会产生霉味、霉斑和毒素。

> **即问即答** >>>
> 干果类食品发生霉变还能吃吗?产生的是什么毒素?

(6) 发酵。发酵是指某些酵母和细菌所分泌的酶,作用于食品中的糖类、蛋白质而发生的分解反应。发酵广泛应用于食品酿造业。常见的发酵有酒精发酵、醋酸发酵、乳酸发酵、酪酸发酵等。因此,为了防止食品在储运中发酵,要注意卫生、采取密封和控制较低温度等措施。

(7) 虫蛀、鼠咬。物品在储运过程中,经常会遭到仓库害虫的蛀蚀或老鼠的咬损,使物品本身及其包装受到损害,甚至完全丧失其使用价值。仓库害虫有很多种,大部分属于昆虫,也包括螨类微小动物。仓库害虫与其他动物不同,一般具有较强的适应性,在恶劣环境下仍能生存,并且食性杂、繁殖力强、繁殖期长,对物品储存危害极大。鼠类属于啮齿动物,在仓库中常见的是小家鼠、黄胸鼠、褐家鼠等,鼠类繁殖强,食性杂且具有咬啮特性,记忆力强,视觉、嗅觉和听觉都很灵敏,一般在夜间活动。因此,对于虫蛀、鼠咬的防治方法是清洁卫生防治法、物理机械防治法和化学药剂防治法。

(二) 影响物品质量变化的因素

物品在保管过程中质量发生变化是内因和外因共同作用的结果。

1. 影响物品质量变化的内在因素

物品本身的组成部分、分子结构及其所具有的物理性质、化学性质和机械性质,决定了在储存期间发生损耗的可能程度。影响物品质量变化的内因主要是物品的物理性质、机械及工艺性质、结构形态、化学性质、化学成分等。

微课视频:
物品保管保养2

(1) 物品的物理性质。物品的物理性质主要是指吸湿性、透气性、透水性、耐热性、导热性等。

① 吸湿性。吸湿性是指物品吸收和放出水分的特性。物品吸湿性的大小、吸湿速度的快慢,直接影响到该物品含水量的多少,对物品的质量影响很大。

② 透气性和透水性。物品的透气性是指物品能被水蒸气透过的性质;物品的透水性是指物品能被水透过的性质。物品的透气性、透水性主要取决于物品的组织结构和化学成分。

③ 耐热性。耐热性是指物品耐温度变化而不被破坏或显著降低强度的性质。物品的耐热性与其成分、结构、不均匀性、导热性、膨胀系数有关。

④ 导热性。导热性是指物品传递热能的性质。物品的导热性与其成分、组织结构密切相关,物品结构不同,其导热性也不一样。

(2) 物品的机械及工艺性质。物品的机械及工艺性质是指物品的形态、结构在外力作用下的反应。它主要包括物品的弹性、强度、硬度、韧性、脆性、可塑性等。物品的这种性质与其质量关系密切,是体现适用性、紧固耐久性和外观的重要内容。物品的机械及工艺性质对物品的外形及结构变化具有很大影响。

(3) 物品的结构形态。物品的种类繁多,各种物品又有不同的结构形态,所以要求用不同的包装盛装。物品的结构形态概括为外观形态和内部结构两大类。物品的外观形态多种多样,因此,在保管时应根据其形态合理安排仓容,科学堆码,保证物品质量完好;物品的内部结构,即构成物品原材料的成分结构,属于物品的分子及原子结构,是人的肉眼看不到的结构,必须借助于各种仪器来进行分析观察。物品的微观结构,对物品性质往往影响极大,有些分子的组成和分子量虽然完全相同,但由于结构不同,性质有很大差别。

(4) 物品的化学性质。物品的化学性质是指物品的形态、结构以及物品在光、热、氧、酸、碱、温度、湿度等的作用下,发生改变物品本质的性质。物品的化学性质主要有物品的化学稳定性、毒性、燃烧性、爆炸性、腐蚀性等。

①化学稳定性。化学稳定性是指物品受外界因素影响，在一定范围内，不易发生分解、氧化或其他变化的性质。物品的化学稳定性的大小与其成分、结构和外界因素有关。

②毒性。毒性是指某些物品能破坏有机体生理功能的性质。具有毒性的物品主要用作医药、农药及化工产品等。

③燃烧性。燃烧性是指某些物品性质活泼，发生剧烈化学反应时常伴有热、光同时发生的性质。具有这一性质的物品称为易燃品，主要有红磷、火柴、松香、汽油、柴油、乙醇等低分子有机物。

④爆炸性。爆炸是物质由一种状态迅速变化为另一种状态，并在瞬间以机械功的形式放出大量能量的现象。对具有爆炸性的物品要专库储存，并有严格的管理制度。

⑤腐蚀性。腐蚀性是指某些物品能对其他物质产生破坏作用的化学性质。具有腐蚀性的物品本身具有氧化性和吸水性，因此，不能把这类物品同棉、麻、丝、纸张、皮革制品等同仓储存，也不能与金属制品同仓储存。

即问即答 >>>

物品的化学性质有哪些？

（5）物品的化学成分。

①无机成分的物品。无机成分物品的构成中不含碳，但包括碳的氧化物、碳酸和碳酸盐，如化肥、玻璃等。无机成分的物品按其元素的种类及其结合形式，可以分为单质物品、化合物、混合物三大类。

②有机成分的物品。有机成分的物品是指含碳的有机化合物为其成分的物品，但不包含碳的氧化物、碳酸和碳酸盐，如棉、丝、麻、化纤、石油产品等。

③物品成分中的杂质。单一成分的物品极少，多数物品含有杂质，而成分绝对纯的物品十分罕见。所以，物品成分包括主要成分和杂质两部分。主要成分决定着物品的性能、用途与质量；而杂质则影响着物品的性能、用途与质量，给储存带来不利影响。

2. 影响物品质量变化的外部因素

影响物品变化的外部因素很多，主要包括空气中的氧、日光、微生物、仓库害虫、温度、空气湿度、卫生条件和有害气体等。

（1）空气中的氧。空气中含有21%左右的氧气。氧非常活泼，能和许多物品发生作用，对物品质量变化影响很大。如氧可以加速金属物品锈蚀；氧是好氧性微生物活动的必要条件，使有机体物品发生霉腐；氧是助燃剂，不利于危险品的安全储存；等等。因此，在养护中，受氧气影响比较大的物品，要采取各种措施隔绝氧气对物品的影响。

（2）日光。日光中含有热量、紫外线、红外线等，对物品起着正反两方面的作用：一方面，日光能够加速受潮物品的水分蒸发，杀死杀伤微生物和物品害虫，在一定程度上有利于物品的保护；但是另一方面，某些物品在日光的直接照射下，又会发生质量变化。如日光能使酒类浑浊、油脂加速酸败、橡胶塑料制品迅速老化、纸张发黄变脆、色布退色、药品变质、相机胶卷感光等。因此，要根据各种不同物品的特性，注意避免或减少日光的照射。

（3）微生物和仓库害虫。微生物和仓库害虫的存在是物品霉腐、虫蛀的前提条件。微生物在生命活动过程中分泌一种酶，利用它把物品中的蛋白质、糖类、脂肪、有机酸等物质，分解为简单的物质再加以吸收利用，从而使物品受到破坏、变质，丧失其使用价值。同时，在微生物异化作用中，在细胞内分解氧化营养物质，产生各种腐败性物质排出体外，使物品产生腐臭味和色斑霉点，影响物品的外观，加速高分子物品的老化。

害虫在仓库里，不仅蛀食动植物性物品和包装，有些害虫还能危害塑料、化纤等化工合成物品。此外，白蚁还会蛀蚀仓库建筑物和纤维质物品。害虫在危害物品过程中，不仅破坏物品的组织结构，使物品破碎和产生孔洞，外观形态受损，而且在生活过程中，吐丝结茧，排泄各种代谢废物玷污物品，影响物品的质量和外观。

（4）温度。温度是影响物品质量变化的重要因素。温度能直接影响物质微粒的运动速度。一般物品在常温或常温以下，都比较稳定；高温能够促进物品的挥发、渗漏、熔化等物理变化及各种化学变化；而低温又容易引起某些物品的冻结、沉淀等变化。所以，温度忽高忽低，会影响物品质量的稳定性。此外，温度适宜时会给微生物和仓库害虫的生长繁殖创造有利条件，加速物品腐败变质和虫蛀。因此，控制和调节仓储物品的温度是物品养护的重要工作内容之一。

（5）空气湿度。空气的干湿程度称为空气湿度。空气湿度的改变，能引起物品的含水量、化学成分、外形或体态结构等的变化。湿度下降，将使物品因放出水分而降低含水量，减轻重量。如水果、蔬菜、肥皂等会发生萎蔫或干缩变形，纸张、皮革制品等失水过多，会发生干裂或脆损；湿度增高，物品含水量和重量相应增加，如钢铁制品生锈，纺织品、竹木制品、卷烟等发生霉变或被虫蛀等。湿度适宜，可保持物品的正常含水量、外形或体态结构和重量。所以，在物品养护中，必须掌握各种物品的适宜湿度要求，尽量创造物品适宜的空气湿度。

（6）卫生条件。卫生条件是保证物品免于变质腐败的重要条件之一。卫生条件不良，不仅使灰尘、油垢、垃圾、腥臭物等污染物品，造成某些外观疵点和感染异味，而且为微生物、仓库害虫等创造了活动场所。因此，物品在储存过程中，一定要搞好储存环境的卫生，保持物品本身的卫生，防止物品之间的感染。

（7）有害气体。大气中的有害气体，主要来自燃料，如煤、石油、天然气、煤气等燃烧放出的烟尘以及工业生产过程中的粉尘、废气。对空气产生污染的主要是二氧化碳、二氧化硫、硫化氢和氮的氧化物等气体。物品储存在有害气体浓度大的空气中，其质量变化非常明显。

目前，主要是利用改进和维护物品包装或物品表面涂油涂蜡等措施，减少有害气体对物品质量的影响。

三、仓库温度、湿度管理

（一）温湿度

微课视频：物品保管保养 3

1. 温度

温度是指空气的冷热程度，简称气温。库外露天的温度叫气温；仓库里的温度一般叫库温；货垛物品的温度叫作垛温。

距地面越近气温越高，距地面越远气温越低。衡量空气温度高低的尺度称为温标。常用的温标有摄氏温标和华氏温标两种，都以水沸腾时的温度（沸点）与水结冰时的温度（冰点）作为基准点。

2. 湿度

湿度即空气湿度，是指空气中水汽含量的多少。空气湿度的表示方法有绝对湿度、饱和湿度、相对湿度等。

（1）绝对湿度。绝对湿度是指单位容积的空气里实际包含的水蒸气的重量，用克/立方米表示。

（2）饱和湿度。饱和湿度是指在一定的温度下，单位容积空气中包含的最大水蒸气的重量。

（3）相对湿度。相对湿度是指空气中实际含有水蒸气量与当时温度下饱和蒸汽量的百分比，即绝对湿度与饱和湿度的百分比，它表示在一定温度下，空气中的水蒸气距离该温度时的饱和水蒸气量的程度。相对湿度越大，表明空气越潮湿，反之越干燥。

$$相对湿度=（绝对湿度/饱和湿度）×100\%$$

$$绝对湿度=饱和湿度×相对湿度$$

仓库湿度的变化规律包括：日变化的时间迟于仓库外，幅度也较小；封闭条件较好的仓库受大气湿度影响较小；仓库内各部位的湿度也因情况不同而异。

即问即答 >>>

绝对湿度、饱和湿度、相对湿度三者之间的关系是什么？

（二）温湿度的控制方法

仓库温湿度控制的方法很多，主要包括密封、通风、吸湿、气幕隔潮、空气调节自动化等。

1. 密封

密封是指利用绝热性与防潮性较好的材料，把物品尽可能严密地密封起来，减少外界不良气候的影响，以达到安全保管的目的。

常用的密封材料包括防潮纸、塑料薄膜、油毡纸、稻谷壳、面料和泡花碱等。

密封的方式包括整库密封、按垛密封、按货架（柜、橱）密封、按件（箱）密封等。

2. 通风

通风是指利用库内外空气温度不同而形成的气压差，使库内外空气形成对流，来达到调节库内温度、湿度的目的。

通风的方式包括自然通风和机械通风。

自然通风是指利用库房内外空气的压力差，使空气自然交换的一种通风方式。仓库内外存在温度差或仓库外有风时，就可以实现仓库内外空气的流动。它不需要任何机械设备，且空气交换量大，是一种经常使用的调节方法。

机械通风是指利用通风机械工作时所产生的正压力或负压力，使库内外空气形成压力差，从而强迫库内外空气发生交换。

3. 吸湿

吸湿是指采用吸潮剂或吸湿机械，通过直接降低仓库空气中水分的方法，以降低仓库的湿度。

吸湿的方式包括吸潮剂吸湿和机械吸湿。

（1）吸潮剂吸湿。吸潮剂具有较强的吸潮性，能够迅速吸收库内空气的水分，进而降低库房湿度。仓库常用的吸潮剂有生石灰、氯化钙和硅胶等，仓库管理人员在选择吸湿剂时要综合考虑库存物品及吸湿剂的特点。

（2）机械吸湿。机械吸湿是指利用去湿机除去库房空气中的水分，具有吸湿效率高、平均成本低、操作简单等优点。机械吸湿一般适用于储存棉布、针棉织品、贵重百货、医药仪器等的吸湿。

4. 气幕隔潮

气幕俗称风帘，是利用机械鼓风产生强气流。在仓库门口形成一道气流帘子，其风速大于库内外的流速，可以阻止库内外空气的自然交换，从而防止库外热潮空气进入库内。

5. 空气调节自动化

空气调节自动化简称空调自动化，是借助于自动化装置，使空气调节过程在不同程度上自动地进行。

四、仓库的害虫与防治

（一）仓库害虫的主要来源

（1）物品入库前已潜伏在物品中。
（2）包装材料中隐藏的。
（3）仓库环境不卫生。
（4）运输工具带来的。
（5）仓库内本身隐藏的。
（6）库外害虫侵入仓库。

（二）仓库害虫的特性与种类

1. 仓库害虫的特性

（1）适应性强。仓库害虫一般能耐热、耐寒、耐干、耐饥，并且具有一定的抗药性。
（2）食性广杂。仓库害虫的口齿发达，便于咬食坚硬的食物，大多数仓库害虫具有多食性或杂食性。
（3）繁殖力强。由于仓库气候变化小，天敌少，食物丰富，活动范围有限，雌雄相遇机会多等原因，从而导致仓库害虫繁殖力极强。
（4）活动隐蔽。大多数仓库害虫体型小、体色较深，隐藏于阴暗角落，难以发现，对物品的危害极大。

2. 仓库害虫的种类

仓库害虫的种类很多，分布广泛，世界上已定名的有500多种。在我国发现的有近200种，在仓储部门已经发现危害物品的就有60多种，严重危害物品的多达30种。仓库害虫主要有：黑皮蠹、竹长蠹、烟草甲、锯谷盗、袋衣蛾、等翅目（白蚁）、蟑螂等。

（三）仓库害虫的防治方法

1. 做好环境卫生

仓库害虫的防治主要应杜绝害虫来源，杜绝害虫生长繁殖的环境。因此，要做好仓库内外的环境卫生，特别注意害虫喜藏匿和过冬之处，定期做好消毒工作。

2. 物理防治法

物理防治法是利用各种物理因素，破坏害虫生理活动和机体结构，使其不能生存或繁殖的方法。

（1）高温杀虫法。高温杀虫法主要用于耐高温物品的害虫防治，是利用日光曝晒、烧烤等产生的高温，作用于储存物品中的害虫机体使其致死的方法。
（2）低温杀虫法。低温杀虫法是利用低温使害虫体内酶的活性受到抑制，生理活动缓慢，处于半休眠状态，不食不动，不能繁殖，因时间过长体内营养物质过度消耗而死亡。
（3）射线杀虫与射线不育法。射线杀虫与射线不育法是分别利用高剂量与较低剂量的射线照射虫体。
（4）微波杀虫法。微波杀虫法是利用高频电磁场使虫体内水分子等成分分子发生高频振动，分子间剧烈摩擦而产生大量热能，使虫体温度达到60 ℃以上而死亡。
（5）远红外线杀虫法。远红外线杀虫法是利用远红外线对虫体的光辐射所产生的高温，直接杀死害虫。

3. 化学杀虫法

化学杀虫法是指用化学药剂防治害虫的方法。

（1）熏蒸杀虫法。熏蒸杀虫法是利用熏蒸杀虫剂汽化后，通过害虫呼吸系统进入虫体，使害虫中毒死亡。常用的熏蒸剂包括溴甲烷、磷化铝、环氧乙烷、硫黄等。

（2）杀虫剂杀虫法。杀虫剂杀虫法主要通过触杀、胃毒作用杀灭害虫。常用的杀虫剂有敌敌畏、美曲膦酯等。

（3）驱避剂杀虫法。驱避剂杀虫法是利用易挥发并具有特殊气味和毒性的固体药物，使挥发出来的气体在物品周围保持一定的浓度，从而驱避、毒杀仓库害虫。常用的驱避剂有精萘、对二氯化苯、樟脑精等。

即问即答 >>>

常用的驱避剂有哪些？

（四）鼠害的防治方法

老鼠的种类很多，危害及破坏力极强。老鼠机警狡猾、适应能力强且具有非常高的繁殖能力。

（1）做好库内卫生，断绝其食物来源和栖身之处。

（2）库房窗户和通风口要安装防鼠网，库门安装防鼠板。

（3）使用毒饵和捕鼠器。

想一想

为什么说老鼠的危害性大？

五、金属的防锈与除锈

（一）金属的防锈

1. 金属锈蚀的原因

（1）金属材料自身的原因。金属材料在组织、成分、物理状态等方面存在着不均衡性和冷热加工而产生的不均衡性，从而引起电极、电位不均而产生锈蚀。

（2）大气中的因素。金属材料锈蚀与外界因素直接相关，如温度、湿度、氧、有害气体、飞尘等的影响。

2. 金属防锈的方法

（1）选择适宜的保管场所。保管金属制品的场所，不论是库内库外，均应清洁干燥，不得与酸、碱、盐类、气体和粉末类物品混存。不同种类的金属制品在同一地点存放时，也应有一定的间隔距离，防止发生接触腐蚀。

（2）保持库房干燥。相对湿度在60%以下，就可以防止金属制品表面凝结水分，生成电解液层而遭受电化学腐蚀。但相对湿度60%以下较难达到，一般库房湿度应控制在65%~70%。

（3）塑料封存。塑料封存就是利用塑料对水蒸气及空气中腐蚀性物质的高度隔离性能，防止金属制品在环境因素作用下发生锈蚀。常用的方法有：

① 塑料薄膜封存。塑料薄膜封存是将塑料薄膜直接在干燥的环境中封装金属制品，或封入干燥剂以保持金属制品的长期干燥，不至锈蚀。

② 收缩薄膜封存。收缩薄膜封存是将薄膜纵向或横向拉伸几倍，处理成收缩性薄膜，使得

微课视频：
物品保管保养4

包装物品时其会紧紧黏附在物品表面，既防锈又可减少包装体积。

③ 可剥性塑料封存。可剥性塑料封存是以塑料为成膜物质，加入增塑剂、稳定剂、缓蚀剂及防霉剂等加热熔化或溶解，喷涂在金属表面，待冷却或挥发后在金属表面可形成保护膜。阻隔腐蚀介质对金属制品的作用，达到防锈的目的，是一种较好的防锈方法。

（4）涂油防锈。涂油防锈是金属制品防锈的常用方法。它是在金属表面涂刷一层油脂薄膜，使物品在一定程度上与大气隔离开来，达到防锈的目的。这种方法省时、省力、节约、方便且防锈性能较好。涂油防锈一般采取按垛、按包装或按件涂油密封的方式。涂油前必须清除金属表面灰尘污垢，涂油后要及时包装封存。

（5）气相防锈。气相防锈是利用挥发性缓蚀剂，在金属制品周围挥发出缓蚀气体，来阻隔腐蚀介质的腐蚀作用，以达到防锈目的。

气相缓蚀剂在使用时不需涂在金属制品表面，只用于密封包装或容器中，因它是一些挥发性物质，在很短时间内就能充满包装或容器内的各个角落和缝隙。既不影响物品外观，又不影响使用，也不污染包装，是一种有效的防锈方法。

（二）金属除锈

金属物品的养护，应贯彻以预防为主的方针，不主张在金属物品生锈后再进行除锈处理，因为金属物品一旦生锈就总会有一定损失，特别是精度较高的物品，而且除锈往往要比防锈花费更多的人力和物力。但是常常出现物品在进入储存环节前或经过一段时间储存之后发生了锈蚀，这时，为了防止锈蚀的继续发展，必须进行防锈处理，对生锈的金属制品必须在防锈处理前进行除锈。

金属除锈的方法主要有以下几种。

1. 人工除锈

人工除锈是指用钢刷、铁锤、铲（刮刀）、纱布、砂纸等除去铁锈的方法。此法简便，但不适于小型及大量产品除锈。

2. 机械除锈

机械除锈是利用机械摩擦的方法，清除金属表面上的锈蚀。常用抛光机械和喷射法除锈、滚筒式除锈等。

3. 化学除锈

化学除锈是采用化学方法作用于被锈蚀的金属材料或其制品上，达到除锈的目的。化学除锈法，包括酸洗、碱除锈（碱液电解、碱还原、碱液煮沸等法）以及电解酸洗等。应用最为广泛的化学除锈法是酸洗法。酸洗法是将金属制品浸渍在各种酸的溶液中，把金属锈蚀产物化学溶去的方法。

知识贴

电化学除锈

电化学除锈是指被除锈的金属制品在电解液中接在外接电源上，通过电化学作用除去锈蚀产物的方法。电化学除锈主要用于较大的钢铁制品。电化学除锈法包括阳极法和阴极法。阳极法是以金属制品为阳极，通电后借金属溶解及在阳极上产生的氧气和机械力分离锈层。此法在除锈过程中金属被腐蚀很难避免，所以一般不用，主要应用于金属制品的电抛光。阴极法是以金属制品为阴极，通电后在阴极上产生氢气还原氧化铁，并以氢气的机械作用剥离锈层。此法对金属制品具有保护作用，所以是常用的电化学除锈法。

六、物品霉腐的防治

霉变是仓储物品的主要质量变化形式,霉变产生的条件有:物品受到霉变微生物污染;其中含有可供霉变微生物利用的营养成分(如有机物构成的物品);处在适合霉变微生物生长繁殖的环境下。

(一)易受霉腐微生物侵害的物品

易受霉腐微生物侵害的物品包括食品类、纺织原料及其制品、纸张及其制品、橡胶和塑料制品、日用化学品、皮革及其制品等。

(二)防治霉腐的措施

1. 加强库存管理

加强库存管理主要包括加强物品入库验收;为易发生霉腐的物品选择合理的存储场所;坚持在库检查,控制好仓库温湿度;合理堆码,下垫隔潮;对物品进行密封;做好日常清洁工作等。

2. 低温防霉腐

(1)冷却法。冷却法又称冷藏法,是使储存温度控制在0 ℃~10 ℃的低温防霉腐方法。例如蔬菜、糕点等可采取冷却法储存。但在此低温下,低温性霉腐微生物仍然适于繁殖,因此,采用冷却法的食品储存期不宜过长。

(2)冷冻法。冷冻法是一般使储存温度控制在-18 ℃的低温防霉腐方法。先将食品进行深冷速冻处理,使食品深层温度达到-10 ℃左右时,再移至-18 ℃温度下储存。这时,所有霉腐微生物都停止繁殖,长时间的冷冻还能造成部分微生物死亡。因此,采用冷冻法适宜长期储存生鲜动物食品。

3. 干燥防霉腐

干燥防霉腐是通过脱水干燥,使物品的水分含量在安全储存水分之下,以抵制霉腐微生物的生命活动而达到物品防霉腐目的的一种养护方法,包括自然干燥法和人工干燥法。

4. 药剂防霉腐

药剂防霉腐是利用化学药剂使霉腐微生物的细胞和新陈代谢活动受到抑制或破坏,从而达到抑制或杀灭微生物,防止物品霉腐目的的一种防霉腐方法。选用药剂,应考虑低毒、高效、无副作用、价廉等原则,同时还应考虑对人体健康有无影响、对环境有无污染等。

5. 辐射防霉腐

辐射防霉腐是主要用于鲜活食品储存,利用同位素钴60与铯137放射出的穿透力很强的射线辐射状照射食品,以杀灭食品上的微生物,破坏酶的活性,抵制鲜活食品的生理活动,从而达到防霉腐目的的一种储存养护方法。但这种方法存在使食品色泽变暗、有轻微异味等问题。

6. 气相防霉腐

气相防霉腐是指利用气相防霉剂散发出的气体,抑制或毒杀物品上的霉菌。

易燃易爆物品的储存保管

1. 易燃物品

易燃物,包括遇湿易燃品、自燃品、易爆品及遇氧化剂易燃品和强氧化剂。按照物质的状态可分为易燃固体、易燃液体与易燃气体。易燃品按照其易燃的程度分为:一级易燃品、二级易燃品、三级易燃品和自燃品。

易燃液体在常温下以液体形态存在,极易挥发和燃烧。按闭杯试验闪点可将其分为低闪点液体（闪点<-18 ℃，如汽油），中闪点液体（闪点为-18 ℃~23 ℃，如丙酮）和高闪点液体（闪点为23 ℃~61 ℃，如二甲苯）。

2. 易爆物品

易爆物品受到外界一定影响，如高热、振动、摩擦、撞击或与酸碱等物质接触时，发生剧烈反应，产生大量气体和热量，由于气体的急剧膨胀，产生巨大压力而爆炸。按其性质，可将易爆物品分为点火即起爆器材（如点火绳、导爆索、雷管等）、炸药及爆炸性药品（如TNT、硝化甘油炸药、黑火药等）和其他爆炸性物品（如炮弹、枪弹、礼花炮、爆竹等）。

3. 危险品库房的消防要求与配置

（1）首先弄清楚一旦物品起火，属于什么类型的火灾。工厂的车间、仓库等都可能储存各种可燃物品，首先要清楚这些物品的燃烧特性，它们一旦起火，属于什么类型的火灾。这关系到要使用什么灭火器来灭火的问题。

A类火灾：指含碳固体可燃物，如木材、棉、毛、麻、纸张等燃烧的火灾。

B类火灾：指甲、乙、丙类液体，如汽油、煤油、柴油、甲醇、乙醚、丙酮等燃烧的火灾。

C类火灾：指可燃气体，如煤气、天然气、甲烷、乙炔、氢气等燃烧的火灾。

D类火灾：指可燃金属，如钾、钠、镁、铝镁合金等燃烧的火灾。

E类火灾：指带电体燃烧的火灾。

为了有效扑救各种类型的火灾，车间及仓库在放置物品时应按以上的分类放置，以配备相应的灭火器。各种类型的灭火器都标明了适合扑救哪种类型的火灾。例如二氧化碳灭火器适合扑灭A、B、C及带电类火灾；而干粉灭火器适合扑灭B、C及带电类火灾，但对A类火灾的扑灭能力就不强。

（2）配置灭火器的场所危险等级多少。火灾的类型根据燃烧物品的性质而定，而在某个火灾类型的场所，可燃物品的数量多少造成的火灾危险性，也有等级上的不同，工厂里各类场所的危险等级根据其生产、使用、储存物品的火灾危险性、数量、火焰蔓延速度及扑救难易程度等因素划分为以下三级。

严重危险级：火灾危险性大、可燃物多、起火后蔓延迅速或容易造成重大火灾损失的场所。

中危险级：火灾危险性较大、可燃物较多、起火后蔓延较迅速的场所。

轻危险级：火灾危险性较小、可燃物较少、起火后蔓延较缓慢的场所。

因此我们配置灭火器时，首先要弄清楚配置场所的危险级别和潜在火灾的类型。

（3）灭火器的类型和特性。灭火器的类型有水型、泡沫型、二氧化碳型、干粉型等。水型灭火剂：最常用和廉价的灭火剂，来源丰富，取用方便，可以用来扑救任何建筑火灾和一般物质的火灾，加压的密集水流，能喷射到较远的地方灭火。泡沫灭火剂：发泡性很强，较少的灭火剂就能产生大量极轻的泡沫，覆盖在燃烧固体或液体的表面，大量吸热及阻止起火物与空气接触，达到终止燃烧的目的。二氧化碳灭火剂：从灭火器瓶射出后呈固体雪花状，能够迅速冷却燃烧物，冲淡燃烧区的含氧量，使燃烧停止。该灭火剂不导电、不含水分、不损坏仪器。干粉灭火剂：干粉是易于流动的微细固体粉末，灭火效率高、不导电、不腐蚀、毒性低，特别适合扑救易燃液体、可燃气体和电气火灾。卤代烷灭火剂：是一种有机物灭火剂，灭火效能高、绝缘性能好、腐蚀性小、灭火后不留痕迹，适合扑救电器、精密仪器以及可燃气体、易燃液体火灾。

（4）灭火器怎样配置。首先要注意灭火器的灭火级别，在每具灭火器的外壳上都有标明。例如，灭火级别为5A，表示该灭火器的灭火级别为5，适合扑救A类场所火灾。

（5）灭火器怎样放置。为了方便取用，灭火器的分布无须按保护面积均匀放置，可以把数个灭火器在同一位置上放成一排，但每个点不宜多于5具，而灭火器到保护物品的距离不能过远。托架上或灭火箱内，其顶部离地高度应小于1.5米，底部离地高度不宜小于0.15米。不应放置在潮湿或强腐蚀性的地点。

任务四　物品的盘点

微课视频：
物品盘点

盘点是指对储存物品进行清点和账物核对的活动。盘点是指定期或临时对库存物品的实际数量进行清查、清点的作业，即为了掌握物品的流动情况（入库、在库、出库的流动状况），对仓库现有物品的实际数量与保管账上记录的数量相核对，以便准确地掌握库存数量。

盘点是保证储存物品达到账、物、卡相符的重要措施之一。只有使库存物品经常保持数量准确和质量完好，仓储部门才能更有效地为生产、流通提供可靠的供货保证。

一、盘点的目的

（一）查清实际库存数量

盘点可以查清实际库存数量，并通过盈亏调整使库存账面数量与实际库存数量一致。通过盘点查清实际库存数量与账面库存数量，发现问题并查明原因，及时调整。

（二）确认企业损益

库存物品的总金额直接反映企业流动资金的使用情况，库存量过高，流动资金的正常运转将会受到影响。通过盘点弄清库存物品的盈亏情况，分析盈亏的原因，提出改进的措施。

（三）发现仓库管理中存在的问题

通过盘点查明盈亏原因，可以发现库存管理中存在的问题，并通过解决问题来改善作业流程和作业方式，提高管理人员的素质和管理水平。

二、盘点的程序

（一）盘点前的准备

盘点前的准备工作是否充分，关系到盘点作业能否顺利进行。事先对可能出现的问题和盘点工作中易出现的差错，进行周密的研究和准备是相当重要的。准备工作主要包括：

(1) 确定盘点的具体方法和作业程序。
(2) 配合财务会计做好准备。
(3) 设计打印盘点用表单，如表 5-1 所示。

表 5-1　物品盘点表

盘点时间：　　　　　　　　　　　编号：

序号	物品名称	规格型号	存放位置	盘点数量	复核数量	盘点人	复核人

(4)准备盘点用基本工具。

(二) 确定盘点时间

盘点一般选择在以下时间进行：
(1)财务决算前夕——便利决算损益以及表达财务状况。
(2)淡季——淡季储货量少盘点容易，人力的损失相对降低，且调动人力较为便利。

想一想

盘点为什么选择在财务决算前夕、淡季进行？

(三) 确定盘点方法

因盘点场合、要求不同，盘点的方法也有差异。为了快速、准确地完成盘点作业，必须根据实际需要确定盘点的方法。

(四) 培训盘点人员

盘点的结果如何取决于作业人员的认真程度和程序的合理性。为保证盘点作业顺利进行，必须对参与盘点的所有人员进行集中培训。培训的主要内容是盘点的方法及盘点作业的基本流程和要求，通过培训使盘点工作人员对盘点的基本要领、表格及单据的填写十分清楚。

(五) 清理储存场所

盘点工作开始时，首先要对储存场所及库存物品进行一次清理。清理工作主要包括：
(1)对尚未办理入库手续的物品，应予以标明，不在盘点之列。
(2)对已办理出库手续的物品，要提前通知有关部门，运到相应的配送区域。
(3)账卡、单据、资料均应整理后统一结清。
(4)整理物品堆垛、货架等，使其整齐有序，以便于清点计数。
(5)检查计量器具，使其误差符合规定要求。
(6)确定在途运输物品是否属于盘点范围。

(六) 盘点作业

由于盘点作业比较单调，在进行盘点时，一方面要注意加强领导，另一方面要注意劳逸结合。

(七) 差异因素分析

当盘点结束后，发现账货不符时，应追查差异的原因。可以从以下方面着手：
(1)是否因记账员素质较低，记账及账务处理有误，或进、出库的原始单据丢失，盘点不佳导致账货不符。
(2)是否因盘点方法不当，导致漏盘、重盘或错盘。
(3)是否因盘点制度的缺点导致账货不符。
(4)是否因货账处理制度的缺点，导致物品数目无法表达。
(5)是否在容许范围之内。
(6)是否可事先预防，是否可以降低货账差异的程度。

(八) 盘点盈亏的处理

查清差异原因后,为了通过盘点使账面数与实物数保持一致,需要对盘点盈亏做进一步处理。

(1) 依据管理绩效,对分管人员进行奖惩。
(2) 对废次品、不良品减价的部分,应视为盘亏。
(3) 存货周转率低,占用金额过大的库存物品宜设法降低库存量。
(4) 盘点工作完成以后,所发生的差错、呆滞、变质、盘亏、损耗等结果,应予以迅速处理,并防止以后再发生。
(5) 呆滞品比率过大,应设法研究,致力于降低。

三、盘点的内容

(一) 查数量

通过盘点计数查明物品在库的实际数量,核对库存账面资料与实际库存数是否一致。

(二) 查质量

检查在库物品质量有无变化,有无超过保质期,有无长期积压现象。

(三) 查保管条件

检查保管条件是否与各种物品的保管条件相符合。

(四) 查安全

检查各种安全措施和消防设备、器材是否符合安全要求,建筑物和设备是否处于安全状态。

即问即答 >>>

盘点的内容是什么?

四、盘点的方法

(一) 账面盘点法

账面盘点法又称永续盘点,是指将每一种物品分别设立"存货账卡",然后将每一种物品的出入库数量及有关信息记录在账面上,逐笔汇总出账面库存结余数,这样随时可以从电脑账册上查悉物品的出入库信息及库存结余量。

(二) 现货盘点法

现货盘点又称"实地盘点"或"实盘",也就是实地去库内清点数量,再依货物单价计算出实际库存金额的方法。

现货盘点法按盘点时间频率的不同又可分为"期末盘点法"和"循环盘点法"。期末盘点法是指在会计计算期末统一清点所有货物数量的方法;循环盘点法是指在每天、每周清点一小部分商品,一个循环周期将每种货物至少清点一次的方法。

1. 期末盘点法

由于期末盘点是将所有货物一次点完，因此工作量大、要求严格，通常采取分区、分组的方式进行，其目的是明确责任，防止重复盘点和漏盘。分区即将整个储存区域划分成一个一个的责任区，不同的区由专门的小组负责点数、复核和监督，因此，一个小组通常至少需要三人分别负责清点数量并填写盘存单，复查数量并登记复查结果，第三人核对前两次盘点数量是否一致，对不一致的结果进行检查。待所有盘点结束后，再与电脑或账册上反映的账面数核对。

2. 循环盘点法

循环盘点通常对价值高或重要的货物盘点的次数较多，且监督也严密一些，而对价值低或不太重要的货物盘点的次数较少。循环盘点一次只对少量货物盘点，所以通常只需保管人员自行对照库存资料进行点数检查，发现问题按盘点程序进行复核，并查明原因，然后调整。也可以采用专门的循环盘点单登记盘点情况。

任务五 库区的"5S"管理

微课视频：
库区"5S"管理

一、"5S"活动的含义

所谓"5S"，是指在物品保管现场，按步骤进行整理、整顿、清扫、清洁和素养五项活动。"5S"是由以上五个词语的日语罗马拼音的第一个字母"S"组成的。

"5S"活动起源于日本，并在日本企业中广泛推行。最早"5S"活动只有"整理、整顿"两个，后来又提出了"清扫、清洁、素养"三个。有的企业在"5S"的基础上增加了"安全"，形成了"6S"；有的企业又增加了"节约"，形成了"7S"；有的企业增加了"习惯化、服务、坚持"，形成了"10S"等，但是万变不离其宗，都是从"5S"里衍生出来的。

（一）整理

整理是将工作现场内的物品进行分类，并把不要的物品坚决清理掉。工作现场内的物品可以分为经常用的、不经常用的和不再使用的三类。经常用的物品应放置在工作场所容易取到的位置，以便随手可以取到。不经常用的物品则可以放在专用的固定位置。不再使用的物品则必须及时清除掉，其目的是腾出更大的空间，防止物品混用、误用，创造一个干净的工作场所。

（二）整顿

整顿是把有用的物品按规定分类摆好，并做好相应的标识，不乱堆乱放，防止该找的物品找不到等无序现象发生，以使工作场所一目了然，减少寻找物品的时间，提高工作效率。

（三）清扫

清扫就是把工作现场所有的地方以及工作时使用的工具、仪器、设备、材料等打扫干净，使工作场所保持干净、宽敞、明亮，其目的是维护生产安全，减少事故，保证质量。

（四）清洁

清洁是指经常性地开展整理、整顿和清扫工作，并对该三项工作进行定期和不定期的检查监督。

（五）素养

素养是指每个员工都能够养成良好的习惯，表现为积极向上、精神饱满、文明礼貌、遵守规则、主动学习、乐于助人、团结协作等。素养是"5S"活动的核心和精髓。

即问即答 >>>

"5S"管理的核心是什么？

二、"5S"活动的实施

（一）检查表

根据不同的场所制定不同的检查表，即不同的"5S"操作规范，如《仓库检查表》《车间检查表》等。通过检查表，进行定期或不定期的检查，可以及时发现问题，采取相应措施进行处理。

（二）目视管理

目视管理就是一看便知，一眼就能识别。

（三）制作红色标签

制作一些红色标签，红色标签上的不合格项目有整理不合格、整顿不合格，清扫不合格，配合检查表一起使用。对"5S"实施不合格的物品贴上红色标签，限期整改，并做好记录。

三、"5S"活动的作用

实施"5S"管理的作用：
（1）提升企业形象。
（2）营造团队精神。
（3）减少浪费。
（4）保障品质。
（5）改善情绪。
（6）安全上的保障。
（7）提高效率。

项目小结

1. 堆码是将物品整齐、规则地摆放成货垛的作业。
2. 堆码的要求包括合理、牢固、定量、整齐、节约和方便。堆码的方式包括散堆方式、货架方式、成组堆码方式和垛堆方式。垛距是指"五距"，即墙距、柱距、顶距、灯距和垛距。
3. 物品的苫垫包括物品苫盖的要求、材料与方法，物品垫垛的要求、材料与方式。
4. 物品保管保养的基本要求、物品质量变化的形式与原因、仓库温湿度管理、仓库的害虫与防治、金属的防锈与除锈、物品霉腐的防治。
5. 物品的盘点包括盘点的目的、程序、内容、方法等。

6. "5S"是指在物品保管现场，按步骤进行整理、整顿、清扫、清洁和素养五项活动。

学习评价			
学生自评（50分）	知识巩固与提高（30分）	客观题（15分）	主观题（15分）
	学以致用（20分）	分析准确合理（20分）	分析一般（10分）
小组评价（30分）	团队合作（10分）	沟通协调（10分）	成果展示（10分）
教师评价（20分）	团队合作（10分）	知识掌握程度（5分）	成果汇报（5分）
总分			

项目六　出库作业管理

学习目标

知识目标

1. 了解出库作业的基本要求；
2. 理解出库作业问题的处理方式；
3. 掌握出库作业的基本流程；
4. 掌握物品出库的方式；
5. 掌握退货作业管理等知识。

能力目标

1. 具备物品出库作业的操作能力；
2. 具备物品拣货的能力；
3. 具备处理出库过程中所发生问题的能力；
4. 具备退货的能力。

素质目标

1. 树立责任与服务意识；
2. 具有良好的职业道德；
3. 具有团结协作的能力。

案例导入

某外贸仓库出库作业

物品出库是仓储工作的最后一个环节，把好物品出库关，就可以杜绝差错事故的发生。在物品出库时，要求做到以下几点：

第一，要根据存货单位的备货通知，及时认真地做好备货工作。如发现一票入库物品没有全部到齐的，入库物品验收时发现有问题尚未处理的，物品质量有异状的，要立即与存货单位联系，双方取得一致意见以后才能出库；如发现包装破损，要及时修补或更换。

第二，认真做好出库凭证和物品复核工作。做到手续完备，交接清楚，不错发、错运。

第三，要分清仓库和承运单位的责任，办清交接手续。仓库要开出库物品清单或出门证，写明承运单位的名称、物品名称、数量、运输工具和编号，并会同承运人或司机签字。

第四，物品出库以后，保管人员要在当日根据正式出库凭证销卡、销账，清点货垛结余数，与账、卡核对，做到账、货、卡相符，并将有关的凭证、单据交账务人员登账复核。

物品出库，必须先进先出，易坏先出，否则，由此造成的实际损失要由保管方负责。另外，根据《外运仓储管理制度》的规定，出库物品，严禁口头提货、电话提货、白条提货。如果遇到紧急装车、装船情况必须出库时，须经仓库领导批准才能发货，但要第二天补办正式手续。

项目六 出库作业管理

思维导读

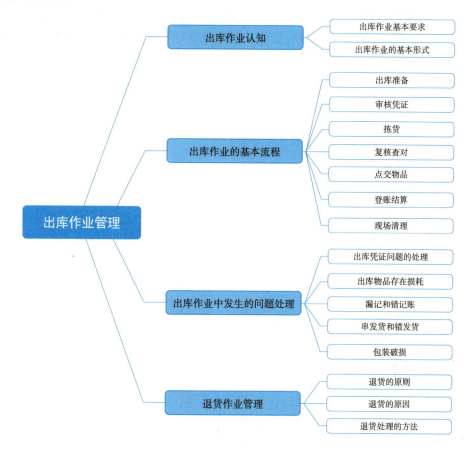

任务一 出库作业认知

微课视频：
出库作业认知

一、出库作业基本要求

出库作业是仓储作业中的一个重要环节，也是仓库作业的最后一个环节。出库作业是仓储经营人根据存货人或仓单持有人所持有的仓单，按其所列物品编号、名称、规格、型号、数量等项目，组织物品出库的一系列工作作业的总称。

物品出库要做到"三不、三核、五检查"。"三不"，即未接单据不翻账，未经审单不备货，未经复核不出库；"三核"，即在发货时，要核对凭证、核对账卡、核对实物；"五检查"，即对单据和实物要进行品名检查、规格检查、包装检查、数量检查、重量检查。具体地说，物品出库要求严格执行各项规章制度，杜绝差错事故，提高服务质量，让用户满意。

（一）按程序作业，手续必须完备

物品出库必须按规定程序进行，领料单、仓单等提货凭证必须符合要求。物品出库时，必须

有正式凭证，保管人员根据凭证所列品种和数量发货。

（二）"先进先出"原则

在保证库存物品的价值和使用价值不变的前提下，坚持"先进先出"的原则。同时要做到：有保管期限的先出；保管条件差的先出；容易变质的先出；近失效期的先出；包装简易的先出；回收复用的先出。其目的在于避免物品因库存时间过长而发生变质或影响其价值和使用价值。

> **想一想**
> 物品出库时为什么要贯彻"先进先出"原则？

（三）做好发放准备

为使物品及时流通，合理使用，必须快速、及时、准确地发放。为此必须做好发放的各项准备工作。如化整为零、集装单元化、备好包装、复印资料、组织搬运人力、准备好出库的各种设施设备及工具。

（四）发货和记账要及时

保管员接到发货凭证后，应及时发货，不压票；物品发出后，应立即在物品保管账上核销，并保存好发料凭证，同时调整垛牌或料卡。

（五）保证安全

物品出库作业要注意安全操作，防止损坏包装和震坏、压坏、摔坏物品。同时，还要保证运输安全，做到物品包装完整，捆扎牢固，标志清楚正确，性能不相互抵触和影响，保障物品质量安全。仓库作业人员必须经常注意物品的安全保管期限等，对已变质、已过期失效、已失去原使用价值的物品不允许出库。

（六）无差错

保管人员发货时，应按照发货凭证上列明的物品品名、产地、规格、型号、价格、数量、质量准确发货，当面点清数量和检验质量。确保出库物品数量准确、质量完好、包装牢固、标识正确、发运及时安全，避免发生运输差错和损坏物品的事故。

二、出库作业的基本形式

（一）送货

送货就是仓储单位派自己的车辆和人员，根据用户的要求，把出库凭证所开列的物品，直接运送到客户指定地点的一种出库方式。这种发货形式就是通常所称的送货制。送货要划清交接责任。仓储部门与运输部门的交接手续是在仓库现场办理完毕的。运输部门与收货单位的交接手续根据货主单位与收货单位签订的协议，一般在收货单位指定的到货目的地办理。

送货具有"预先付货、按车排货、发货等车"的特点。仓库送货有多方面的好处：仓库可预先安排作业，缩短发货时间；收货单位可避免因人力、车辆等不便而发生的取货困难；可合理使用运输工具，减少运费。

（二）收货人自提

收货人自提是指收货人自派车辆和人员，持提货单（领料单）到仓库直接提货的一种出库方式。这种方式是仓库通常所称的提货制。它具有"提单到库、随到随发、自提自运"的特点。为划清交接责任，仓库发货人与提货人在仓库现场，对出库商品当面交接清楚并办理签收手续。这种方式适用于运输距离近、提货数量少的客户。

（三）过户

过户是一种就地划拨的形式。物品虽未出库，但是所有权已从原有的货主转移到新的货主。仓库必须根据原有货主开出的正式过户凭证，才予以办理过户手续。

（四）取样

取样是货主单位出于对货物质量检验、样品陈列等需要，到仓库提取货物样品而需要开箱拆包、分割，形成部分货物出库。货主取样时必须持有仓单，仓库也必须根据正式取样凭证发给货物样品，并做好账务记载。

（五）转仓

货主单位为了业务方便或改变物品储存条件，需要将某批库存物品从甲库转移到乙库，这就是转仓的出库方式。仓库也必须根据货主单位开出的正式转仓票，才予以办理转仓手续。

即问即答 >>>

送货与自提的特点分别是什么？

任务二　出库作业的基本流程

微课视频：出库作业基本流程

一、出库准备

出库准备即物品出库前的准备工作，主要包括以下内容。

（一）制订出货计划

物品出库前，仓储部门应制订出库任务分配计划和进度计划。

（二）联系客户

对于物品出库计划，应主动与客户联系、沟通，通知客户做好接货或提货准备。

（三）整理包装

对物品包装进行整理、加固或更换，使其符合物品运输的要求。

（四）准备场地和设备

为物品出货腾出必要的理货场地，并准备相应的装卸搬运设备、计量器具等。

（五）准备用品

准备物品出货时所需的包装材料、衬垫物、标签、唛头、包装工具等。

（六）安排作业人员

根据物品出库作业量、作业流程，合理安排作业人员，以备调用。

二、审核凭证

仓库接到出库凭证或出库单（见表6-1）后，必须对出库凭证进行审核。审核的内容如下：

（1）审核出库凭证的真实性和合法性。

要审核出库凭证的真实性和合法性或审核领料单上是否有其部门主管或指定的专人签章，手续不全不予出库，如遇特殊情况则需经有关部门负责人同意后方可出库，出库后需补办手续。

（2）核对出库凭证上物品的名称、规格、型号、数量、单价、金额。

（3）审核收货单位或提货单位、物品到站的名称等内容是否齐全、准确。

如属收货人自提，则要核查提货单有无财务部门准许发货的签章。提货单必须是符合财务制度要求的具有法律效力的凭证。

表6-1　出库单

客户单位：		提货单号：		出货出库：		出货日期	
品名	货号	单位	单价	数量	金额	是否包装	备注
总计金额（人民币大写）				总计金额（人民币小写）			

仓库主管：　　　　　　　　仓库保管员：　　　　　　　　提货人：

三、拣货

拣货是根据客户的订货要求或配送中心的送货计划，尽可能迅速、准确地将物品从其储位或其他区域拣取出来，并按一定的方式进行分类、集中、等待配装送货的作业流程。

（一）拣货单位

拣货单位分为托盘、箱及单品三种。拣货单位是根据订单分析结果而决定的。如果订货的最小单位是箱，拣货单最小是以箱为单位。对于大体积、形状特殊的无法按托盘和箱来归类的特殊品，则用特殊的拣货方法。

1. 单品

单品是拣货的最小单位，可由箱中取出，由人工进行拣货。

2. 箱

箱是由单品所组成的拣货单位，可由托盘上取出，通常需要双手拣货。

3. 托盘

托盘是由箱叠放而成的拣货单位，无法由人工直接搬运，需借助堆垛机、叉车或搬运车等机械设备。

4. 特殊品

特殊品是指体积大、形状特殊，无法按托盘、箱归类，或必须在特殊条件下作业的物品，如大型家具、冷冻干货等。拣货系统的设计将严格受其限制。

（二）拣货作业流程

1. 形成拣货资料

拣货作业必须在拣货信息的指导下才能完成。订单或送货单为人工拣货指示，即拣货作业人员直接凭订单或送货单拣取货物。这种信息传递方式无法准确标示所拣货物的储位，使拣货人员延长寻找货物时间和拣货行走途径。在国外大多数仓储企业一般先将订单等原始拣货信息经过处理后，转换成拣货单或电子拣货信号，指导拣货人员或自动拣取设备进行拣货工作，以提高作业效率和作业准确性。

2. 行走与搬运

拣货时，拣货作业人员或机器必须直接接触并拿取物品，因此造成拣货过程中的行走与货物的搬运，缩短行走和物品搬运距离是提高作业效率的关键。

3. 拣取

当物品出现在拣货人员面前时，拣货人员一般采取的两个动作为拣取与确认。拣取是抓取物品的动作，确认则是确定所拣取的物品、数量是否与指示拣货的信息相同。在实际的作业中，配送中心多采用读取品名与拣货单据做对比的确认方式，较先进的做法是利用无线传输终端机读取条形码后，再由计算机进行确认。通常对小体积、小批量、搬运重量在人力范围内且出货率不是特别高的物品，采取手工方式拣取；对体积大、重量大的物品，利用升降叉车等搬运机械辅助作业；对于出货频率很高的物品则采用自动分拣系统进行拣货。

4. 分类与集中

在收到多个客户的订单时，可以形成批量拣取，然后再根据不同的客户或送货路线分类集中，有些需要进行流通加工的物品还需根据加工方法进行分类，加工完毕再按一定方式分类出货。多品种分货的工艺过程比较复杂，难度也大，容易发生错误，必须在统筹安排形成规模效应的基础上，提高作业的精确性。在物品体积小、重量轻的情况下，可以采取人力分货，也可以采取机械辅助作业，或利用自动分货机将拣取出来的物品进行分类与集中。分类完成后，物品经过查对、包装便可以出货、装运、发货了。

（三）拣货方式

常用的拣货方式主要有订单拣货、批量拣货、复合拣货三种。

即问即答 >>>

拣货的方式有哪些？

1. 订单拣货

订单拣货又称作"摘果式""人到货前式"，是针对每一份订单，作业员巡回于仓库内，按照订单所列物品及数量,将客户所订购的物品逐一由仓库储位或其他作业区中取出,然后集中在一起的拣货方式。

(1) 订单拣货的方式。订单拣货每次拣货只针对一张订单,不进行订单分批处理。结合分区策略具体可以分为单人拣货、分区接力拣货和分区汇总拣货几种方式。

① 单人拣货。单人拣货是将一张订单由一个人从头到尾全程负责。这种拣货方式的拣货单,只需将订货单资料转为拣货需求资料即可。

② 分区接力拣货。分区接力拣货是将存储区或拣货区划分成几个区域,一张订单由各区人员采用前后接力方式共同完成。

③ 分区汇总拣货。分区汇总拣货是将存储或拣货区划分成几个区域,将一张订单拆成各区域所需的拣货单,再将各区域所拣货的物品汇集在一起。

(2) 订单拣货的特点。一般来说,订单拣货的准确度较高,很少发生差错,而且机动灵活。这种拣货方式可以根据用户要求调整拣货的先后次序,对于紧急需求,可以集中力量快速拣货。一张货单拣货完毕后,物品便配置齐备,配货作业与拣货作业同时完成,简化了作业程序,有利于提高作业效率。

(3) 订单拣货的主要适用范围。订单拣货方式适用于以下情况:用户不稳定,波动较大;需求种类不多;需求之间差异较大,配送时间要求不一。

2. 批量拣货

批量拣货又称"播种式"拣货,是将数张订单汇总成一批,再将各订单相同的物品订购数量汇总起来,一起拣选处理。

(1) 批量拣货的分批方式。批量拣货的分批方式主要有:

① 按拣货单位分批,即将同一种拣货单位的品种汇总在一起处理。

② 按配送区域路径分批,即将同一配送区域路径的订单汇总在一起处理。

③ 按流通加工需求分批,即将需加工处理或需相同流通加工处理的订单汇总在一起处理。

④ 按车辆需求分批,即对于客户所需物品需要特殊的配送车辆(低温车、冷冻、冷藏车),或客户所在地需特殊类型车辆者,可汇总合并处理。

(2) 批量拣货的特点。与订单拣货相比,批量拣货由于将各用户的需求集中起来进行拣货,所以有利于进行拣货路线规划,减少不必要的重复行走。但其计划性较强,规划难度大,容易发生错误。

(3) 批量拣货的适用范围。批量拣货比较适合用户稳定而且用户数量较多的专业性配送中心,需求数量可以有差异,配送时间要求也不太严格,但品种共性要求较高。

3. 复合拣货

为克服订单拣货和批量拣货方式的不足,采取将订单拣货和批量拣货组合起来的复合拣货方式。根据订单的品种、数量及出库频率,确定哪些订单适合订单拣货,哪些适合批量拣货,分别采用不同的拣货方式。

(四) 拣货策略

拣货策略是影响拣货作业效率的重要因素,对不同的订单需求应采取不同的拣货策略。拣货策略主要有四种,分别是分区、订单分割、订单分批和分类策略。

1. 分区策略

所谓分区策略,就是将拣货作业场地做区域划分,按分区原则的不同,有四种分区方法,包括物品特性分区、拣货单位分区、拣货方式分区和工作分区。

2. 订单分割策略

当订单上订购的物品项目较多,或是拣货系统要求及时快速处理时,为了能在短时间内完成拣货处理,可将订单分成若干子订单交由不同拣货区域同时进行拣货作业。将订单按拣货区域进行分解的过程叫订单分割,包括拣选单位分区的订单分割策略、拣选方式分区的订单分割策略、工作分区的订单分割策略。

3. 订单分批策略

订单分批是为了提高拣货作业效率而把多张订单集合成一批,进行批次分拣作业。若再将每批次订单中的同一商品种类汇总拣取,然后把货品分类至每一个顾客订单,则形成批量拣取,这样不仅缩短了拣取时平均行走搬运的距离,也减少了储位重复寻找的时间,进而提高了拣货效率。订单分批包括总和计量分批、时窗分批、固定订单量分批和智慧型分批。

4. 分类策略

当采用批量拣货作业方式时,拣货完后还必须进行分类,因此需要与之相配合的分类策略,包括分拣时分类和分拣后集中分类。

四、复核查对

为了防止出现差错,备货后应立即进行复核。出库的复核形式主要有专职复核、交叉复核和环环复核三种。

复核的内容包括:物品的品种、规格、牌号、单位、数量与凭证是否相符;物品质量是否完好;物品的包装和外观质量是否完好;配套是否齐全;技术证件是否齐全。

经复核不符合要求的物品应停止发货,对不符的情况应及时查明原因。复核后,仓库保管人员应该根据实际情况做好复核记录,并填写出库复核记录。

即问即答 >>>

复核形式有哪些?

五、点交物品

出库物品经复核后,要向提货人员点交。同时应将出库物品及随行证件逐笔向提货人员当面核对。物品点交清楚后,提货人员应在出库凭证上签名。物品点交后,仓库保管员应在出库凭证上填写"实发数""发货日期""提货单位"等内容并签名,然后将出库凭证同有关证件及时送交货主,以便办理有关款项结算。

六、登账结算

物品点交清楚,出库发运之后,该物品的仓库保管业务结束,仓库保管员应做好清理工作,及时将物品从仓库保管账上核销,取下垛牌,以保证仓库账账相符、账卡相符、账实相符,并将留存的仓单(提货凭证)、其他单证、文件等存档。

七、现场清理

物品出库后,有的货垛拆开,有的货位被打乱,有的现场还留有垃圾、杂物。仓库保管员应根据储存规划要求,对物品进行并垛、挪位,腾出新货位,以备新来货物的存放;及时整理、清扫发货现场,保持清洁整齐;清查发货设备和工具有无丢失、损坏。现场物品清理完毕,还要收集整理该批物品的出入库情况、保管保养及盈亏等数据情况,并将这些数据存入物品档案,妥善保管,以备查用。

任务三 出库作业中发生的问题处理

微课视频：
发生问题的处理

一、出库凭证问题的处理

（一）出库凭证真实性异常

凡发现出库凭证有疑点，或者情况不清楚，以及出库凭证发现有假冒、复制、涂改等情况时，应及时与仓库保卫部门以及出具出库单的单位或部门联系，妥善处理。

（二）出库凭证上信息不符合

若出库凭证上物品的名称、规格、数量等信息与物品实物信息不符，则仓库保管员不得自行换货，而应告知提货人到相关单位或部门重新开具提货凭证，然后由仓库保管员根据新的提货凭证发货。

（三）出库凭证超过提货期限

凡出库凭证超过提货期限，用户前来提货，必须先办理手续，按规定缴足逾期仓储保管费，然后方可发货。任何白条子都不能作为发货凭证。提货时，用户发现规格开错，仓库保管员不得自行调换规格发货，必须通过制票员重新开票方可发货。

（四）持期货凭证提货

若提货人持期货凭证前来提货，而该物品尚未验收入库，一般暂缓发货，并通知货主，待物品到达并验收后再发货，提货期顺延。

（五）出库凭证遗失

如客户因各种原因将出库凭证遗失，应及时与仓库保管员和财务人员联系挂失，办理挂失手续；如果挂失时货已被提走，保管人员不承担责任，但要协助货主单位找回物品；如果货还没有提走，经仓库保管人员和财务人员查实后，做好挂失登记，将原凭证作废，缓期发货，补办手续后再发货。

> **想一想**
>
> 为什么出库凭证会出现问题？出库凭证问题应如何处理？

二、出库物品存在损耗

对于物品存在损耗的情况，仓库管理员可与客户协商，按以下方式解决：
（1）若物品损耗在合理范围内的，则由客户承担。
（2）若物品损耗超出了合理范围的，则由仓储部门负责赔偿。

三、漏记和错记账

漏记账是指在物品出库作业中，由于没有及时核销物品明细账而造成账面数量与实存数不符的现象。错记账是指在物品出库后核销明细账时没有按实际发货出库的物品名称、数量等登记，从而造成账实不符的情况。无论是漏记账还是错记账，一经发现，除及时向有关领导如实汇报情况外，还应根据原出库凭证查明原因调整保管账，使之与实际库存保持一致。

四、串发货和错发货

所谓串发货和错发货，主要是指发货人对物品种类、规格不很熟悉的情况下，或者由于工作中的疏漏，把错误规格、数量的物品发出库的情况。

在这种情况下，如果物品尚未离库，应立即组织人力，重新发货。如果物品已经提出仓库，保管员应及时向主管部门和客户讲明串发和错发货的品名、规格、数量等情况，会同客户和运输单位共同协商解决。

五、包装破损

包装破损是指在发货过程中，因物品外包装破散、砂眼等现象引起的物品渗漏、裸露等问题。这个问题主要是在储存过程中因堆垛挤压、发货装卸操作不慎等情况引起的，发货时都应经过整理或更换包装，方可出库，否则造成的损失应由仓储部门承担。

任务四　退货作业管理

微课视频：
退货作业管理

一、退货的原则

退货是指仓库按订单或合同将物品发出后，由于某种原因，客户将物品退回仓库。

（一）以国家法律法规为依据

物品退货必须以国家法律法规为依据，包括《中华人民共和国消费者权益保护法》（以下简称《消费者权益保护法》）、《中华人民共和国产品质量法》（以下简称《产品质量法》）以及"三包"规定等。如2014年3月15日实施的新修订的《消费者权益保护法》中明确规定，消费者在收到物品后7日内，有权退货，且无须说明理由。但无理由退货的物品亦有边界，消费者定做的物品、鲜活易腐物品、消费者拆封的音像制品、计算机软件、交付的报纸、期刊等物品不在无条件退货之列。

启智润心

汽车"三包"政策

汽车"三包"政策是零售商业企业对所售商品实行"包修、包换、包退"的简称，是指商品进入消费领域后，卖方对买方所购物品负责而采取的在一定限期内的一种信用保证办法。

在"三包"规定实施之前购买的车辆（即2013年10月1日规定正式实施之前），不能按照"三包"规定的条款主张相应的权利；在"三包"规定实施之后购买的车辆，才能取得"三包"规定的相关权利。

1. 退换货

在"三包"有效期内（"三包"有效期为2年或5万千米，以先到为准），如果汽车修理时间累计超过35天，或者同一个产品质量问题引发的修理累计超过5次，消费者可以换车。

家用汽车产品自销售者开具购车发票之日起60日内或者行驶里程3 000千米之内（以先到者为准），出现转向系统失效、制动系统失效、车身开裂或燃油泄漏，消费者选择更换家用汽车产品或退货的，销售者应当负责免费更换或退货。

在"三包"有效期内，因严重安全性能故障累计进行了2次修理，严重安全性能故障仍未排除或者又出现新的严重安全性能故障的，发动机、变速器累计更换2次后，或者发动机、变速器的同一主要零件因其质量问题，累计更换2次后，仍不能正常使用的（发动机、变速器与其主要零件更换次数不重复计算），转向系统、制动系统、悬架系统、前/后桥、车身的同一主要零件因其质量问题，累计更换2次后，仍不能正常使用的，消费者选择更换或退货的，销售者应当负责更换或退货。

如果家用汽车产品符合更换条件，销售者无同品牌同型号家用汽车产品，也无不低于原车配置的家用汽车产品向消费者更换的，消费者可以选择退货，销售者应当负责为消费者退货。

2. 修车超5天车主有权开备用车

在修理期内，家用汽车产品出现产品质量问题，消费者凭"三包"凭证由修理者免费修理，其中包括工时费和材料费。

（二）维护消费者合法、合理的利益

只要在国家法律法规规定的范围内，消费者有权要求退货。应保护消费者的合法、合理利益。

（三）责任明确原则

如责任分不清的，则需由国家认可的相关机构鉴定后依据鉴定结果进行。

（四）以存在事实为依据并凭有效凭证办理

退货必须以事实为依据，消费者购买了物品必须有合法的发票、小票等有效凭证，才能办理退货。

（五）退货具体规定要明确

退货必须有明确的具体规定，否则在退货中容易出现问题。如"三包"中规定，物品自售出之日起7日内，发生性能故障，消费者可以选择退货。

二、退货的原因

（一）有质量问题的退货

对于不符合质量要求的物品，接收单位提出退货，仓库也将给予退换。

（二）搬运途中损坏退货

物品在搬运过程中造成物品包装破损或污染，仓库将给予退回。

（三）物品送错退回

送达客户的物品不是订单所要求的物品，如物品条码、品项、规格、重量、数量等与订单不符，都必须退回。

（四）物品过期退回

食品及有保质期的物品在送达接收单位时或销售过程中超过物品的有效保质期，仓库予以退回。

（五）协议退货

与仓库订有特别协议的季节性物品、试销物品、代销物品等，协议期满后，剩余物品仓库给予退回。

三、退货处理的方法

（一）无条件重新发货

对于因为仓库按订单发货发生的错误，应由仓库更新调整发货方案，将错发物品调回，重新按照原正确订单发货，中间发生的所有费用应由发货人承担。

即问即答 >>>

在什么条件下无条件重新发货？

（二）运输单位赔偿

对于因为运输途中物品受到损坏而发生退货的，根据退货情况，由仓库确定所需的修理费用或赔偿金额，然后由运输单位负责赔偿。

（三）收取费用，重新发货

因为客户自身原因导致订购物品与客户要求不符，可以再根据客户新的订单重新发货，但客户应该承担退换货过程中产生的费用。

（四）重新发货或替代

对于因为物品有缺陷，客户要求退货，仓储企业接到退货指示后，作业人员应安排车辆收回退换物品，将物品集中到仓库退货处理区域进行处理。

项目小结

1. 出库作业是仓储作业中的一个重要环节，也是仓库作业的最后一个环节。物品出库要做到"三不、三核、五检查"。

2. 出库作业的基本形式包括送货、收货人自提、过户、取样和转仓。

3. 出库作业的基本流程包括出库准备、审核凭证、拣货、复核查对、点交物品、登账结算和现场清理。

4. 出库作业中发生的问题处理包括出库凭证问题、出库物品存在损耗、漏记和错记账、串发货和错发货以及包装破损的处理。

5. 退货是指仓库按订单或合同将物品发出后，由于某种原因，客户将物品退回仓库。包括退货的原则、退货的原因和退货处理的方法。

仓储管理实务

学习评价			
学生自评 （50分）	知识巩固与提高（30分）	客观题（15分）	主观题（15分）
	学以致用（20分）	分析准确合理（20分）	分析一般（10分）
小组评价 （30分）	团队合作（10分）	沟通协调（10分）	成果展示（10分）
教师评价 （20分）	团队合作（10分）	知识掌握程度（5分）	成果汇报（5分）
总分			

项目七　仓储商务管理

学习目标

知识目标

1. 了解仓储商务管理的含义、特点和内容；
2. 理解仓储合同的概念、形式，仓单的概念、性质、内容；
3. 掌握仓储合同的特点、订立原则、主要条款；
4. 掌握仓单的功能与实务。

能力目标

1. 具备仓储商务管理的能力；
2. 具有订立仓储合同的能力；
3. 具有仓单实务操作的能力。

素质目标

1. 培养法律意识；
2. 培养良好的职业道德；
3. 培养严谨的工作作风。

案例导入

仓储合同纠纷

　　2015年5月20日，甲、乙订立仓储合同一份，约定甲用自己的冷库为乙储存大蒜，储存时间为2015年6月20日—10月20日，仓储费为10万元。双方对储存条件、质量要求、违约责任做了详细规定。同时双方约定：乙应于6月1日前交纳定金2万元，乙方如未按约履行，无权要求返还定金；甲方如违约应双倍返还定金；如双方均按约履行，定金抵作仓储费。合同订立后，因资金紧张，乙于6月1日向甲交纳定金1万元，并于同日向甲出具欠条一份，内容为：乙欠甲1万元整。后因大蒜市场行情下跌，乙未能储存大蒜，未使用甲的冷库。甲于7月5日提起诉讼，要求乙偿付1万元欠款。乙辩称：实际交付的定金数额为1万元，少于约定的数额，应视为变更了定金合同，欠条无效，甲的诉求无理，应予驳回。

思维导读

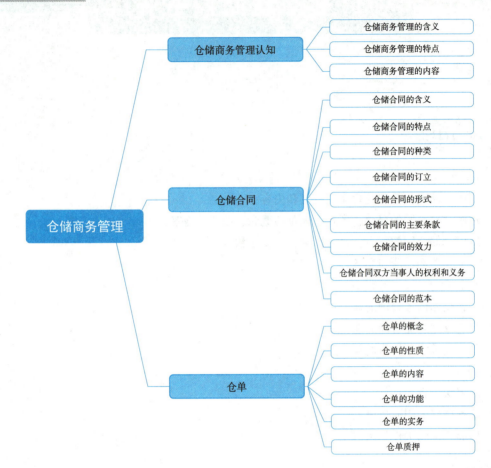

任务一 仓储商务管理认知

微课视频：
仓储商务管理认知

一、仓储商务管理的含义

（一）仓储商务的概念

仓储商务是指仓储经营者利用仓储保管能力向社会提供仓储保管服务，并以获得经济收益为目的所进行的交换行为。

它是仓储行业基于仓储经营而对外进行的经济交换活动，是一种商业性行为，一般发生在公共仓储和营业仓储之中，而企业自营仓储不发生仓储商务。

（二）仓储商务管理的概念

仓储商务管理是指仓储经营者对仓储商务所进行的计划、组织、指挥和控制活动，属于独立经营的仓储企业内部管理之一。

二、仓储商务管理的特点

相对于其他企业项目管理，仓储商务管理具有以下特点。

（一）经济性

虽然企业管理的最终目标是追求企业利润最大化，各方面的管理也是围绕这一总目标展开，但与企业经营管理、人力资源管理等相比，商务管理更加直接涉及企业的经营目标和经营收益，更为重视管理的经济性和效益性。

> **想一想**
> 为什么仓储商务管理要讲究经济性？

（二）外向性

仓储商务活动是企业对外的一种经济活动，都是围绕与企业相关的外部企业而发生的。

（三）整体性

仓储商务活动直接涉及企业整体的经营和效益，因此在仓储企业，高层管理者会将仓储商务管理作为自己的核心工作。仓储商务管理的好与坏，直接影响到其他各部门的工作。因此，仓储商务管理具有全局性和整体性的特点。

三、仓储商务管理的内容

仓储商务管理是仓储企业管理的一部分，包括对参与商务工作的人、财、物等资源的管理。具体而言，仓储商务管理包括以下内容。

（一）市场管理

仓储企业要广泛开展市场调查和研究，加强市场监督和管理，广泛开展市场宣传，使仓储服务能切合市场需求。

（二）资源管理

仓储企业需要充分利用仓储资源，为企业创造和实现更多的商业机会。因此，要合理利用仓储资源，做到人尽其才、物尽其用。

（三）成本与效益管理

一方面，企业应该准确进行成本核算，确定合适的仓储服务价格，提高其竞争力；另一方面，企业应该通过科学合理的组织、充分利用先进的技术，降低成本，提高经济效益。

> **即问即答** >>>
> 成本与效益的关系是什么？

（四）合同管理

仓储企业应该加强商务谈判和合同履行的管理，做到诚实守信、依约办事，创造良好的商业信誉。

（五）风险管理

建立风险防范制度，妥善处理商务纠纷和冲突，防范和减少商务风险。

（六）商务队伍管理

商务人员的业务素质和服务态度在很大程度上影响着企业的整体形象，因此，必须加强商务队伍管理，调动相关人员的积极性、主动性，提高效率。

任务二　仓储合同

微课视频：
仓储合同

一、仓储合同的含义

合同是民事主体之间设立、变更、终止民事法律关系的协议。

仓储合同是保管人储存存货人交付的仓储物，存货人支付仓储费的合同。

仓储保管是商品流通中的一个重要环节。在生产和消费之间，由于存在着集中生产、分散消费和季节生产、常年消费的矛盾，通过物资的储存保管来调节流通是十分必要的。目前，在我国，商品的储存保管部门主要是国家商业、外贸、物资三大部门设立的仓储公司、仓库、货栈，也有其他专业部门及部分集体和个体经营的从事商品储存保管业务的仓库和货栈。

二、仓储合同的特点

仓储合同是一种特殊的保管合同，具有保管合同的基本特征，同时仓储合同又具有自己的特殊特征。仓储合同的特点可概括为以下几方面。

（一）仓储的货物所有权不发生转移

仓储的货物只是货物的占有权暂时转移，而货物的所有权或其他权利仍属于存货人所有，所有权不发生转移。

（二）仓储合同的保管对象必须是动产

仓储保管的对象必须是动产，不动产不能作为仓储合同的保管对象。这也是仓储合同区别于保管合同的显著特征。

（三）仓储合同是诺成、双务、有偿合同

1. 仓储合同是诺成合同

诺成合同即指双方意思表示一致即可成立的合同。通常认为，只要存货人与仓储保管人就仓储货物达成意思表示一致，仓储合同即告成立并生效，并不以仓储物的实际交付为生效要件。这是仓储合同区别于保管合同的又一显著特征。

2. 仓储合同是双务、有偿合同

由于仓储业是一种商业营业活动，因此，仓储合同的双方当事人互负给付义务，保管人提供仓储服务，存货人给付报酬和其他费用。这与一般的保管合同不同，因为保管合同既可有偿，也可无偿。

（四）仓储保管人必须具备从业资格

保管人必须是具有仓库营业资质的人，即具有仓储设施、仓储设备，专事仓储保管业务的人。简而言之，仓储合同的保管人，必须具有依法取得从事仓储保管业务的经营资格。

想一想

为什么仓储保管人必须具备从业资格？

（五）仓储合同涉及仓单

存货人的货物交付或返还请求权以仓单为凭证，仓单具有仓储物所有权凭证的作用。

 知识贴

保管合同与仓储合同的区别

1. 生效时间不同

仓储合同自成立之时即发生效力，保管合同在发生实际交付之时发生效力。

2. 有偿性方面不同

仓储合同是有偿合同，保管合同可以为无偿合同。

3. 标的物不同

仓储合同既可以是特定物也可以是种类物，保管合同必须是特定物。

三、仓储合同的种类

按照仓储合同发生的原因，仓储合同可分为一般仓储合同与指令性仓储合同。

按照仓储合同标的物的性质，仓储合同分为工业仓储合同、农业仓储合同、商业仓储合同与其他仓储合同。

按照不同仓储经营方式，仓储标的物是否为特定物或特定化的种类物以及仓储是否移转所有权，仓储合同可分为一般保管仓储合同、混藏式仓储合同、消费式仓储合同与仓库租赁合同。

（一）一般保管仓储合同

一般保管仓储合同是指仓库经营人提供完善的仓储条件，接受存货人的仓储物进行保管，在保管期满，将原先收保的仓储物原样交还给存货人而订立的仓储保管合同。该仓储合同的仓储物为确定物，保管人需原样返还。

保持储存物原状是一般保管仓储的经营特点。

（二）混藏式仓储合同

混藏仓储是指存货人将一定品质、数量的储存物交付给仓储经营人储存，在储存保管期限届满时，仓储经营人只需以相同种类、相同品质、相同数量的替代物返还的一种仓储经营方法。

混藏仓储主要适用于农业、建筑业、粮食加工等行业中品质无差别、可以准确计量的商品。

混藏式仓储是成本最低的仓储方式，且种类物混藏的方式便于统一仓储作业、统一养护、统一账务处理等管理。

(三) 消费式仓储合同

消费仓储是指存货人不仅将一定数量、品质的储存物交付仓储经营人储存，而且双方约定，将储存物的所有权也转移到仓储经营人处，在合同期届满时，仓储经营人以相同种类、相同品质、相同数量替代物返还的一种仓储经营方法。

消费式仓储最为显著的特点是仓储物所有权转移到保管人，自然地保管人需要承担所有人的权利和义务。

即问即答 >>>

消费式仓储最为显著的特点是什么？

(四) 仓库租赁合同

仓库租赁经营是通过出租仓库、场地，出租仓库设备，由存货人自行保管货物的仓库经营方式。

仓库租赁的经营特点：承租人具有特殊商品的保管能力和服务水平；以合同的方式确定租赁双方的权利和义务。

四、仓储合同的订立

(一) 仓储合同订立的原则

1. 平等的原则

合同当事人的法律地位平等，一方不得将自己的意志强加给另一方。当事人双方法律地位平等是合同订立的基础，是任何合同行为都需要遵循的原则。

2. 自愿与协商一致的原则

当事人依法享有自愿订立合同的权利，任何单位和个人不得非法干预。

协商一致是在自愿基础上寻求意思表示一致，寻求利益的结合点。仓储合同的订立只有在自愿和协商一致的基础上，才能最充分地体现出双方的利益，从而保证双方依约定履行合同。

3. 等价有偿的原则

当事人应当遵循公平原则确定各方的权利和义务。仓储合同是双务合同，合同双方都要承担相应的合同义务，享受相应的合同利益。

4. 合法和不损害社会公共利益

当事人订立、履行合同，应当遵守法律、行政法规，尊重社会公德，不得扰乱社会经济秩序，损害社会公共利益。当事人在订立合同时要严格遵守相关法律法规，不得发生侵犯国家主权、危害环境、超越经营权、侵害所有权等违法行为。

(二) 仓储合同的订立程序

1. 要约

要约即由存货方或保管方提出签约的建议，包括订约的要求和合同的主要内容。

2. 验资

企业法人代表（或委托法人）之间签订合同应出示有关证明法人资格的材料和资信证明。

3. 洽约

由法人授权的业务人员对要约方提出的合同条款逐条当面商定。

4. 审约

由有经验的专门人员审查合同条款是否符合法律、政策的规定，权利是否平等，条款是否严密，以防责任不明和签订"不平等条款"。

5. 定约

双方的法人代表（或授权的委托人）应在仓储保管合同文本上签字，并加盖公章或合同章。签章后合同即生效。

6. 履约

履约即对合同的履行。在履行合同时，各方承担各自的义务，并享有各自的权利。

五、仓储合同的形式

仓储合同为不要式合同，当事人可以协商采取任何形式。

（一）合同书

合同书是最常用的仓储合同形式，其主要内容包括合同名称、合同编号、合同条款和当事人签名。合同书的形式完整、内容全面、程序完备，有利于合同的订立、履行、留存和争议处理。

即问即答 >>>

最常用的仓储合同形式是什么？

（二）确认书

确认书是指合同双方通过口头、电话、传真、电子电文等形式达成一致后，由一方寄给另一方用以确认达成交易的书面证明。与合同书相比，确认书比较简单，其内容既可以列明合同的完整事项，也可以仅列合同的主要事项。

（三）格式合同

格式合同是指由保管人事先拟定，并在市场监管部门备案的合同，常用于仓储物品周转量大、批量小、批次多的仓储活动。在订立格式合同时，由仓储保管人填写仓储物、储存期、费用等主要事项，并直接签发，然后由存货人签认即可。

（四）计划表

计划表是指由存货人定期制订并交保管人执行的仓储计划。通常作为仓储合同的补充合同或执行合同。

想一想

为什么在格式合同中经常出现一些霸王条款？

六、仓储合同的主要条款

仓储合同应具备以下主要条款：

(1) 货物的品名或品类。
(2) 货物的数量、质量、包装。
(3) 货物验收的内容、标准、方法、时间。
(4) 货物保管条件和保管要求。
(5) 货物进出库手续、时间、地点、运输方式。
(6) 货物损耗标准和损耗的处理。
(7) 计费项目、标准和结算方式，银行账号，时间。
(8) 责任划分和违约处理。
(9) 合同的有效期限。
(10) 变更和解除合同的期限。

七、仓储合同的效力

（一）仓储合同的生效

1. 合同成立
合同成立是合同生效的前提，故合同成立必须具备以下条件：
(1) 订约主体必须存在两方以上的当事人。
(2) 当事人对合同必要条款达成合意。
(3) 合同的成立应当经过要约和承诺阶段。

2. 合同生效
依法成立是合同生效的必备要件，故合同生效必须具备以下条件：
(1) 合同当事人在缔结合同时必须具有相应的缔结合同的行为能力。
(2) 合同当事人订立合同时的意思表示必须真实。
(3) 合同不违反法律、行政法规的强制性规定，不损害社会公共利益。
(4) 合同的标的确定，履行可能，标的物合法。
(5) 合同必须具备法律所要求的形式。

（二）仓储合同的无效

1. 无效仓储合同的含义
无效仓储合同是指仓储合同虽然已经订立，但是因为违反了法律、行政法规或者公共利益，而被确认为无效。无效仓储合同具有违法性、不得履行性、自始无效性、当然无效性等特征。

2. 无效仓储合同的情形
(1) 一方以欺诈、胁迫手段订立合同，损害国家利益的仓储合同。
(2) 恶意串通，损害国家、集体或者第三人利益的仓储合同。
(3) 以合法形式掩盖非法目的的仓储合同。
(4) 损害社会公共利益的仓储合同。
(5) 违反法律、行政法规的强制性规定的仓储合同。

3. 无效仓储合同的处理
(1) 返还财产或折价补偿。
(2) 赔偿损失。
(3) 追缴财产。

（三）仓储合同的变更

仓储合同的变更是指对已经合法成立的仓储合同的内容在原来合同的基础上进行修改或者补充。仓储合同的变更并不改变原合同关系，是原合同关系基础上的有关内容的修订。

仓储合同的变更应具备下列条件：

（1）原仓储合同关系的客观存在。仓储合同的变更并不发生新的合同关系，变更的基础在于原仓储合同的存在以及其实质内容的保留。

（2）存货人与保管人必须就合同变更的内容达成一致。

（3）仓储合同的变更协议必须符合民事法律行为的生效要件。

（四）仓储合同的解除

仓储合同的解除是指仓储合同订立后，在合同尚未履行或者尚未全部履行时，一方当事人提前终止合同，从而使原合同设定的双方当事人的权利义务归于消灭。它是仓储合同终止的一种情形。

1. 解除的方式

（1）约定解除。约定解除是指由合同双方当事人协议解除合同的方式。

（2）法定解除。法定解除是指双方当事人根据法律规定的解除情形解除合同的方式。

2. 解除的要求

仓储合同中享有解除权的一方当事人在主张解除合同时，必须以通知的形式告知对方当事人。

合同解除后，因为仓储合同所产生的存货人和保管人的权利义务关系消灭，对于未履行的合同当然终止履行。

八、仓储合同双方当事人的权利和义务

（一）存货人的权利与义务

1. 存货人的权利

（1）查验，取样权。

（2）保管物的领取权。

（3）获取仓储物利息的权利。

2. 存货人的义务

（1）告知义务。

（2）妥善处理和交存货物。

（3）支付仓储费和偿付必要费用。

（4）及时提货。

（二）保管人的权利和义务

1. 保管人的权利

（1）收取仓储费的权利。

（2）保管人的提存权。

（3）验收货物的权利。

2. 保管人的义务

（1）提供合适的仓储条件。

（2）验收货物。

（3）签发仓单。

（4）合理化仓储。

（5）返还仓储物及其孳息的义务。

（6）危险告知义务。

九、仓储合同的范本

仓储合同范本

合同编号：_____

保管人：_____　　　签订地点：_____

存货人：_____　　　签订时间：____年____月____日

第一条　仓储物。

品名	规格	性质	数量	质量	包装	件数	标记

（注：空格如不够用，可以另接）

第二条　储存场所、储存物占用仓库位置及面积：_____。

第三条　仓储物（是/否）有瑕疵。瑕疵是：_____。

第四条　仓储物（是/否）需要采取特殊保管措施。特殊保管措施是：_____。

第五条　仓储物入库检验的方法、时间与地点：_____。

第六条　存货人交付仓储物后，保管人应当给付仓单。

第七条　储存期限：从____年____月____日至____年____月____日。

第八条　仓储物的损耗标准及计算方法：_____。

第九条　保管人发现仓储物有变质或损坏的，应及时通知存货人或仓单持有人。

第十条　仓储物（是/否）已办理保险，险种名称：_____；保险金额：_____；保险期限：_____；保险人名称：_____。

第十一条　仓储物出库检验的方法与时间：_____。

第十二条　结算方式与时间：_____。

第十三条　储存期间届满，存货人或者仓单持有人应当凭仓单提取仓储物。存货人或者仓单持有人逾期提取的，应当加收仓储费，具体如下：_____；提前提取的，不减收仓储费。

第十四条　存货人未向保管人支付仓储费的，保管人（是/否）可以留置仓储物。

第十五条　存货人违约责任：_____。

保管人违约责任：_____。

第十六条　合同争议的解决方式：本合同项下发生的争议，由双方当事人协商解决或申请调解解决；协商或调解不成的，按下列第_____种方式解决：（只能选择一种）

（一）提交_____仲裁委员会仲裁；

(二) 依法向人民法院起诉。

第十七条　其他约定事项：_____。

保管人：_____　　　存货人：_____

保管人（章）：_____　　　存货人（章）：_____

地址：_____　　　地址：_____

法定代表人：_____　　　法定代表人：_____

委托代理人：_____　　　委托代理人：_____

开户银行：_____　　　开户银行：_____

账号：_____　　　账号：_____

邮政编码：_____　　　邮政编码：_____

任务三　仓　　单

微课视频：
仓单

一、仓单的概念

仓单是指仓储保管人在与存货人签订仓储保管合同的基础上，按照行业惯例，以表面审查、外观查验为一般原则，对存货人所交付的仓储物品进行验收之后出具的权利凭证。（国家标准《物流术语》GB/T 18354—2021）

《民法典》第九百零八条规定：存货人交付仓储物的，保管人应当出具仓单、入库单等凭证。

二、仓单的性质

（一）仓单是有价证券

仓单是提取仓储物的凭证。存货人或者仓单持有人在仓单上背书并经保管人签字或者盖章的，可以转让提取仓储物的权利。

可见，仓单表明存货人或者仓单持有人对仓储物的交付请求权，故为有价证券。

（二）仓单是要式证券

仓单须经保管人签名或者盖章，且须具备一定的法定记载事项，故为要式证券。

（三）仓单是物权证券

仓单上所载仓储物的移转，自移转仓单始发生所有权转移，故仓单为物权证券。

（四）仓单是文义证券

文义证券是指证券上权利义务的范围以证券的文字记载为准。仓单的记载事项决定当事人的权利义务，当事人须依仓单上的记载主张权利义务，故仓单为文义证券，不要因证券。

（五）仓单是自付证券

仓单是由保管人自己填发的，又由自己负担给付义务，故仓单为自付证券。

即问即答 >>>

仓单可以转让吗？

三、仓单的内容

仓单由保管人提供。仓储经营人准备好仓单簿，仓单簿为一式两联：第一联为仓单，在签发后交给存货人；第二联为存根，由保管人保存，以便核对仓单。

《民法典》第九百零九条规定：保管人应当在仓单上签名或者盖章。仓单包括下列事项：

(1) 存货人的姓名或者名称和住所。
(2) 仓储物的品种、数量、质量、包装及其件数和标记。
(3) 仓储物的损耗标准。
(4) 储存场所。
(5) 储存期限。
(6) 仓储费。
(7) 仓储物已经办理保险的，其保险金额、期间以及保险人的名称。
(8) 填发人、填发地和填发日期。

四、仓单的功能

（一）保管人承担责任的证明

仓单的签发意味着仓储保管人接管仓储物，对仓储物承担保管责任，保证在仓储期满向仓单持有人交还仓单上所记载的仓储物，并对仓储物在仓储期间发生的损害或灭失承担赔偿责任。

（二）物权证明

仓单作为提货的凭证就意味着合法获得仓单的仓单持有人具有该仓单上所记载的仓储物的所有权。

（三）物权交易

仓储物交给仓储保管人保管后，保管人占有仓储物，但是仓储物的所有权仍然属于存货人，存货人有权依法对仓储物进行处理，可以转让仓储物，这是存货人行使所有权的权利。

（四）金融工具

由于仓单所具有的物权功能，仓单也代表着仓储物的价值，成为有价证券。因其所代表的价值可以作为一定价值的担保，因而仓单可以作为抵押、质押、财产保证的金融工具和其他的信用保证。

仓单的功能是什么？

五、仓单的实务

（一）仓单的签发

仓单由保管人向存货人签发，存货人要求保管人签发仓单时，保管人必须签发仓单。经保管人签署的仓单才能生效。

（二）仓单份数

仓储保管人只签发一式两份仓单，一份为正式仓单，交给存货人；另一份为存根底单，由保管人保管。仓单副本则根据业务需要复制相应份数，但需注明为"副本"。

（三）仓单的分割

仓单的分割不仅只是单证的处理，还意味着保管人需要对仓储物进行分劈，且达成对残损、地脚货的分配协议并对分割后的仓单持有人有约束力。分割后仓单仓储物总和数与仓储物总数相同，保管人对已签发出的仓单进行分割，必须将原仓单收回。

（四）仓单转让

《民法典》第九百一十条规定：存货人或者仓单持有人在仓单上背书并经保管人签名或者盖章的，可以转让提取仓储物的权利。

仓单转让生效的条件为：背书过程完整，经保管人签署。

1. 背书转让方法

作为记名单证，仓单的转让采取背书转让的方式进行。背书转让的出让人为背书人，受让人为被背书人。背书格式为：

兹将本仓单转让给×××（被背书人的完整名称）

×××（背书人的完整名称）

背书经办人签名、日期

2. 保管人签署

存货人将仓单转让，意味着保管人需要对其他人履行仓储义务，保管人与存货人订立仓储合同的意境和氛围都因仓单的转让发生了改变，保管人对仓单受让人履行仓单义务需要了解义务对象的变化，对仓单受让人行使仓单权利也需要对债务人有足够的信任，因而需要对仓单的转让给予认可。所以仓单的转让需要保管人签署，受让人方可凭单提取仓储物。

（五）凭单提货

在保管期满或者保管人同意的提货时间，仓单持有人向保管人提交仓单并出示身份证明，经保管人核对无误后，保管人给予办理提货手续。

1. 核对仓单

保管人核对提货人所提交的仓单和存底仓单，确定仓单的真实性；查对仓单的背书完整，过程衔接；核对仓单上的存货人或者被背书人与其所出示的身份证明一致。

2. 提货人缴纳费用

如果仓单记载由提货人缴纳仓储费用的，提货人按约定支付仓储费；根据仓储合同约定并记载在仓单上的仓储物在仓储期间发生的仓储人的垫费、所有人利益的支出、对仓储人或其他人所造成的损害赔偿等费用核算准确并要求提货人支付。

3. 保管人签发提货单证并安排提货

保管人收取费用、收回仓单后，签发提货单证，安排货物出库准备。

4. 提货人验收仓储物

提货人根据仓单的记载与保管人共同验收仓储物，签收提货单证，收取仓储物。如果查验时发现仓储物状态不良，应现场编制记录，并要求保管人签署，必要时申请商品检验，以备事后索赔。

（六）仓单灭失的提货

仓单因故损毁或失灭，将会出现无单提货的现象。原则上提货人不能提交仓单，保管人不能交付货物，无论对方是合同订立人还是其他人。因为保管人签发出仓单就意味着承认只能对仓单承担交货的责任，不能向仓单持有人交付存储物就需要给予赔偿。仓单灭失的提货方法如下。

1. 通过人民法院的公示催告使仓单失效

仓单灭失后，可依据《中华人民共和国民事诉讼法》的相关规定，由原仓单持有人申请人民法院对仓单进行公示催告。当催告期满且无人提出异议时，人民法院就可以判决仓单失效。自判决公告之日起，申请人便可以向被告人提取物品了。

2. 提供担保提货

保管人应要求存货人提供与仓储物价值相当的担保，并掌握担保财产或担保金，然后准予存货人提货。若直至已经灭失的仓单失效，仍无人出示仓单提货，方可解除担保。

> **想一想**
> 仓单灭失后如何处理？

（七）不记名仓单

如果保管人和存货人达成协议，由保管人签发不记名提单，则所签发的仓单的存货人一项可以为空白。不记名仓单在转让时无须背书，存期届满由持有人签署，并出示同样的身份证明就能提货。不记名仓单不能提前提货。使用不记名仓单的存货人和保管人双方都存在一定的风险。仓储保管人不能控制仓单的转让，也不知道将来要向谁交货，仓单持有人遗失仓单就等于遗失仓储物。

六、仓单质押

（一）仓单质押的意义

仓单质押是以仓单为标的物而成立的一种质权。仓单质押贷款是指货主企业凭仓库开具的仓单向银行申请贷款，银行根据货物的价值向货主企业提供一定比例的贷款，同时，仓库代为监管。仓单质押的意义在于：

（1）对于货主企业而言，利用仓单质押向银行贷款，可以解决企业经营融资问题，争取更多的流动资金周转，达到实现经营规模扩大和发展、提高经济效益的目的。

（2）对于银行等金融机构而言，开展仓单质押业务可以增加放贷机会，培育新的经济增长点；又因为有了仓单所代表的货物作为抵押，贷款的风险大大降低。

（3）对于仓储企业而言，一方面可以利用能够为货主企业办理仓单质押贷款的优势，吸引更多的货主企业进驻,保有稳定的货物存储数量,提高仓库空间的利用率;另一方面又会促进仓储企业不断加强基础设施的建设,完善各项配套服务,提升企业的综合竞争力。

(二)仓单质押的模式

仓单融资在实践中有多种做法,为了满足企业的需求,便利企业融资和经营,银行也在不断创新,不断在仓单融资模式的基础上拓展新的融资模式。目前,国内外金融机构的仓单融资模式主要有:

(1)仓单质押贷款的基本模式。
(2)异地仓库仓单质押贷款。
(3)保兑仓融资模式。
(4)统一授信的担保模式。

(三)仓单质押的实施风险及防范

1. 客户(货主企业)资信风险

在选择客户时一定要谨慎,要重点考察企业的经营能力和信用状况。

2. 质押商品的种类要有一定的限制

要选择适用广泛、易于处置、价格涨跌幅度不大、质量稳定的品种,如黑色金属、有色金属、大豆等,同时还要考察货物来源的合法性,对于走私货物和违禁物品要及时举报。

3. 要加强对仓单的管理

目前,我国使用的仓单还是由各家仓库自己设计的,形式很不统一,因此要对仓单进行科学的管理,使用固定的格式,按制定方式印刷;同时派专人对仓单进行管理,严防操作失误和内部人员作案,保证仓单的真实性、唯一性和有效性。

4. 要加强对质押货物的监督管理

仓储企业在开展仓单质押业务时,一般要与银行签订"不可撤销的协助行使质押权保证书",对质押货物的保管负责,丢失或损坏由仓库承担责任。因此,为了维护自身利益和履行对银行的承诺,仓储企业要加强对质押货物的监管,保证仓单与货物货单一致,手续完备,货物完好无损。

5. 要注意提单风险

对于同一仓单项下的货物在不同时间提取的情况,要依据货主和银行共同签署的"专用仓单分提单"释放,同时按照仓单编号、日期、金额等要素登记明细台账,每释放一笔,就要在相应仓单下做销账记录。

仓单质押的操作要点

由于仓单质押业务涉及仓储企业、货主和银行三方的利益,因此要有一套严谨、完善的操作程序。

首先货主(借款人)与银行签订《银企合作协议》《账户监管协议》;仓储企业、货主和银行签订《仓储协议》;同时仓储企业与银行签订《不可撤销的协助行使质押权保证书》。

货主按照约定数量送货到指定的仓库,仓储企业接到通知后,经验货确认后开立专用仓单;货主当场对专用仓单做质押背书,由仓库签章后,货主交付银行,提出仓单质押贷款申请。

银行审核后,签署贷款合同和仓单质押合同,按照仓单价值的一定比例放款至货主在银行开立的监管账户。

仓储管理实务

贷款期内实现正常销售时，货款全额划入监管账户，银行按约定根据到账金额开具分提单给货主，仓库按约定要求核实后发货；贷款到期归还后，余款可由货主（借款人）自行支配。

项目小结

1. 仓储商务管理是指仓储经营者对仓储商务所进行的计划、组织、指挥和控制活动。

2. 仓储合同也称为仓储保管合同，是指仓储保管人储存存货人交付的仓储物，存货人支付仓储费的合同。具有仓储的货物所有权不发生转移，仓储合同的保管对象必须是动产，仓储合同是诺成、双务、有偿合同，仓储保管人必须具备从业资格等特点。

3. 仓储合同的订立包括订立的原则和程序。仓储合同的形式包括合同书、确认书、格式合同和计划表。仓储合同的主要条款包括货物的品名或品类、数量、质量、包装，货物验收的内容、标准、方法、时间，货物保管条件和保管要求等。

4. 仓储合同的效力包括仓储合同的生效、无效、变更和解除。仓储合同双方当事人具有各自的权利和义务。

5. 仓单是保管人在与存货人签订仓储保管合同的基础上，对存货人所交付的仓储物进行验收之后出具的物权凭证。

6. 仓单实务包括仓单的签发、仓单份数、仓单的分割、仓单转让、凭单提货、仓单灭失的提货、不记名仓单。

学习评价			
学生自评（50分）	知识巩固与提高（30分）	客观题（15分）	主观题（15分）
	学以致用（20分）	分析准确合理（20分）	分析一般（10分）
小组评价（30分）	团队合作（10分）	沟通协调（10分）	成果展示（10分）
教师评价（20分）	团队合作（10分）	知识掌握程度（5分）	成果汇报（5分）
总分			

项目八 库存控制

学习目标

知识目标

1. 了解库存控制的含义、类型与作用；
2. 理解 MRP 库存控制法、JIT 库存控制法；
3. 掌握库存成本的构成；
4. 掌握 ABC 分类法、CVA 法、定量订货法和定期订货法。

能力目标

1. 具备分析库存成本的能力；
2. 具备运用 ABC 分类法控制库存的能力；
3. 具备灵活运用定量订货法、定期订货法控制库存的能力。

素质目标

1. 培养成本意识和节约意识；
2. 具有信息处理的能力；
3. 具有良好的职业道德与团结协作的能力。

案例导入

戴尔的零库存

戴尔的库存时间比联想少 18 天，效率比联想高 90%，当客户把订单传至戴尔信息中心后，由控制中心将订单分解为子任务，并通过 Internet 和企业间信息网分派给上游配件制造商。各制造商按电子配件生产组装，并按控制中心的时间表供货。

戴尔的零库存是建立在对供应商库存的使用或者借用的基础上，并形成 3% 的物料成本优势。戴尔的低库存是因为它的每一个产品都是有订单的，通过成熟网络，每 20 秒就整合一次订单。

"零库存"并不意味着没有库存。像戴尔这样的组装企业，没有库存意味着无法生存。只不过戴尔的库存很低，周转很快，并且善于利用供应商库存，所以其低库存被归纳为"零库存"，这只是管理学上导向性的概念，不是企业实际操作中的概念。经过充分的传播，戴尔的名声已经与"零库存"相联系，所以很多人一提起戴尔，马上就想起了零库存。

戴尔不懈追求的目标是降低库存量。21 世纪初期，戴尔公司的库存量相当于 5 天的出货量，康柏的库存天数为 26 天，一般 PC 机厂商的库存时间为 2 个月，而中国 IT 巨头联想集团是 30 天。戴尔公司分管物流配送业务的副总裁迪克·亨特说，高库存一方面意味着占有更多的资金，另一方面意味着使用了高价物料。戴尔公司的库存量只相当于一个星期的出货量，而别的公司库存量相当于四个星期的出货量，这意味着戴尔拥有 3% 的物料成本优势，反映到产品低价就是

2%或3%的优势。

　　戴尔的零库存是建立在对供应商库存的使用或者借用的基础上。在厦门设厂的戴尔,自身并没有零部件仓库和成品仓库。零部件实行供应商管理库存(VMI),并且要以戴尔订单情况的变化而变化。比如3月5日戴尔的订单是9 000台电脑,3月6日是8 532台电脑等,每天的订单量不一样,要求供应商的送货量也不一样。戴尔订单的数量不确定,则对供应商配件送货的要求也是可变的。对15英寸显示屏和18英寸显示屏的需求组合是不同的,如3月5日的显示屏需求组合是(5 000+4 000),3月6日的需求组合是(4 000+5 000),等等。超薄显示屏和一般显示屏的需求组合变化也是一样的。所以,戴尔的供应商需要经常采取小批量送货,有时送3 000个,有时送4 000个,有时天天送货,订单密集时需要一天送几次货,一切从需求出发。为了方便给戴尔送货,供应商在戴尔工厂附近租赁仓库,用来存储配件,以保障及时完成送货。这样,戴尔的零库存建立在供应商的库存或者精确配送能力的基础上。戴尔通过对供应商库存的充分利用来降低自己的库存,并把主要精力放在凝聚订单上。而戴尔公司的成品管理则完全采取订单式,用户下单,戴尔组装送货。由于戴尔采取了以VMI、CRM等信息技术为基础的订单制度,在库存管理方面基本上实现了完全的零库存。

　　有专家说:戴尔的"零库存"是基于供应商"零距离"之上。供应商承担了戴尔公司的库存风险,而且要求戴尔与供应商之间要有及时、频繁的信息沟通与业务协调。而直接模式同样不可避免地遇到"库存"问题。戴尔所谓要"摒弃库存"其实是一种导向,绝对的零库存是不存在的。库存问题的实质是:既要千方百计地满足客户的产品需求,又要尽可能地保持较低的库存水平,只有供应链居于领导地位的厂商才能做到,戴尔就是这样的企业。与联想相比,戴尔在库存管理方面具有优势;在与零部件供应商的协作方面,也具有优势。"以信息代替存货",在很多其他厂商看来是不可能的,但在戴尔却是实际存在的。

思维导读

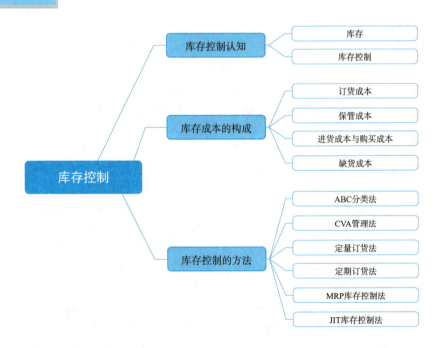

项目八 库存控制

任务一 库存控制认知

微课视频：库存控制与库存成本构成

一、库存

（一）库存的含义

库存是指储存作为今后按预定的目的使用而处于备用或非生产状态的物品。广义的库存还包括处于制造加工状态和运输状态的物品。（国家标准《物流术语》GB/T 18354—2021）

（二）库存的类型

库存可以从物品的用途、存放地点、来源、所处状态等几个方面来进行分类。最常见的是从企业经营过程的角度将库存分为以下七种类型。

1. 经常库存

经常库存是指在正常的经营环境下，企业为满足日常需要而建立的库存。这种库存随着每日的需要不断减少，当库存降低到某一水平时（如订货点），就要按一定的规则反复进行订货来补充库存。

2. 安全库存

安全库存是指用于应对不确定性因素而准备的缓冲库存。（国家标准《物流术语》GB/T 18354—2021）

> **想一想**
> 为什么安全库存在进行决策时要比经常库存更难？

3. 季节性库存

季节性库存是指为了满足特定季节出现的特定需要而建立的库存，或指对季节性出产的原材料在出产的季节大量收购所建立的库存。

4. 促销库存

促销库存是指为了解决企业促销活动引起的预期销售增加而建立的库存。

5. 投机库存

投机库存是指为了避免因物资价格上涨造成损失或为了从物资价格上涨中获利而建立的库存。

6. 闲置库存

闲置库存是指这样一组物品，它们在某些具体的时期内不存在需求。这种库存可能在整个公司中或者仅仅在库存存储的地方已不再使用了。

7. 生产加工和运输过程的库存

生产加工过程的库存是指在处于加工状态以及为了生产的需要暂时处于储存状态的零部件、半成品或成品。运输过程的库存是指处于运输状态或为了运输的目的而暂时处于储存状态的物品。

（三）库存的作用

1. 满足顾客需求

企业只有维持一定的物品库存，才能满足顾客的购买需求，使顾客能够很快采购到他们所需的物品，减少顾客的等待时间，这样企业才能在激烈的市场竞争中争取到更多的顾客。

2. 维持生产稳定

库存可以起到维持生产稳定的作用。外部市场需求快速多变、变幻无常，表现出需求不稳定，而企业组织内部又要求生产均衡，就必须保持一定量的库存。

3. 降低采购成本

订货需要付出费用，这笔费用若摊在一件物品上将是很高的，如果以一定批量进行采购，分摊在每件物品上的订货费用就会降低，这也是造成库存的原因。同时，对生产过程而言，采取批量加工可以分摊调整准备费用，虽然批量生产也会造成库存。

4. 防止缺货

维持一定量库存可以防止货物短缺。为了应对人为的和自然的突发事件，小到一个企业，大到一个国家，必须要有储备。

5. 避免价格上涨

企业可以对有涨价可能的物品加大库存量，也会通过加大订货量获取数量折扣。

但是过多的物品库存会导致企业成本升高，占用大量资金，同时也会掩盖某些管理中的问题。

二、库存控制

（一）库存控制的含义

库存控制又称库存管理，是指在保障供应的前提下，使库存物品的数量合理所进行的有效管理的技术经济措施。

从现代物流管理的仓储角度看，持有库存可以使企业获得规模经济性以及好的客户服务水平，但库存是企业付出的高代价投资。因此库存管理是仓储管理领域所面临的一个重要问题。

（二）库存控制的目标

1. 保障生产供应

库存的基本功能是保证生产活动的正常进行，保证企业经常维持适度的库存，避免因供应不足而出现的生产中断。

2. 控制生产系统的工作状态

精心设计的生产系统，均存在一个正常的工作状态。生产系统中的库存，特别是物品的数量，与该系统所设定的物品数量接近。

3. 降低生产成本

控制生产成本是生产管理的重要任务之一，无论生产过程中的物品消耗，还是生产过程中的流动资金占用，均与生产系统的库存控制有关。因此，必须采取有效的库存控制方法，减少库存量，提高物品的周转率。

任务二　库存成本的构成

库存成本是指为取得和维持一定规模的存货所发生的各种费用的总和，由订货成本、保管成本、进货成本与购买成本、缺货成本等构成。

一、订货成本

订货成本是指企业为了实现一次订货而进行的各种活动的费用,包括处理订单的差旅费、办公费、信息费、订单处理费等。订货成本包括固定成本和变动成本两部分,其中订货成本中与订货次数无关的那部分成本,称为订货的固定成本,如常设机构的基本开支;订货成本中与订货次数有关的那部分成本,称为订货的变动成本,如差旅费、信息费等。

订货成本的特点:在一次订货中,订货成本与订货量的多少无关。

想一想

在一次订货中,为什么订货成本与订货量的多少无关?

二、保管成本

保管成本是指在保管过程中为保管物品而发生的全部费用。包括装卸搬运费、堆码费、水电费、工资、货损货差、利息等。

确定保管成本的方法:一是直接计算单位物品的保管成本;二是先计算保管费率,然后再乘以库存物品的价值。

保管成本的特点:保管成本与被保管物品数量的多少和保管时间的长短有关。

三、进货成本与购买成本

进货成本是指在进货途中为进货所花费的全部支出,即运杂费,包括运费、包装费、装卸费、租赁费等。

购买成本即购买物品的原价。它们的特点:当订货的数量与地点确定后,总的购买成本和总的进货成本确定不变,不会随进货量的变化而变化,也即进货成本、购买成本与订货数量无关,批量大小都不会影响其总购买成本和总进货成本。因此,进货成本与购买成本是固定成本,而订货成本、保管成本和缺货成本是可变成本。

即问即答 >>>

进货成本、购买成本、订货成本、保管成本和缺货成本中哪些是固定成本?哪些是变动成本?

四、缺货成本

缺货成本是由于存货不足而造成的损失,包括原材料供应中断造成的停工损失,产成品库存缺货造成的延迟发货损失和丧失销售机会的损失等。

任务三 库存控制的方法

一、ABC 分类法

(一)ABC 分类法的含义

ABC 分类法是将库存物品按照设定的分类标准和要求分为特别重要的库存

微课视频:
ABC 与 CVA

（A 类）、一般重要的库存（B 类）和不重要的库存（C 类）三个等级，然后针对不同等级分别进行控制的管理方法。（国家标准《物流术语》GB/T 18354—2021）

（二）ABC 分类法的原理

1906 年，意大利经济学家帕累托提出社会财富的 80% 掌握在 20% 的人手中，而余下的 80% 的人只占有 20% 的财富。这一现象被概括为"关键的少数和次要的多数"。他把这种现象描绘成一条曲线，这就是著名的帕累托曲线。后发现这一理论同样适用于库存管理，将库存物品按所占资金分类，分别采取不同的管理办法，尤其对重点物品实行重点管理原则，取得了很高成效。

ABC 分类法的基本原理是对企业库存按其重要程度、价值高低、资金占用或消耗数量等分类、排序、以分清主次、抓重点，并分别采用不同的控制方法。其要点是从中找出关键的少数（A 类）和次要的多数（B 类和 C 类），并对关键的少数进行重点管理，已达到事半功倍的效果。

（三）ABC 分类法的步骤

1. 收集数据
收集各种物品的价值、重要性、品种、库存数量等相关数据，为统计分析做准备。

2. 统计汇总
对收集的数据进行整理、计算。当物品种类较少时，以每一种库存物品为单元统计物品的价值；当种类较多时，可将库存物品种类采用按价值大小逐步递增的方法分类，分别计算出各范围内所包含的库存数量和价值。

3. 编制 ABC 分类表
在品目或品种不太多的情况下，可以用大排队的方法将全部品目或品种逐个列表，按物品价值的大小，由高到低对所有品目或品种按顺序排队，将收集和统计汇总的数据，如品目数或品种数、数量百分比、物品价值、价值百分比等填入表中，计算出累计品目或品种百分比和累计价值百分比，对库存物品进行分类。

4. 绘制 ABC 分析图
以累计品目或品种百分比为横坐标，以累计价值或资金占用百分比为纵坐标，绘制 ABC 分析图。

5. 确定库存管理策略
根据分析结果，对 A、B、C 类采取不同的管理策略。

（四）ABC 分类法的应用

例：某企业仓库现有 20 个物品，各个物品的数量、单价如表 8-1 所示。

表 8-1 某企业物品数量、单价

物品代号	数量/件	单价/元
物品 A	1 000	30
物品 B	500	20
物品 C	1 000	960
物品 D	500	360
物品 E	200	200

续表

物品代号	数量/件	单价/元
物品 F	600	20
物品 G	60	300
物品 H	440	1 000
物品 I	250	20
物品 J	400	300
物品 K	100	40
物品 L	150	40
物品 M	290	100
物品 N	200	300
物品 O	1 000	20
物品 P	250	100
物品 Q	200	110
物品 R	150	100
物品 S	100	10
物品 T	150	20

解：计算各物品的金额，按金额的大小从高到低进行排序，如表 8-2 所示。

表 8-2　金额排序

序号	物品代号	数量/件	单价/元	金额/万元
1	物品 C	1 000	960	96
2	物品 H	440	1 000	44
3	物品 D	500	360	18
4	物品 J	400	300	12
5	物品 N	200	300	6
6	物品 E	200	200	4
7	物品 A	1 000	30	3
8	物品 M	290	100	2.9
9	物品 P	250	100	2.5
10	物品 Q	200	110	2.2
11	物品 O	1 000	20	2
12	物品 G	60	300	1.8
13	物品 R	150	100	1.5
14	物品 F	600	20	1.2

续表

序号	物品代号	数量/件	单价/元	金额/万元
15	物品 B	500	20	1
16	物品 L	150	40	0.6
17	物品 I	250	20	0.5
18	物品 K	100	40	0.4
19	物品 T	150	20	0.3
20	物品 S	100	10	0.1
合计		7 540		200

计算各物品的品种百分比、累计百分比，资金占用百分比、累计百分比，如表8-3所示。

表 8-3 ABC 分类

序号	物品代号	金额/万元	品种百分比/%	品种累计百分比/%	资金占用百分比/%	资金占用累计百分比/%	分类
1	物品 C	96	5	5	48	48	A
2	物品 H	44	5	10	22	70	A
3	物品 D	18	5	15	9	79	B
4	物品 J	12	5	20	6	85	B
5	物品 N	6	5	25	3	88	B
6	物品 E	4	5	30	2	90	B
7	物品 A	3	5	35	1.5	91.5	C
8	物品 M	2.9	5	40	1.45	92.95	C
9	物品 P	2.5	5	45	1.25	94.2	C
10	物品 Q	2.2	5	50	1.1	95.3	C
11	物品 O	2	5	55	1.0	96.3	C
12	物品 G	1.8	5	60	0.9	97.2	C
13	物品 R	1.5	5	65	0.75	97.95	C
14	物品 F	1.2	5	70	0.6	98.55	C
15	物品 B	1	5	75	0.5	99.05	C
16	物品 L	0.6	5	80	0.3	99.35	C
17	物品 I	0.5	5	85	0.25	99.6	C
18	物品 K	0.4	5	90	0.2	99.8	C
19	物品 T	0.3	5	95	0.15	99.95	C
20	物品 S	0.1	5	100	0.05	100	C
合计		200	100		100		

ABC 分类结果如表 8-4 所示。

表 8-4　ABC 分类结果

分类	序号	品种所占比重/%	资金占用所占比重/%
A	1，2	10	70
B	3，4，5，6	20	20
C	其余	70	10

以累计品目或品种百分比为横坐标，以累计价值或资金占用百分比为纵坐标，绘制 ABC 分析图，如图 8-1 所示。

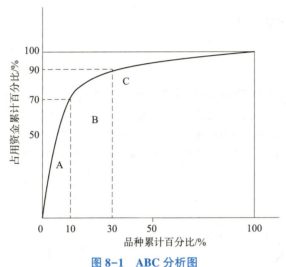

图 8-1　ABC 分析图

根据分析结果，对 A、B、C 类采取不同的管理策略，如表 8-5 所示。

表 8-5　库存管理策略

库存类型	分类标准	管理策略
A	品目或品种数占 10%，价值或资金占用占 70%	重点管理。采取定期订货的方法，定期盘点库存，尽量减少安全库存，必要时采取紧急补货
B	品目或品种数占 20%，价值或资金占用占 20%	次重点管理。采取以定量订货法为主，辅以定期订货法，适当提高安全库存
C	品目或品种数占 70%，价值或资金占用占 10%	一般管理。采用较高的安全库存，减少订货次数，隔较长时间检查一次库存

二、CVA 管理法

CVA 管理法，又称关键因素分析法。CVA 管理法比 ABC 分类法有更强的目的性。

有些管理者发现，使用 ABC 分类法并不令人满意，因为 C 类物资往往得不到应有的重视。例如，经销鞋的企业会把鞋带列入 C 类物资，但是如果鞋带短缺将会严重影响到鞋的销售。一家汽车制造厂商会把螺丝列入 C 类物资，但缺少一个螺丝往往会导致整个生产链的停工。因此，有些企业采用关键因素分析（Critical Value Analysis，CVA）法。

CVA 管理法的基本思想是把存货按照其关键性分为 3~5 类，如表 8-6 所示。

表 8-6 CVA 管理法的基本思想

类型	特点	管理策略
最高优先级	经营活动的关键性物资，或 A 类存货	不允许缺货
较高优先级	经营活动的基础物资，或 B 类存货	允许偶尔缺货
中等优先级	比较重要的物资，或 C 类存货	允许合理范围内缺货
较低优先级	经营中需用物资，但可替代性高	允许缺货

即问即答 >>>

中等优先级的管理策略是什么？

三、定量订货法

微课视频：
定量订货法与
定期订货法

定量订货法是指当库存量下降到预定的库存数量（订货点）时，立即按一定的订货批量进行订货的一种方式。（国家标准《物流术语》GB/T 18354—2021）

当库存量下降到订货点时，即按预先确定的订购量发出订货单，经过订货期、交货周期，库存量继续下降，到达安全库存量时，收到订货，库存水平上升，如图 8-2 所示。

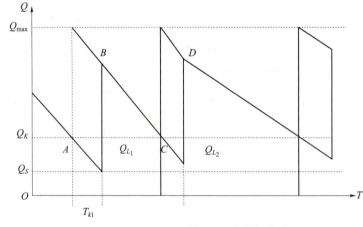

Q_K——订货点
Q_S——安全库存量
Q_{max}——最高库存量
Q——订货批量
T_k——提前期

图 8-2 定量订货法

（一）订货点的确定

在定量订货法中，发出订货时仓库里该品种保有的实际库存量叫作订货点。它是直接控制库存水平的关键。

影响订货点的因素有三个：订货提前期、平均需求量、安全库存。

（1）在需求为固定、均匀和订货交货期不变的情况下，订货点的公式为：

订货点 = 订货提前期的平均需求量
　　　 = 每个订货提前期的需求量
　　　 = 每天需求量×订货提前期（天）
　　　 = 订货提前期(天)×(全年需求量/360)

（2）在需求量和订货提前期都不确定的情况下，安全库存的设置是非常必要的，公式为：

订货点 = 订货提前期的平均需求量 + 安全库存量

= （平均需求量×最大订货提前期）+ 安全库存

即问即答 >>>

影响订货点的因素是什么？

（二）经济订货批量（EOQ）

经济订货批量（EOQ）是指通过平衡采购进货成本和保管仓储成本核算，以实现总库存成本最低的最佳订货批量。（国家标准《物流术语》GB/T 18354—2021）

1. EOQ 的假设条件

EOQ 基本模型的应用需要以下假设条件：

（1）需求量已知。

（2）库存的需求率为常量。

（3）订货提前期不变。

（4）订货费与订货批量无关。

（5）所有费用是库存量的线性函数。

（6）全部订货一次交付。

（7）无数量折扣。

2. EOQ 基本模型的原理

EOQ 基本模型的原理在于控制订货批量，使库存总成本最小。

3. EOQ 基本模型的计算公式

EOQ 基本模型主要研究订货成本、保管成本、物品成本与订货批量的关系，成本与订货批量的关系曲线如图 8-3 所示。

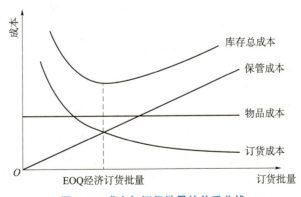

图 8-3　成本与订货批量的关系曲线

$$TC = D \times P + \frac{D}{Q} \times C + K \times \frac{Q}{2}$$

$$EOQ = \sqrt{\frac{2CD}{K}} = \sqrt{\frac{2CD}{PF}}$$

式中　TC——年总成本；

D——年需求量；

P——单位物品的购入价格；

Q——批量或订货量；

C——每次订货成本；

K——单位物品年保管成本；

F——年保管费率；

$Q/2$——年平均储存量；

EOQ——经济订货批量。

年订货成本：$(D/EOQ) \times C$

年保管成本：$K \times (EOQ/2)$

年订货次数 $N = D/EOQ$

平均订货间隔周期 $T = 360/N = 360(EOQ/D)$

例：某企业每年需采购儿童服装 8 000 件，每套服装的定价是 100 元，每次订货成本是 30 元。每件商品的年存储成本是 3 元/件。求经济订货批量、年订购次数和预期每次订货时间间隔各为多少？（每年按 360 天计算）

解：

$$EOQ = \sqrt{\frac{2CD}{K}} = \sqrt{\frac{2 \times 30 \times 8\,000}{3}} = 400 \text{（件）}$$

年订货次数 $N = D/EOQ = 8\,000/400 = 20$（次）

平均订货间隔周期 $T = 360/N = 360/20 = 18$（天）

（三）定量订货法的适用范围

因为定量订货法订货数量固定，所以具有管理方便、便于采用经济订货批量进行订货等优点，同时也具有不便于严格管理、事前计划比较复杂等缺点，因此该方法有一定的适用范围，通常在以下几种情况下采用：

（1）单价比较便宜，不便于少量订货的物品，如螺栓、螺母等。

（2）需求预测比较困难的维修材料。

（3）品种数量繁多、库房管理事务量大的物品。

（4）消费量计算复杂的物品。

（5）通用性强、需求量比较稳定的物品等。

四、定期订货法

定期订货法是指按预先确定的订货间隔期进行订货的一种方式。（国家标准《物流术语》GB/T 18354—2021）

定期订货法的原理是预先确定一个订货周期和最高库存量，周期性地检查库存，根据最高库存量、实际库存、在途库存和待出库货品数量，计算出每次订货量，发出订货指令、组织订货，如图 8-4 所示。

（一）确定订货周期

订货周期实际上就是定期订货法中的订货点，其间隔时间总是相等的。订货周期的长短直接决定最高库存量的大小，即库存水平的高低，进而也决定了库存成本的多少。所以订货的周期不能太长，否则会使库存成本上升；也不能太短，太短会增加订货次数，使订货费用增加，进而

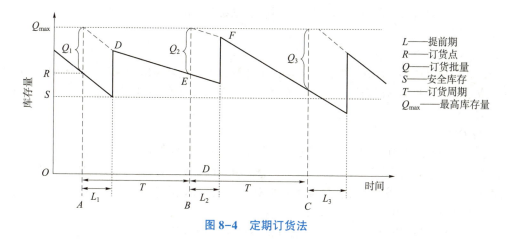

图8-4 定期订货法

增加库存总成本。从费用角度出发,如果要使总费用达到最低,可以借用经济订货批量的成本计算公式,确定使库存成本最低的经济订货周期。

(二)确定最高库存量

定期订货法的最高库存量是为了在满足订货周期和订货提前期的需求外,考虑到不确定因素,增加一个安全库存。因此,最高库存量由两部分组成。一部分是订货周期和订货提前期的平均需求量,另一部分是为防止随机性需求而设置的安全库存量。最高库存量的计算公式为:

最高库存量=平均需求量(需求速率)×(订货周期+订货提前期)+安全库存量

(三)确定订货批量

定期订货法每次的订货数量是不确定的,订货批量的多少都是由当时的实际库存量的大小来决定的,考虑到订货点时的在途预计到货量和待出货数量,每次订货的订货量的计算公式为:

订货量=最高库存量-现有库存量-订货未到量+顾客延迟购买量

(四)定期订货法的适用范围

(1)品种数量多、平均占用金额少的物品。
(2)需向多家供应商批量订购、分期入库、分散保管等订货、入库和保管不规律的物品。
(3)订货提前期较长的物品。
(4)需求量变动幅度大且具有周期性的物品。

五、MRP库存控制法

(一)MRP的产生与发展

1. MRP

MRP是物料需求计划(Material Requirement Planning)的简称,这种方法是由美国著名的生产管理和计算机应用专家欧威特和乔伯劳士在20世纪60年代对20多家企业进行研究后提出来的,MRP被看作以计算机为基础的生产计划与库存控制系统。其目标之一是将库存保持在最低水平又能保证及时供应所需的物品,但因MRP没有考虑到生产企业现有的生产能力和采购的有关约束条件,其计算出来的物料需求日期有可能因设备和工时的不足而没有能

微课视频:
MRP与JIT

力生产，或者因原料的不足而无法生产。同时，它也缺乏根据计划实施情况的反馈信息对计划进行调整的功能。

2. 闭环 MRP

为了解决以上问题，MRP 系统在 20 世纪 70 年代发展为闭环 MRP 系统。闭环 MRP 系统除了物料需求计划外，将生产能力需求计划、车间作业计划和采购作业计划全部纳入 MRP，形成一个封闭的系统。

3. MRP Ⅱ

制造资源计划（MRP Ⅱ）是指在物料需求计划（MRP）的基础上，增加营销、财务和采购功能，对企业制造资源和生产经营各环节实行合理有效的计划、组织、协调与控制，达到既能连续均衡生产，又能最大限度地降低各种物品的库存量，进而提高企业经济效益的管理方法。（国家标准《物流术语》GB/T 18354—2021）

闭环 MRP 系统的出现，使生产活动方面的各种子系统得到了统一。但这还不够，因为在企业的管理中，生产管理只是一个方面，它所涉及的仅仅是物流，而与物流密切相关的还有资金流。这在许多企业中是由财会人员另行管理的，这就造成了数据的重复录入与存储，甚至造成数据的不一致。于是，在 20 世纪 80 年代，人们把生产、财务、销售、工程技术、采购等各个子系统集成为一个一体化的系统，并称为制造资源计划（Manufacturing Resource Planning）系统，英文缩写还是 MRP，为了区别物料需求计划（亦缩写为 MRP）而记为 MRP Ⅱ。

4. ERP

企业资源计划（ERP）是指在制造资源计划（MRP Ⅱ）的基础上，通过前馈的物流和反馈的信息流、资金流，把客户需求和企业内部的生产经营活动以及供应商的资源整合在一起，体现按用户需求进行经营管理的一种管理方法。（国家标准《物流术语》GB/T 18354—2021）

20 世纪 90 年代初，美国人总结当时 MRP Ⅱ 软件在应用环境和功能方面主要发展的趋势时，提出了"企业资源计划"（Enterprise Resources Planning，ERP）的概念。ERP 在资源计划和控制功能上的进步，一是计划和控制的范围从制造业企业到整个企业，二是将资源计划的原理和方法应用到非制造业。

由此可见，MRP、MRP Ⅱ 和 ERP 的发展反映了应用对象需求的不断提高，具有鲜明的时代特征，同时它们又分别具有各自的功能和应用范围。中国企业因发展水平不均衡，因此在应用上要因地制宜。

（二）MRP 的含义

物料需求计划是指利用一系列产品物料清单数据、库存数据和主生产计划计算物料需求的一套技术方法。（国家标准《物流术语》GB/T 18354—2021）

物料需求计划是指根据产品结构各层次物品的从属和数量关系，以每个物品为计划对象，以完工时期为时间基准倒排计划，按提前期长短区别各个物品下达计划时间的先后顺序，是一种工业制造企业内物资计划管理模式。MRP 是根据市场需求预测和顾客订单制订产品的生产计划，然后基于产品生成进度计划，组成产品的材料结构表和库存状况，通过计算机计算所需物资的需求量和需求时间，从而确定材料的加工进度和订货日程的一种实用技术。

（三）MRP 的基本原理

MRP 的基本原理就是企业根据客户需求制订生产计划和进度，然后根据产品结构和当前库存状况，逐个计算出产品所需物料的数量和需求时间，从而确定物料的加工进度或订货日程，使所需物料在规定的时间内到达仓库。其逻辑关系如图 8-5 所示。

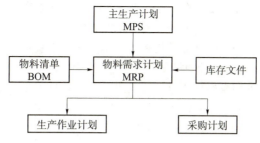

图 8-5　MRP 逻辑关系

由图 8-5 可以看出，MRP 是由主生产计划（MPS）、物料清单（BOM）和库存文件组成的。主生产计划（MPS）主要描述主产品及其零部件在各时段内的需求量。

物料清单（BOM）主要描述产品的层次结构关系及其数量，它是确定主产品及其零部件的需求数量、所需时间和装配关系的基础。

库存文件主要描述主产品及其所有零部件的现有库存量和计划接收量。

即问即答 >>>

MRP 由几个部分构成？

（四）MRP 系统的运行步骤

MRP 系统的运行步骤包括输入和输出两个方面。

1. MRP 系统的输入

MRP 系统主要输入主生产计划（MPS）、物料清单（BOM）和库存文件三个文件。

（1）主生产计划（MPS）。主生产计划一般是主产品的产出时间进度表。主产品是企业生产的用以满足市场需要的最终产品，一般是整机或具有独立使用价值的零件、部件、配件等。它要具体到产品的品种、型号。时间通常是以周为单位，在有些情况下，也可以是日、旬、月。主生产计划详细规定生产什么、什么时段应该产出，它是独立需求计划。主生产计划根据客户合同和市场预测，把经营计划或生产大纲中的产品系列具体化，使之成为展开物料需求计划的主要依据，起到了从综合计划向具体计划过渡的承上启下作用。

（2）物料清单（BOM）。BOM 要提供主产品的结构层次、所有各层零部件的品种数量关系和装配关系。一般用一个自上而下的结构树表示。每一层都对应一定的级别，上层是 0 级，即主产品级，0 级的下层是 1 级，对应主产品的 1 级零部件，这样一级一级地往下分解，一直分解到末级。

（3）库存文件。库存文件是保存企业所有产品、零部件、在制品、原材料等存在状态的数据库。主要包含各物料在系统运行前的期初库存量的静态资料和 MRP 运行过程中实际库存量的动态变化过程。由于库存量的变化是与系统的需求量、到货量、订货量等信息变化相联系的，所以库存文件实际上提供和记录各种物料的各种参数随时间的变化。主要包括：

① 总需求量。总需求量是指部件或原材料等在要求时间内的需求数量，不考虑当前库存量。

② 计划到货量（在途）。计划到货量（在途量）是指根据正在执行中的采购订单或生产订单，在未来某个时段物料将要入库或将要完成的数量。

2. MRP 系统的输出

MRP 系统对输入的信息进行计算和处理后，可以输出企业所需的很多信息，主要包括现有库存量、净需求量、计划接受订货量和计划发出订货量。

① 现有库存量。现有库存量是指在企业仓库中实际存放的物料的可用库存数量。

② 净需求量。净需求量是指各具体的时间实际需求数量。

③ 计划接受订货量。计划接受订货量是指为了满足净需求量的需要，应该计划从外界接受订货的数量和时间，一般情况下，计划接受订货量等于净需求量。

④ 计划发出订货量。计划发出订货量是指发出采购订单进行采购或发出生产任务单进行生产的数量和时间，其中发出订货量等于计划接受订货量。但是时间上提前一个时间段，即订货提前期。订货日期是计划接收订货日期减去订货提前期。

六、JIT 库存控制法

（一）JIT 库存控制法的基本原理

JIT（Just In Time）生产方式的基本思想是"只在需要的时候，按需要的量，生产所需的产品"，也就是追求一种无库存，或库存达到最小的生产系统。JIT 的基本思想是生产的计划和控制及库存的管理。其中心思想是寻求、消除在生产过程中形成浪费的一切根源和任何不产生附加价值的活动。实现这一思想的控制方法和原则是：将必要的材料，以正确的数量和完美的质量，在必要的时间，送往必要的地点。生产系统如果真正运行在 JIT 生产方式的状态下，它的库存就被减至最低程度，因此，JIT 又被简称为"零库存"管理。

（二）JIT 库存控制法的目标

JIT 库存控制法的最终目标是获得最大利润，基本目标是降低成本。降低成本的主要途径是彻底消除浪费。JIT 库存控制法通过以下具体目标来达到其基本目标：

（1）废品量最低。JIT 要求消除各种不合理因素，在加工过程中每一道工序都要求精益求精，将次品、废品量降到最低。

（2）库存量最低。库存是生产计划不合理、过程不协调、操作不规范的表现。

（3）零件搬运量最低。零件搬运是非增值操作，减少零件和装配件运送量与搬运次数，可以节约装配时间，并减少装配中可能出现的问题。

（4）机器故障率最低。最低的机器故障率是生产线对新产品方案做出快速反应的保障。

（5）准备时间最短。准备时间长短与批量选择有关，如果准备时间趋于零，准备时间成本也趋于零，就有可能采用极小批量。

（6）生产提前期最短。短的生产提前期与小批量相结合的系统，应变能力强，柔性好。

即问即答 >>>

JIT 库存控制法的基本目标是什么？

（三）JIT 库存控制法的策略

1. 生产同步化

生产同步化是指企业合理安排作业流程，不在各工序间设置仓库，前一道工序加工作业完成后，立即将半成品或成品转移到下一道工序，从而使产品在各工序间连续移动，实现各工序同步生产。

2. 生产均衡化

生产均衡化是实现适时适量生产的前提条件。生产的均衡化是指总装配线在向前工序领取零部件时应均衡地使用各种零部件，生产各种产品。

3. 看板管理

在实现 JIT 生产中最重要的管理工具是看板，看板是用来控制生产现场的生产排程工具。具体而言，是一张卡片，卡片的形式随不同的企业而有差别。看板上的信息通常包括：零件号码、产品名称、制造编号、容器形式、容器容量、看板编号、移送地点和零件外观等。

项目小结

1. 库存是指储存作为今后按预定的目的使用而处于闲置或非生产状态的物品。广义的库存还包括处于制造加工状态和运输状态的物品。库存包括库存的类型和作用。

2. 库存控制又称库存管理，是指在保障供应的前提下，使库存物品的数量少而进行的有效管理的技术经济措施。

3. 库存成本包括订货成本、保管成本、进货成本与购买成本、缺货成本。

4. ABC 分类法是将库存物品按品种和占用资金的多少分为特别重要的库存（A 类）、一般重要的库存（B 类）和不重要的库存（C 类）三个等级，然后针对不同等级分别进行控制。ABC 分类法的步骤包括收集数据、统计汇总、编制 ABC 分类表、绘制 ABC 分析图和确定库存管理策略。

5. CVA 管理法，又称关键因素分析法。CVA 管理法的基本思想是把存货按照其关键性分为 3~5 类。

6. 定量订货法是指当库存量下降到预定的最低库存量（订货点）时，按规定进行订货补充的一种库存控制方法。影响订货点的因素有三个：订货提前期、平均需求量、安全库存。

7. 定期订货法是指按预先确定的订货间隔期订购物品，以补充库存的一种库存控制方法。包括确定订货周期、确定最高库存量、确定订货批量等。

8. MRP 包括 MRP 的产生与发展、MRP 的基本原理和运行步骤。

9. JIT 生产方式的基本思想是"只在需要的时候，按需要的量，生产所需的产品"，也就是追求一种无库存，或库存达到最小的生产系统。

学习评价			
学生自评（50 分）	知识巩固与提高（30 分）	客观题（15 分）	主观题（15 分）
	学以致用（20 分）	分析准确合理（20 分）	分析一般（10 分）
小组评价（30 分）	团队合作（10 分）	沟通协调（10 分）	成果展示（10 分）
教师评价（20 分）	团队合作（10 分）	知识掌握程度（5 分）	成果汇报（5 分）
总分			

项目九　仓储成本与绩效管理

学习目标

知识目标
1. 了解仓储成本的含义、仓储绩效评价；
2. 理解仓储成本的核算与分析；
3. 掌握仓储成本构成、仓储成本控制的措施；
4. 掌握仓储绩效评价指标与评价方法。

能力目标
1. 具备对仓储企业的成本进行计算和分析的能力；
2. 能够针对仓储企业成本控制中存在的问题提出解决方案；
3. 能够根据仓储企业特点，制定绩效评价方案。

素质目标
1. 养成与人沟通的能力；
2. 具有团结协作、创新的能力。

案例导入

美国布鲁克林酿酒厂的仓储成本管理分析

1. 运输成本的控制

布鲁克林酿酒厂于1987年11月将它的第一箱布鲁克林拉格运到日本，并在最初的几个月里使用了各种航运承运人。最后，日本金刚砂航运公司被选为布鲁克林酿酒厂唯一的航运承运人。金刚砂公司之所以被选中，是因为它向布鲁克林酿酒厂提供了增值服务。金刚砂公司在其国际机场的终点站交付啤酒，并在飞往东京的航班上安排运输，金刚砂公司通过其日本报关办理清关手续。这些服务有利于保证产品完全符合保鲜要求。

2. 运输时间的控制

啤酒之所以能达到新鲜的要求，是因为这样的物流作业可以在啤酒酿造后的1周内将啤酒从酿酒厂直接运送到顾客手中。新鲜啤酒能超过一般的价值定价，高于海运装运的啤酒价格的5倍。虽然布鲁克林拉格在美国是一种平均价位的啤酒，但在日本，它是一种溢价产品，获得了极高的利润。

3. 包装成本的控制

布鲁克林酿酒厂将改变包装，通过装运小桶装啤酒而不是瓶装啤酒来降低运输成本。虽然小桶重量与瓶的重量相等，但减少了玻璃破碎而使啤酒损毁的机会。此外，小桶啤酒对保护性包装的要求也比较低，这将进一步降低装运成本。

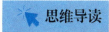

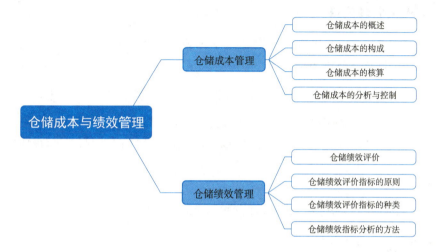

任务一　仓储成本管理

微课视频：
仓储成本管理

一、仓储成本的概述

（一）仓储成本含义

仓储成本是企业仓储作业过程中发生的活劳动和物化劳动总和的货币表现。

仓储成本的定义为："仓储成本是指在一定时期内，企业为了完成货物存储业务而发生的全部费用，包括仓储作业人员费用、仓储设施的折旧费、维修保养费、水电费、燃料和动力消耗等。"

即问即答 >>>

仓储成本与库存成本相同吗？

（二）仓储成本特点

1. 重要性

仓储成本是指在保护、管理、储藏物品的相关物流活动中所发生的各种费用总和，是物流成本的重要组成部分。

2. 效益背反性

为了提高物流水平，必然会引起仓库建设管理费用开支的增加，以及存货数量的上升，从而加大了仓储成本；而为了降低仓储成本，就要求尽可能减少仓容和存货，而这会导致运输成本的增加。

169

3. 复杂性

由于现行的会计制度对物流成本的核算缺少统一的标准，企业内部发生的仓储成本有时因涉及面广、环节多而无法划归相应科目。因此，增加了仓储成本核算的复杂性。

二、仓储成本的构成

广义的仓储成本包含库存成本、保管成本等，而狭义的仓储成本主要是指保管成本，即为了物品保管而产生的固定成本和变动成本。具体而言，企业的仓储成本由以下几部分构成。

（一）折旧费

固定资产折旧主要包括库房、货场等基础设施的折旧和仓储设施设备的折旧。折旧的方法包括平均年限法、工作量法和加速折旧法。一般的仓储企业采用平均年限法进行折旧。

> **想一想**
> 为什么仓储固定资产的折旧一般使用平均年限法？

（二）员工薪酬

企业员工的薪酬一般可以分为工资和福利费两部分。工资包括固定工资、奖金、津贴和生活补贴等。福利费即"五险二金"，包括医疗保险费、养老保险费、失业保险费、工伤保险费、生育保险费等保险费用，以及住房公积金和年金等。

（三）修理费

修理费主要是指用于仓储设施、设备的大修基金以及设备设施的日常维修费用，其中大修基金一般可按照维修对象投资额的3%~5%提取。

（四）管理费用

管理费用主要是指仓储企业或者部门为管理仓储活动或者开展仓储业务而发生的各种间接费用，比如办公费、人员培训费、差旅费、招待费、营销费、水电费、设备保险费等。

（五）财务费用

财务费用是指仓储企业为筹集资金而发生的各项费用，包括仓储企业经营期间发生的利息支出、汇兑净损失、手续费等。

（六）销售费用

销售费用包括仓储企业宣传、广告、促销、交易等经营活动的费用支出。

（七）保险费

保险费是指仓储企业对于意外事故或自然灾害造成仓储物品的损害所要承担的赔偿责任进行保险所支付的费用。

（八）外协费

仓储企业在提供仓储服务时由其他企业提供服务所支付的费用，包括业务外包等。

（九）税费

该部分费用主要是指由仓储企业承担的税费。

（十）装卸搬运费

该部分费用主要是指货物出入库、组托、上架、理货、补货等环节所产生的装卸搬运作业费用，一般由设备运行费用和搬运工人的人工成本两部分组成。

即问即答 >>>

管理费用、财务费用和销售费用是期间费用吗？

三、仓储成本的核算

（一）仓储成本核算的目的

对于企业经营而言，进行仓储成本核算主要是为了满足以下几方面的需求：
（1）为企业的经营管理提供必要的成本资料。
（2）为编制仓储费用预算和成本控制提供成本资料。
（3）为制订企业物流计划提供成本资料。
（4）为评价仓储管理水平提供成本信息。
（5）为计算产品或者服务价格提供成本依据。

（二）仓储成本的计算范围

在计算仓储成本之前，应该结合仓储企业实际情况和成本计算目的确定仓储成本的计算范围，避免因为成本计算范围不合理而导致计算结果缺乏可比性，以致难以满足企业管理的需要。

1. 材料费

材料费是与仓储作业有关的包装材料、作业工具、器具备品、燃料等发生的费用，可以根据材料的出入库记录，将此期间与仓储有关的消耗量计算出来，再分别乘以单价，便可得出物流材料费。

2. 人工费

人工费可以从向仓储作业人员支付的工资、奖金、补贴等报酬的实际金额中计算出来。

3. 物业管理费

物业管理费包括水、电、气等费用，可以根据安装在设施上的用量记录装置获取相关数据，也可以根据建筑设施的比例和物流人员的比例简单推算。

4. 管理费

管理费无法从财务会计方面直接得到相关的数据，可以按人头比例推算。

5. 营业外费用

营业外费用包括折旧、利息等。折旧根据设施设备的折旧年限、折旧率计算。利息根据仓储作业相关资产的贷款利率计算。

（三）仓储成本的计算方法

1. 按支付形态计算仓储成本

把仓储成本按照仓储搬运费、仓储保管费、材料消耗费、人工费、仓储管理费、仓储占用资金利息等支付形态分类，将以上各项费用相加，可以计算出仓储成本的总额。这种计算方法是从月度损益表管理费用、财务费用、营业费用等项目中，取相应数值乘以一定比率（物流部门比率，分别按人数平均、台数平均、面积平均、时间平均等计算出来）算出仓储部门的费用，再将仓储成本总额与上一年度同期数值比较，找出成本增减原因并制定后期成本控制方案。

2. 按仓储项目计算仓储成本

这种计算方法是将仓储作业的各个环节所发生的成本分别进行统计，比如可以把仓储成本按搬运费、保管费、租赁费、材料费、工资津贴、燃料动力费、保险费、修缮维护费等项目分别计算，找出费用较高的作业项目或者成本因素，从而确定仓储成本管理的重点。

3. 按适用对象计算仓储成本

企业进行仓储成本计算时，也可以根据企业成本管理的要求，计算不同对象的仓储成本。例如，按商品类别或按仓库、营业所计算仓储成本，可以分析因产品、地区、客户的不同而对仓储成本产生的影响，进而提出仓储成本控制方案，降低仓储成本。

四、仓储成本的分析与控制

（一）仓储成本分析

仓储成本分析是以会计核算资料为基础，结合业务核算和统计核算资料，采用多种分析方法，对仓储成本的静态结构和动态变化进行分析研究，揭示仓储企业降耗增效的机会和规律。

仓储成本分析对于物流企业而言，具有重要的意义，通过仓储成本分析所获得的信息，是企业核算仓储成本、制定仓储服务价格、进行仓储成本控制等管理活动的重要依据。

（二）仓储成本控制的措施

1. 强化成本管理意识，实施仓储成本目标管理

物流企业仓储成本控制不仅是企业管理人员的事，也是全体仓储工作人员的责任。物流企业要重视成本控制，对仓储成本实施目标管理。企业可以根据市场和企业自身的实际情况，制定仓储成本总目标，然后根据仓储工作的不同部门、岗位进行成本目标分解，让每个岗位、每个仓储员工都有明确的成本控制目标和责任。

2. 建立健全仓储制度，提高仓储作业的效率

在仓储的各个工作环节中，由于实际功效不一，所耗费的劳力、机械设备损耗、燃料费也是不同的，为了提高各环节的效率，必须制定一套相互协调、相互验证的仓储制度，对仓储作业的各个环节进行引导和监督，并对仓储成本进行控制，以提高各环节的工作效率，从整体上降低仓储成本。

3. 运用现代化的储存保管技术，降低保管成本

储存货物的质量完好、数量准确，在一定程度上反映了仓储的质量。但由于货物的品种多、数量大、货物特性不同，产生损耗的原因和具体情况也不同。为了避免和降低货物的损耗，仓储管理时应了解损耗发生的原因，认真做好商品在库检查工作，采取有效的措施，采用现代化的储存保养技术，以降低保管过程中的货损率，降低保管成本。

4. 遵循物品的"先进先出"原则，避免存货过期

"先进先出"原则是指在库存管理中，按照物品入库的时间顺序整理好，在出库时按照先入库的物品先出库的原则进行操作，以避免仓库内的物资储存期过长，减少存货成本。它是一种有效的货物出入库管理方式，也是储存管理的准则之一。

> **想一想**
>
> 为什么物品要贯彻执行"先进先出"的原则?

5. 采用有效的仓储质量成本管理方法

仓储质量成本是指物流企业为确保仓储物资质量而发生的费用支出,以及由于未能保证仓储物资的质量而造成的损失。仓储质量成本管理的最优决策就是使仓储工作在满足客户对仓储物资质量要求的前提下,最大限度地降低仓储物资成本中的质量成本。

6. 提高仓容利用率,降低空间成本

仓储货物的保管成本与库场面积利用率、货物储存量密切相关。提高库房、货场的空间利用率,降低仓储管理过程中的土地使用成本,是降低仓储成本的重要内容。

> **知识贴**
>
> **提高仓容利用率的措施**
>
> 提高仓容利用率,可以采取以下措施:
> (1) 采取高垛的方法,增加储存的高度。
> (2) 缩小库内通道宽度以增加储存有效面积。
> (3) 采用侧插式叉车、前移式叉车进行装卸搬运,以减少叉车转弯所需的宽度。
> (4) 减少库内通道数量和宽度,以增加储存的有效面积。

7. 提高仓储信息化水平,促进"四流合一",降低交易成本

高效信息管理能力是削减成本、提升利润的关键。仓储企业在日常管理中,应该重视仓储信息化建设,努力使商流、物流、信息流、资金流运作协调统一,增强管理的有效性,避免信息流通不畅,降低信息传递和处理成本。

> **即问即答** >>>
>
> "四流合一"是什么?

8. 重视对仓储成本中隐性成本的控制

隐性成本是一种隐藏于企业总成本中,游离于财务审计、监督之外的成本,是由于企业或员工的行为有意或无意造成的具有一定隐蔽性的将来成本和转移成本,是成本的将来时态和转嫁的成本形态的总和。对仓储成本进行控制必须重视对这些隐性成本的控制,加强对仓储作业的监督和管理,减少隐性成本产生的概率和损失,进而降低企业的仓储成本。

任务二 仓储绩效管理

一、仓储绩效评价

(一) 仓储绩效评价的含义

仓储绩效评价是指通过建立仓储绩效评价体系对仓储企业(或部门)在仓

微课视频:
仓储绩效管理

储设施管理、成本管理、作业管理、客户服务管理等方面的管理效益和效率进行的综合评价。仓储绩效评价是对仓储管理各项业务进行的综合评价，是仓储管理成果的集中反应，是衡量仓储管理水平高低的尺度，也是考核评价仓库各方面工作和各作业环节工作成绩的重要手段。

(二) 仓储绩效评价的作用

通过绩效评价，可以对仓储管理各项功能业绩和效率进行事前的控制和指导以及事后的评估和度量，从而可以正确判断在仓储管理中是否完成了预定的任务、完成任务的水平、取得的效益和付出的代价等。

首先，通过绩效评价可以把企业仓储管理中的战略使命转化为具体的目标和评价指标，使企业决策者能够综合、全面了解企业的现状和未来，为企业的经营决策指明方向。

其次，仓储绩效评价有利于促进企业激励和约束机制的建立，不仅能够引导企业的仓储管理决策行为，提升综合竞争力，而且有利于仓储资源的合理利用。

再次，通过绩效评价体系，可以使企业经营者从众多的指标中找出能够影响企业仓储管理短期效益和长期发展能力的关键因素，为企业仓储管理短期目标和长期目标的平衡提供指导依据。

最后，仓库生产绩效考核指标体系中的每一项指标都反映某部分工作或全部工作的一个侧面，通过对指标的分析，能发现仓储作业中存在的问题，从而为计划的制订、修改，以及仓储作业环节的控制提供依据。

二、仓储绩效评价指标的原则

(一) 科学性

科学性原则要求所设计的指标体系能够客观地、如实地反映仓储生产的所有环节和活动要素。

(二) 可行性

可行性原则要求所设计的指标便于工作人员掌握和运用，数据容易获得，便于统计计算，便于分析比较。

(三) 协调性

协调性原则要求各项指标之间相互联系，互相补充，但是不能相互矛盾和重复。

(四) 可比性

在对指标的分析过程中需要对指标进行比较，如实际完成与计划相比、现在与过去相比、与同行相比等，所以可比性原则要求指标在期间、内容等方面一致，使指标具有可比性。

(五) 稳定性

稳定性原则要求仓储绩效评价指标一旦确定之后，应在一定时期内保持相对稳定，不宜经常变动，频繁修改。

> **想一想**
>
> 为什么仓储绩效评价指标一旦确定之后不宜经常变动？

三、仓储绩效评价指标的种类

(一) 资源利用程度指标

1. 仓库面积利用率

仓库面积利用率是衡量和考核仓库利用程度的指标。仓库面积利用率越大表明仓库面积的有效使用情况越好。其计算公式为:

仓库面积利用率=仓库可利用面积/仓库建筑面积×100%

2. 仓容利用率

仓容利用率是衡量和考核仓库利用程度的另一项指标。仓容利用率越大,表明仓库的利用效率越高。其计算公式为:

仓容利用率=库存商品实际数量或容积/仓库应存数量或容积×100%

3. 设备完好率

设备完好率是指处于良好状态、随时能投入使用的设备占全部设备的百分比。其计算公式为:

设备完好率=期内设备完好台日数/同期设备总台日数×100%

期内设备完好台日数是指设备处于良好状态的累计台日数,其中不包括正在修理或待修理的台日数。

4. 设备利用率

设备利用率是考核运输、装卸搬运、加工、分拣等设备利用程度的指标。设备利用率越大,说明设备的利用程度越高。其计算公式为:

设备利用率=全部设备实际工作时数/同期设备日历工作时数×100%

仓储设备是企业的重要资源,设备利用率高表明仓储企业进出业务量大,是经营绩效良好的表现。为了更好地反映设备利用状况,还可用以下指标加以详细计算:

(1) 设备工作日利用率。该指标是指计划期内装卸、运输等设备实际工作天数与计划工作天数之比,反映各类设备在计划期内工作日被利用程度。其计算公式为:

设备工作日利用率=计划期内设备实际工作天数/计划期内计划工作天数×100%

(2) 设备工时利用率。该指标是指装卸、运输等设备实际日工作时间与计划日工作时间之比,反映设备工作日实际被利用程度。其计算公式为:

设备工时利用率=设备每日实际工作时间/设备每日计划工作时间×100%

5. 设备作业能力利用率

设备作业能力利用率是指计划期内设备实际作业能力与技术作业能力的比率。其计算公式为:

设备作业能力利用率=计划期内设备实际作业能力/计划期内设备技术作业能力×100%

6. 装卸设备起重量利用率

装卸设备起重量利用率反映各种起重机、叉车、堆垛机等装卸设备的额定起重量被利用程度,也反映了装卸设备与仓库装卸作业量的适配程度。其计算公式为:

装卸设备起重量利用率=计划期内设备每次平均起重量/设备额定起重量×100%

7. 劳动生产率

劳动生产率是指劳动投入与收益的比率,通常以平均每人所完成的工作量或创造的利润额来表示。全员劳动生产率计算公式为:

全员劳动生产率=利润总额/同期全员平均人数×100%

(二) 服务水平指标

1. 客户满意程度

客户满意程度是衡量企业竞争力的重要指标,客户满意与否不仅影响企业经营业绩,而且影响企业的形象,考核这项指标不仅能反映企业服务水平的高低,同时能衡量企业竞争力的大小。其计算公式为:

$$客户满意程度 = 满足客户要求数量 / 客户要求数量 \times 100\%$$

2. 缺货率

缺货率是对仓储商品可得性的衡量。将全部商品所发生的缺货次数汇总起来与客户订货次数进行比较,就可以反映一个企业实现其服务承诺的状况。其计算公式为:

$$缺货率 = 缺货次数 / 客户订货次数 \times 100\%$$

3. 准时交货率

准时交货率是满足客户需求的考核指标。其计算公式为:

$$准时交货率 = 准时交货次数 / 总交货次数 \times 100\%$$

4. 货损货差赔偿费率

货损货差赔偿费率是反映仓库在整个收发保管作业过程中作业质量的综合指标。其计算公式为:

$$货损货差赔偿费率 = 货损货差赔偿总额 / 同期业务收入总额 \times 100\%$$

(三) 能力与质量指标

1. 货物吞吐量

货物吞吐量是指计划期内进出库货物的总量,一般以吨表示。计划指标通常以年吞吐量计算。其计算公式为:

$$计划期货物吞吐量 = 计划期货物总进库量 + 计划期货物总出库量 + 计划期货物直拨量$$

其中,计划期货物总进库量指验收后入库的货物数量;计划期货物总出库量指按调拨计划、销售计划发出的货物数量;计划期货物直拨量指从港口、车站直接拨给用户或货到专用线未经卸车直拨给用户的货物数量。吞吐量是反映仓储工作的数量指标,是仓储工作考核中的主要指标,也是计算其他指标的基础和依据。

2. 账货相符率

账货相符率是指仓储账册上的货物存储量与实际仓库中保存的货物数量之间的相符程度。一般在对仓储货物盘点时,逐笔与账面数字核对。账货相符率指标反映了仓库的管理水平,是避免企业财产损失的主要考核指标。其计算公式为:

$$账货相符率 = 账货相符笔数 / 库存货物总笔数 \times 100\%$$

3. 进、发货准确率

进、发货准确率是仓储管理的重要质量指标,进、发货的准确与否关系到仓储服务质量的高低。因此,应严格考核进、发货差错率指标,将进、发货差错率控制在 0.005% 以下。其计算公式为:

$$进、发货准确率 = (期内货物吞吐量 - 进、发货差错总量) / 期内货物吞吐量 \times 100\%$$

启智润心

物品储存的安全性指标

物品储存的安全性指标,主要用发生的各种事故的大小和次数来表示,主要有人身伤亡、仓库失火、爆炸、被盗、机械损坏事故几类。这类指标一般不需计算，只是根据实际出现事故的损失大小来划分等级。

4. 商品缺损率

商品缺损主要由两种原因造成：一是保管损失，即因保管养护不善造成的损失；二是自然损耗，即因商品易挥发、失重或破碎所造成的损耗。商品缺损率反映商品保管与养护的实际状况，考核这项指标是为了促进商品保管与养护水平的提高，从而使商品缺损率降到最低。其计算公式为：

$$商品缺损率 = 期内商品缺损量 / 期内库存商品总量 \times 100\%$$

5. 平均储存费用

平均储存费用是指保管每吨货物每月平均所需的费用开支。货物保管过程中消耗的一定数量的活劳动和物化劳动的货币形式即为各项仓储费用。这些费用包括在货物出入库、验收、存储和搬运过程中消耗的材料、燃料、人工工资和福利费、固定资产折旧、修理费、照明费、租赁费以及应分摊的管理费等，这些费用的总和构成仓储总的费用。

平均储存费用是仓库经济核算的主要指标之一，它可以综合反映仓库的经济成果、劳动生产率、技术设备利用率、材料和燃料节约情况和管理水平等。其计算公式为：

$$平均储存费用 = 月储存费用总额 / 月平均储存量$$

（四）库存效率指标

库存效率方面的指标主要是以库存周转率来反映，影响库存效率的其他指标最终都是通过库存周转率反映出来，下面主要介绍库存周转率指标。

1. 库存周转率的基本概念

库存周转率是用于计算库存货物的周转速度，反映仓储工作水平的重要效率指标。它是在一定时期内销售成本与平均库存的比率，用时间表示库存周转率就是库存周转天数。

在货物总需求量一定的情况下，如果能降低仓库的货物储备量，其周转的速度就越快。从降低流动资金占用和提高仓储利用效率的要求出发，就应当减少仓库的货物储备量。但若一味地减少库存，就有可能影响货物的供应。因此，仓库的货物储备量应建立在一个合理的基础上，做到在保证供应需求的前提下尽量降低库存量，从而加快货物的周转速度，提高资金和仓储效率。

2. 库存周转率的表示方法

（1）基本表示法。一般情况下，货物的周转速度可用周转次数和周转天数来反映。其计算公式分别为：

$$货物周转次数(次/年) = 年发货总量 / 年货物平均储存量$$

$$货物周转天数(天/次) = 360 / 货物年周转次数$$

其中，年货物平均储存量通常采用每月月初货物储存量的平均数。货物周转次数越少，则周转天数越多，表明货物的周转越慢，周转的效率就越低，反之则效率越高。

即问即答 >>>

周转天数和周转次数的关系是什么？

（2）库存数量表示法。其计算公式为：

$$库存周转率 = 使用数量 / 库存数量 \times 100\%$$

$$库存周转率 = 出库数量 / 库存数量 \times 100\%$$

由于"使用数量"并不等于"出库数量",在实际经营观念中一般认为使用数量包含一部分备用数量,因此以使用数量为对象计算库存周转率更合理。

(3)库存金额表示法。如果将数量用金额表示出来,则库存周转率公式为:

库存周转率=使用金额/库存金额×100%

库存周转率=该期间的出库总金额/该期间的平均库存金额×100%

计算库存周转率的方法,根据需要可以有周单位、旬单位、月单位、半年单位、年单位等,一般企业所采取的是月单位或年单位,大多数以年单位计算,只有零售业常使用月单位、周单位。

(五)作业效益指标

现代仓储企业生产经营追求的目标是利润,利润直接关系到企业能否生存发展,同时利润又是考核、评价其生产经营管理最终成果的重要指标。

1. 利润总额

利润总额是指仓储企业在一定时期内已实现的全部利润。它等于仓库实现的营业收入去除储存成本、税金,加上其他业务利润,加上营业外收支净额后的总额。

利润总额=仓库营业利润+投资净损益+营业外收入-营业外支出

仓库营业利润=仓库主营业务利润+其他业务利润-管理费用-财务费用

仓库营业利润是指仓储企业利用各种资源在企业内获得的利润,包括仓库保管利润、仓库保管材料销售利润、出租包装物等取得的利润。而投资净损益则是仓库用各种资源在企业外投资所取得的收益或损失。营业外收入是指与仓储企业生产无直接联系的收入,例如逾期包装物的押金没收收入、罚款的净收入、其他收入等。营业外支出是指与仓储企业生产无直接关系的一些支出,如企业搬迁费、编外人员的生活费、停工损失、呆账损失、生活困难补助等。

2. 每吨保管商品利润

每吨保管商品利润是指在报告期内储存保管每吨商品平均所能获得的利润。计算单位为元/吨。其计算公式为:

每吨保管商品利润=报告期利润总额/报告期商品储存总量

其中,报告期商品储存总量一般是指报告期间出库的商品总量而非入库的商品总量。

3. 资金利用率

资金利用率是指仓储企业在一定时期实现的利润总额占全部资金的比率。它常用来反映仓储企业的资金利用效果。其计算公式为:

资金利用率=利润总额/(固定资产平均占用额+流动资金平均占用额)×100%

从上式可以看出,资金利润率与全部资产平均占用额成反比关系,与利润总额成正比。

4. 收入利润率

收入利润率是指仓储企业在一定时期内实现的利润总额占营业收入的比率。其计算公式为:

收入利润率=利润总额/仓储营业收入×100%

该指标可以分析仓储企业营业收入和利润之间的关系,它受储存商品的费率、储存商品结构、储存单位成本等因素的影响。

5. 人均实现利润

人均实现利润是指报告年度仓储企业平均每人实现的利润。它是利润总额与全员人数之比。计算单位为元/人。其计算公式为:

人均实现利润=报告期年利润总额/报告期年全员平均人数

其中,报告期年全员平均人数应采用时点数列计算序时平均数的方法来计算;报告期全年利润总额，采用时期累计数的方法计算。该指标是考核现代仓储企业劳动生产率的重要指标。

四、仓储绩效指标分析的方法

(一) 对比分析法

对比分析法是财务报表分析的基本方法之一，是通过某项财务指标与性质相同的指标评价标准进行对比，揭示企业财务状况、经营情况和现金流量情况的一种分析方法。

对比分析法通常是把两个相互联系的指标数据进行比较，从数量上展示和说明研究对象规模的大小，水平的高低，速度的快慢，以及各种关系是否协调。在对比分析中，选择合适的对比标准是十分关键的步骤，选择合适，才能做出客观的评价，选择不合适，评价可能得出错误的结论。

对比分析法主要有计划完成情况的对比分析、纵向动态对比分析、横向类比分析和结构对比分析。

(二) 因素分析法

因素分析法是依据分析指标与其影响因素的关系，从数量上确定各因素对分析指标影响方向和影响程度的一种方法。因素分析法既可以全面分析各因素对某一经济指标的影响，又可以单独分析某个因素对经济指标的影响，在财务分析中应用颇为广泛。

因素分析法是利用统计指数体系分析现象总变动中各个因素影响程度的一种统计分析方法，包括连环替代法、差额分析法、指标分解法等。因素分析法是现代统计学中一种重要而实用的方法，它是多元统计分析的一个分支。使用这种方法能够使研究者把一组反映事物性质、状态、特点等的变量简化为少数几个能够反映出事物内在联系的、固有的、决定事物本质特征的因素。

(三) 关键成功因素法

关键成功因素 (Critical Success Factors，CSF) 是在探讨产业特性与企业战略之间关系时常使用的观念，是结合本身的特殊能力，对应环境中重要的要求条件，以获得良好的绩效。

关键成功因素法是以关键因素为依据来确定系统信息需求的一种 MIS 总体规划方法。在现行系统中，总存在着多个变量影响系统目标的实现，其中若干个因素是关键的和主要的（即成功变量）。通过对关键成功因素的识别，找出实现目标所需的关键信息集合，从而确定系统开发的优先次序。

关键成功因素指的是对企业成功起关键作用的因素。关键成功因素法就是通过分析找出使企业成功的关键因素，然后再围绕这些关键因素来确定系统的需求，并进行规划。

(四) 平衡分析法

平衡分析法是利用各项具有平衡关系的经济指标之间的依存情况来测定各项指标对经济指标变动影响程度的一种分析方法。其基本要求是：平衡分析要通过有联系指标数值的对等关系来表现经济现象之间的联系；要通过有联系指标数值的比例关系来表现经济现象之间的联系；要通过任务的完成与时间进度之间的正比关系来表现经济现象的发展速度；要通过各有关指标的联系表现出全局平衡与局部平衡之间的联系。

项目小结

1. 仓储成本是企业仓储作业过程中发生的活劳动和物化劳动总和的货币表现。它具有重要性、效益背反性、复杂性等特点。

2. 仓储成本的核算包括仓储成本的核算目的、仓储成本的计算范围和仓储成本的计算方法。

3. 仓储成本控制的措施包括强化成本管理意识，实施仓储成本目标管理；建立健全仓储制度，提高仓储作业的效率；遵循物品的"先进先出"原则，避免存货过期；提高仓容利用率，降低空间成本等。

4. 仓储绩效评价指标包括评价的原则、种类和分析的方法等。

学习评价			
学生自评（50分）	知识巩固与提高（30分）	客观题（15分）	主观题（15分）
	学以致用（20分）	分析准确合理（20分）	分析一般（10分）
小组评价（30分）	团队合作（10分）	沟通协调（10分）	成果展示（10分）
教师评价（20分）	团队合作（10分）	知识掌握程度（5分）	成果汇报（5分）
总分			

项目十　特殊物品管理和仓储安全管理

学习目标

知识目标
1. 了解危险品管理、冷藏品管理、粮食管理、油品管理的内容；
2. 理解仓储安全管理的内容；
3. 掌握仓储安全管理的措施；
4. 掌握灭火的方法；
5. 掌握报警与逃生的方法。

能力目标
1. 能够按照仓储安全管理的基本要求实施仓储安全作业；
2. 能够熟练使用各类消防器材；
3. 能够利用仓储安全管理的基本方法对特殊货物进行管理；
4. 能够合理解决仓储安全中存在的各类问题。

素质目标
1. 培养安全、规则意识；
2. 培养严谨的工作理念和作风。

案例导入

天津市滨海安全事故

2015年8月12日22时51分46秒，位于天津市滨海新区的瑞海公司危险品仓库运抵区起火，23时34分06秒发生第一次爆炸，31秒后发生第二次更剧烈的爆炸。

两次爆炸分别形成一个直径15米、深1.1米的月牙形小爆坑和一个直径97米、深2.7米的圆形大爆坑。事故中心区面积约为54万平方米，以大爆坑为爆炸中心，150米范围内的建筑被摧毁；堆场内大量普通集装箱和罐式集装箱被掀翻、解体、炸飞，形成由南至北的3座巨大堆垛；参与救援的消防车、警车和位于爆炸中心附近的7 641辆商品汽车和现场灭火的30辆消防车全部损毁，邻近中心区的4 787辆汽车受损。

爆炸冲击波波及范围，距爆炸中心最远距离达6公里，波及区内建筑物部分主体承重构件（柱、梁、楼板）失去承重能力，不再满足安全使用条件，局部幕墙及部分门、窗变形、破裂。爆炸冲击波波及区以外的部分建筑，虽没有受到爆炸冲击波直接作用，但由于爆炸产生地面震动，造成建筑物接近地面部位的门、窗玻璃受损，北侧最远达13.3公里。

事故造成165人遇难（参与救援处置的公安现役消防人员24人、天津港消防人员75人、公安民警11人、企业员工和周边居民55人），8人失踪（消防人员5人，周边企业员工、消防人员家属3人），798人受伤住院治疗。核定直接经济损失68.66亿元，由于事故残留的化学品与产生的污染物复杂多样，需要开展中长期环境风险评估。

> **思维导读**

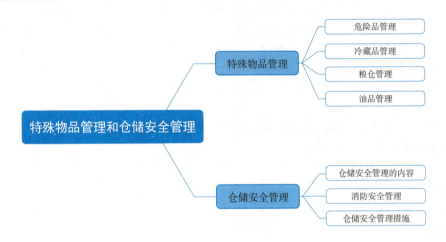

任务一　特殊物品管理

微课视频：
特殊物品管理

一、危险品管理

（一）危险品种类及特性

危险品是指具有燃烧、爆炸、易燃、毒害、腐蚀、放射性等特性，在运输、装卸和储存过程中，能够发生燃烧、爆炸或人畜中毒、表皮灼伤以至危及生命、造成财产损失而需要特别防护的货物。据统计，目前通过海上运输的货物中有50%以上是危险货物，常运的危险货物有3000余种。危险货物一旦发生事故，将给人身、财产及环境造成严重的损害。根据危险品的物化特性、危险性和便于管理等原则，将危险品分为以下十类。

1. 爆炸品

此类物品在外界的作用下能发生剧烈的化学反应，瞬间产生大量的气体和热量，使周围压力急剧上升，发生爆炸，对周围环境造成破坏。其特性有：爆炸性、吸潮性、条件性。例如鞭炮，如图10-1所示。

2. 气体

此类物品系指压缩液体或加压溶解的气体储存于耐压容器中。在具备一定的受热、撞击或剧烈振动的条件下，容器内的压力容易膨胀引起介质泄漏甚至使容器破裂爆炸，从而导致燃烧、爆炸、中毒、窒息等事故。其特性有：剧毒性、易燃性、助燃性、爆破性等。例如液化天然气，如图10-2所示。

图 10-1 鞭炮

图 10-2 液化天然气

> **知识贴**
>
> ### LNG
>
> LNG 是液化天然气（Liquefied Natural Gas）的缩写。先将气田生产的天然气净化处理，再经超低温（-162 ℃）常压液化就形成液化天然气。其主要成分是甲烷。LNG 无色、无味、无毒且无腐蚀性，其体积约为同量气态天然气体积的 1/625，LNG 的重量仅为同体积水的 45%左右，热值为 52 MMBtu/t（1 MMBtu = 2.52×10^8 cal）。天然气液化后可以大大节约储运空间，而且具有热值大、性能高等特点。

3. 氧化剂

此类物品具有强烈的氧化性，在不同条件下，遇酸、碱、受热、受潮或接触有机物、还原剂即能分解放氧，发生氧化还原反应，引起燃烧。其特性有：氧化性、遇热分解、吸水性、化学敏感性和遇酸分解性。例如浓硫酸，如图 10-3 所示。

4. 自燃物品

自燃是指可燃物质在没有外部火花、火焰等火源的作用下，因受热或自身发热并蓄热所产生的自行燃烧。在规定条件下，不用任何辅助引燃能源而达到引燃的最低温度称为该物质的自燃点。自燃点越低的物品越容易发生自燃，危险性越大。例如白磷，如图 10-4 所示。

图 10-3 浓硫酸

图 10-4 白磷

5. 遇水燃烧的物品

遇水或潮湿空气能分解产生可燃气体，并放出热量而引起燃烧或爆炸的物品叫遇水燃烧物品。其特性是遇水后能发生剧烈的化学反应，放出可燃性气体，当达到其燃点时立即燃烧以致爆炸。在储存中绝对不能接触水蒸气、水等。例如碳化钙，如图 10-5 所示。

6. 易燃液体

凡在常温下以液态状态存在，遇火容易引起燃烧，其闪点（易燃液体挥发出来的蒸汽，在一定温度条件下接触火源，即能发出闪电似的火花，但不能继续燃烧，发生闪光的最低温度叫闪点）在一定温度以下的物质叫易燃液体，如豆油、花生油、乙醚、汽油、酒精等。多数易燃液体都有不同程度的毒性。例如汽油，如图 10-6 所示。

图 10-5　碳化钙

图 10-6　汽油

7. 易燃固体

物质以固体形态存在，本身燃点较低，遇明火或受热、受撞击、摩擦、接触氧化剂或强酸后发生剧烈的氧化反应、产生热量，达到该物质的燃点时，便迅速发生猛烈的燃烧，这类物质叫易燃固体，如赤磷及含磷的化合物、硝基化合物等。例如三硝基甲苯，如图 10-7 所示。

8. 毒害性物品

此类物品被误服、吸入或皮肤黏膜接触进入肌体后，积累到一定的量，能与体液或组织发生生物化学作用或生物物理变化，扰乱或破坏肌体的正常生理功能，引起暂时性或持久性的病理状态甚至危及生命。其特性有：有毒性、挥发性、燃烧性、溶解性等。例如农药，如图 10-8 所示。

图 10-7　三硝基甲苯

图 10-8　农药

9. 腐蚀品

此类物品能灼伤人体组织，并对金属等商品造成损坏。其散发的粉尘、烟雾、蒸汽强烈刺激眼睛和呼吸道，吸入会中毒，如无机酸性腐蚀品、有机酸性腐蚀品、碱性腐蚀品等。其特性有：腐蚀性、毒害性、易燃性、氧化性、遇水分解性等。例如氢氧化钠，如图 10-9 所示。

10. 放射性物品

此类物品能自发地不断放出人体感觉器官不能察觉到的射线，射线具有不同的穿透能力，能杀伤细胞、破坏人体组织，长时间或大剂量照射会引起伤残甚至死亡。例如六氟化铀，如图10-10所示。

图10-9　氢氧化钠

图10-10　六氟化铀

（二）危险品仓储管理

1. 库区布局

危险品仓库库区布局，要严格按照《建筑设计防火规范》（GB 50016—2022）要求进行设计安排。大中型甲类仓库和大型乙类仓库与邻近居民点和公共设施的间距应大于150米，与企业、铁路干线间距应大于100米，与公路间距应保持大于50米。在库区内，库房之间的防火间距应根据货物特性在20~40米选取，小型仓库的防火间距在12~40米。易燃商品最好储存在地势较低的位置，桶装易燃液体应放在库房内。

2. 出入库

提货车辆和提货人员一般不得进入存货区，由仓库搬运人员将应发商品送到货区外的发货场。柴油车及无安全装置的车辆不得进入库区；提货车辆装运抵触性商品的，不得进入库区拼车装运。商品出库时包装完整、重量正确，并标有符合商品品名的危险性质的明显标记。

3. 堆码

危险品的堆码方式与一般商品的堆码方式基本相同，但要求更加严格。货垛不宜过高过大、堆码要牢固、苫垫要妥善，否则容易造成倒垛或商品受潮，从而引起爆炸、燃烧等灾害事故。一般堆垛高度，液体商品以不超过2米，固体商品以不超过3米为宜，便于操作和防止倒垛。

即问即答 >>>

危险品的堆码方式与一般商品的堆码方式相同吗？

4. 保管

危险品与库壁之间的距离应大于0.7米，对怕热、怕潮、怕冻物品按天气变化及时采取密封、通风、降温和吸潮等措施。仓库管理人员要根据国家标准、危险特性管理制度选择合适的存放位置。根据危险品货物对保管的要求，妥善安排符合相应的通风、遮阳、防水、控温等条件的库存或堆场货位。危险货物堆叠时要整齐、堆垛稳固、标志朝上，垛头应悬挂危险品的标志、编号、品名、性质、级别等相关信息。

危险品仓库实行专人管理，剧毒化学品实行双人保管制度，仓库存放剧毒化学药品时必须向当地公安部门备案。

仓库应及时进行清洁、消毒。对于废弃的危险品、容器等，仓库要采取妥善的处理措施，如随货进行移交、封存、掩埋等无害处理，不得留有隐患。剧毒危险品发生被盗、丢失、误用等应立即向当地公安部门报案。

> **想一想**
>
> 为什么危险品要由专人管理？

5. 装卸

危险品的装卸、搬运必须轻装轻卸，使用不发生火花的工具（用铜质的或铜包的器具），禁止滚、摔、碰、撞、重压、震动、摩擦和倾斜。对怕热、怕潮的危险品，在搬运时应采取必要的防护措施。装卸场地和道路必须平坦、畅通，如夜间装卸，必须有足够亮度的安全照明设备。

在装卸、搬运操作时，应根据商品性质和操作要求，穿戴相应的防护服具（如工作服、风镜口罩、防毒面具、橡皮手套、橡皮围裙、套裙、橡皮鞋、鞋罩等），严防有害物质危害人体健康。用过的各种防护用具，须及时清洗干净。储存腐蚀性商品的仓库附近应设水池或冲洗设备，预防操作中万一包装破裂、人身沾染时，便于迅速浸水、及时冲洗解救。

（三）危险品保管注意事项

1. 爆炸品一般应直接提装，如临时存放应使用专用仓库，由专人保管

仓库、场地应设置必要的通风、降温、防汛、避雷、消防等安全设施，并采取有效的防火隔离措施，所使用的电器均应是防爆型的。在库、场保管期间不得打开包装件检查，确需检查时，应移至安全处所，严格遵守各项安全操作规程。存放爆炸品的仓库，必须加强库温的控制，每日定时观测，做好记录。

2. 存放气体的场所应远离火源、热源，库场应保持阴凉通风，防止日光曝晒

存放易燃气体的仓库照明应采用绝缘良好的防爆型灯具，禁止使用明火灯具。容器应平放，加楔垫以防滚动，如采用框架可立放，但不可倒置，且需保持容器稳固。性质相抵触的气体，如易燃气体与助燃气体不得同库存放，氧气钢瓶与油脂不得同库存放。禁止与爆炸品、氧化剂、易燃物品、自燃物品和腐蚀品同库存放。在保管期间，除定时检查外，应随时查看有无漏气和堆垛不稳的情况。

3. 存放易燃液体的场所应保持阴凉、通风良好，避免日晒，隔绝火源和火种

库场照明设备应采用防爆型灯具。高温季节应采取降温措施。禁止与氧化剂、强酸和自燃物品同库存放。

4. 第 4 类货物应存放在阴凉、通风、干燥处所

禁止与氧化剂、强酸同库存放。与水发生反应的货物禁止露天存放，易产生热量的货物堆码不宜过高，垛底应用清洁干燥的木板铺垫，以利于通风散热。对温度有要求的货物，库温应始终保持在规定温度之内。堆放黄磷应注意防止黄磷桶漏水而引起燃烧。

5. 第 5 类货物应存放在阴凉、通风良好的处所，防止日晒、受潮，不得与酸类和可燃物同库存放，注意通风散热

破损的包件禁止入库，撒漏物应及时收集，妥善处理。不得在库内或库房附近处理残损的包件。

6. 毒害品必须单独存放在专用库场内，专人保管

存放处所应阴凉，通风良好，并具备相应的防护用品和急救药品。货物地脚应及时清扫，交

货主处理。

7. 放射性货物应专库存放，如无专库存放时，应组织车船直取

特殊情况也可选择干燥通风的普通仓库存放，但应划定专用货位，远离其他危险货物，派专人看管，禁止无关人员接近，严防失窃。

8. 腐蚀品应存放在清洁、通风、阴凉、干燥的处所，防止日晒、雨淋

堆放场所不得有稻草、木屑、油脂等有机物或可燃物，不得与有机物、氧化剂、金属粉末等同库存放。同类货物中性质相抵触的不得同库存放。

（四）危险品应急处理注意事项

1. 危险品中毒紧急处理

一旦发生危险品急性中毒事故时，必须迅速抢救，才能保证生命安全。当现场没有特效解毒药和中毒原因还不清楚时，为挽救病人，除立即请医生外，应将病人转移到清净和空气流通的房间内，松开紧束的衣服并应确定呼吸道是否通畅。如呼吸已经停止或发生障碍，应施行人工呼吸。具体的危险品急救方法如下：

（1）清除皮肤毒物。迅速使中毒者离开中毒场所，脱去被污染衣物，用微温水反复冲洗身体，清除玷污的毒性物质。如为碱性物中毒，可用醋酸或质量分数为1%~2%的稀盐酸、酸性果汁冲洗；如为酸性中毒，可用石灰水、小苏打水、肥皂水冲洗。

（2）清洗眼内毒物。迅速用质量分数为0.9%的盐水或清水冲洗5~10分钟。酸性毒物用质量分数为2%的碳酸氢钠溶液冲洗，碱性中毒用质量分数为3%的硼酸溶液冲洗。然后可点质量分数为0.25%的氯霉素眼药水，或质量分数为0.5%的金霉素眼膏以防感染；无药液时，只用微温水冲洗即可。

（3）吸入毒物的急救。应立即将病人拖离中毒现场，搬至空气新鲜的地方，同时可吸入氧气。

（4）食入毒物的急救。主要包括催吐、洗胃、灌肠、排除毒物等。

2. 化学危险品烧伤急救处理

化学危险品烧伤后，脱去致伤因素浸湿的衣服，迅速用大量清水长时间冲洗，尽可能去除创面上的化学物质。注意生石灰烧伤应用干布擦净生石灰，再用水清洗，以避免生石灰遇水产生大量热，造成创面进一步损害。磷烧伤要用大量水冲洗浸泡，或用多层湿布包扎创面（禁用油质敷料包扎），防止磷自燃。

储存危险品的相关规定

《民法典》第九百零六条规定：储存易燃、易爆、有毒、有腐蚀性、有放射性等危险物品或者易变质物品的，存货人应当说明该物品的性质，提供有关资料。存货人违反前款规定的，保管人可以拒收仓储物，也可以采取相应措施以避免损失的发生，因此产生的费用由存货人负担。保管人储存易燃、易爆、有毒、有腐蚀性、有放射性等危险物品的，应当具备相应的保管条件。

二、冷藏品管理

（一）冷藏的基本知识

1. 冷藏概述

冷藏是指在低温条件下储存物品的方法。冷藏可以用来保鲜食物，因为低温能抑制微生物的繁殖、降低酶的活性，预防食品外部的微生物和内部的酶引起食品变质。

根据温度控制的不同，将冷藏保管分为冷藏和冷冻两种方式。冷藏是 0~7 ℃的温度条件下保存，保证水分既不冻结，也不会破坏食品组织。冷冻则是将温度控制在 0 ℃以下，使水分冻结，微生物停止繁殖，新陈代谢基本停止，从而达到防腐的目的。

> **知识贴**
>
> **冷冻保管**
>
> 冷冻保管一般分为冷冻和速冻。一般冷冻采取逐步降温的方式降低温度，达到控制温度后停止降温；速冻是在很短的时间内温度降到控制温度以下，使水分在短时间内完全冻结，然后逐步恢复到控制温度。速冻一般不会破坏细胞组织，具有较好的保鲜作用，冷冻储藏能使货物保持较长的时间而不腐烂变质。

2. 冷藏条件

（1）温度。低温可以抑制微生物的活性，当食品中的水分完全冻结时，微生物的活动停止；还可以使蔬菜和水果的呼吸作用减弱。

（2）湿度。冷库内相对湿度过低，会使食品表面干缩和脱水，品质变差；相对湿度过高，则食品表面会发潮，易于繁殖微生物。

（3）二氧化碳和氧气的浓度。一般来说，二氧化碳浓度要控制在 2%~8%，因过低的二氧化碳浓度会加快蔬菜、水果的成熟，而过高的二氧化碳浓度会加快其腐烂速度；氧气的浓度要控制在 2%~5%。

（4）臭氧浓度。臭氧可以杀灭微生物、去除异味、消毒冷库和延缓水果成熟。但是，臭氧不适用于乳制品库和绿叶菜库。

（二）冷藏库

冷藏库简称冷库，一般是指用设备制冷，可人为或机器控制以保持稳定低温的设施。其基本组成部分为制冷设备、电控装置、有一定隔热性能的仓库以及其他附属设备等。

（1）按结构形式分类，冷库可以分为土建冷库和装配式冷库。

① 土建冷库。这是目前建造较多的一种冷库，可建成单层或多层，这类冷库的主体结构和地下荷重结构都用钢筋混凝土，其维护结构的墙体都采用砖砌而成。

② 装配式冷库。装配式冷库又称为组合式冷库，这类冷库的主体结构（柱、梁、屋顶）都采用轻钢结构，其围护结构的墙体使用预制的复合隔热板组装而成。

（2）按使用性质分类，冷库可分为生产性冷库、分配性冷库和零售性冷库。

① 生产性冷库。这类冷库一般由生产车间、整理间和冷冻间等部分组成，主要建立在食品产地、货源集中地及其附近。

② 分配性冷库。这类冷库以储存多品种大批量物品著称，但其冻结能力低，主要用于长距离调入冻结食品在运输过程中软化部分的再冻结及当地小批量生鲜食品的冻结。

③ 零售性冷库。这类冷库一般建在工矿企业或城市大型副食品店、菜场内，供临时储存零售食品之用，其特点是库容量小、储存期短，其库温则随使用要求不同而异。在库体结构上，大多采用装配式组合冷库。

（3）按规模大小分类，冷库可分为大型冷库、中型冷库和小型冷库。

① 大型冷库。此类冷库冷藏容量在 10 000 吨以上，生产性冷库的冻结能力在 120~160 吨/天范

围内，分配性冷库的冻结能力在 40~80 吨/天范围内。

② 中型冷库。此类冷库冷藏容量在 1 000~10 000 吨范围内，生产性冷库的冻结能力在 40~120 吨/天范围内，分配性冷库的冻结能力在 20~40 吨/天范围内。

③ 小型冷库。此类冷库冷藏容量在 1 000 吨以下，生产性冷库的冻结能力在 20~40 吨/天范围内，分配性冷库的冻结能力在 20 吨/天以下。

（4）按冷库温度要求分类，冷库可分为高温冷库、中温冷库、低温冷库、超低温冷库、冷藏冷库和速冻冷库。

① 高温冷库。又称冷却库，库温一般控制在不低于食品汁液的冻结温度。冷却库或冷却间的保持温度通常在 0 ℃ 左右，并以冷风机进行吹风冷却。主要用来储藏果蔬、蛋类以及药材、木材保鲜、干燥等。

② 中温冷库。温度通常在 -10 ℃ ~ -18 ℃，常用于储藏肉类、水产品等。

③ 低温冷库。又称冻结库、冷冻冷库，一般库温在 -20 ℃ ~ -30 ℃，通过冷风机或专用冻结装置来实现冻结。

④ 超低温冷库。温度 ≤ -30 ℃，主要用来速冻食品及工业试验、医疗等特殊用途。

⑤ 冷藏冷库。通常冷却食品的冷藏间保持库温在 2 ℃ ~ 4 ℃，主要用于储存果、蔬和乳、蛋等食品；冻结食品的冷藏间保持库温在 -18 ℃ ~ -25 ℃，用于储存肉、鱼及家禽肉等。

⑥ 速冻冷库。又称隧道冷库，常用于食品快速冷冻。

即问即答 >>>

家用冰箱冷藏和冷冻室的温度是多少？

（5）按冷库储藏特性分类，冷库可分为超市冷库、恒温冷库和气调冷库。

① 超市冷库。常用于储藏零售商品的小型冷库。

② 恒温冷库。常用于储藏物品温湿度有精确要求的冷库。

③ 气调冷库。这类冷库是在高温冷库的基础上，外加气调系统，通过控制温度和氧含量两个方面，以达到抑制果蔬的呼吸状态，达到保鲜的目的。气调系统一般将空气中的氧气浓度由 21% 降到 3%~5%。

（6）按储藏物品分类，冷库可分为药品冷库、食品冷库、水果冷库、蔬菜冷库等。

（三）冷藏品仓储管理

1. 冷库使用

冷库在使用过程中，必须保持清洁、干燥，及时清除残留物和结冰，库内禁止出现积水。冷库一旦投入使用，除非进行空仓维修保养，否则必须保持制冷状态。库内即使没有货物，冷库一般也要保持在 -5 ℃。此外，不同货物必须存放在不同的库房内，且调节不同的控制温度。

2. 冷藏品出入库

与日常物品出入库管理对比而言，冷藏品入库时，不仅需要对所保管物品进行检验，并核查入库凭证，还需要对货物进行温度测定，以查验货物内部状态并记录。对于单证不齐、数量短缺以及发生霉变等质量不符合要求的货物，应区别不同情况，及时处理，并填写问题物品处理记录单。

冷藏品在出库时也应认真核对，对货物的标志、编号、批次等项目，进行详细记录。出库作业时集中仓库内的作业力量，尽可能缩短作业时间。要使装运车辆离库门距离最近，缩短货物露天搬运距离，防止隔车搬运。在货物出库中出现库温升温较高时，应立刻停止作业，封库降温。出库搬运应采用推车、叉车、输送带等机械搬运，采取托盘等成组作业，提高作业速度。作业中不得将货物散放在地坪,避免货物、货盘冲击地坪、内墙、冷管等,吊机悬挂重量不得超过设计负荷。

3. 冷藏品在库作业

冷藏品在库作业工作主要是进行冷藏品堆码。库内堆码严格按照仓库规章进行,合理选择货位。将存期长的货物存放在库里端,存期短的货物存放在库门附近,易升温的货物接近冷风口或在排管附近。根据货物和包装形状合理采用垂直叠垛或交叉叠垛。货垛要求堆码整齐、货垛稳固、货垛不能堵塞或者影响冷风的流动,避免出现冷风短路。堆垛完毕在垛头上悬挂货垛牌。

4. 冷藏品保管

冷藏品保管作业需要冷库内保持清洁干净,地面、墙、顶棚、门框上无积水、结霜、挂冰,随有随扫除,尤其是在作业以后需要及时清扫。要及时清除制冷设备、管系上的结霜结冰,以提高制冷功能。

冷藏品保管需要严格控制库内温度与湿度。需要定时、经常测试库内温度和湿度,严格按照货物保存所需的温度控制仓库内温度,尽可能减少温度波动,防止货物因变质或者解冻变软而倒垛。按照货物所需要的通风要求进行通风换气。

(四) 冷藏品仓储安全注意事项

1. 避免人员冻伤

进入冷库工作的人员,必须做好保温防护工作,穿戴好劳保用品。身体裸露部分不得接触冷库内的物品,包括冷藏品与作业设备。

2. 避免人员库内缺氧窒息

冷库内由于所藏植物和微生物的呼吸作用使二氧化碳浓度增加,会使库房内氧气不足,造成人员窒息。因此进入库房前,尤其是长期封闭的库房,需要进行通风,以排除氧气不足的可能。

3. 避免仓储管理人员被封库内

冷库应设专门的管理人员负责库门的开关,禁止无关人员进入库内。只要有人进入库内,需要进行登记并挂提示牌。如果有人员进入库内,工作人员需要确定所有人员出库后,方可摘除提示牌。

> **想一想**
>
> 为什么人在冷库里要挂提示牌?

4. 妥善使用库内设施设备

冷库内所使用的设施设备均为抗冷设备,且需要采取一定的保温措施加以保护。

三、粮仓管理

粮食仓储是实现粮食集中收成、分散消耗的手段,同时也是国家战略储备的方式之一。粮食作为大宗货物运输,需要大规模集中仓储。为了降低粮食的仓储成本、运输成本,提高作业效率,粮食主要以散装的形式运输和仓储,进入消费市场的粮食采用袋装形式。

(一) 粮食存储的特性

1. 吸湿性和散湿性

粮食本身含有一定的水分,空气干燥时,水分会向外散发。当外界湿度大时,粮食又会吸收水分,在水分充足时粮食还会发芽,被芽胚损害的粮食颗粒就会发霉。因吸湿性粮食在吸收水分后不容易干燥,而储存在干燥环境中的粮食也会因为散湿,形成水分的局部集结而致霉。

2. 呼吸性

粮食仍然有植物的新陈代谢功能,能够吸收氧气和释放二氧化碳,通过呼吸作用能产生和散发热量。粮食的自热不能散发,在大量积聚后,会引起自燃。粮食的呼吸性和自热性与含水量有关,含水量越高,自热能力越强。

3. 散落流动性

散装粮食因为颗粒小,颗粒之间不会粘连,在外力(重力)作用下,具有自动松散流动的散落特性,当倾斜角足够大时就会出现流动性。根据粮食的散落流动性可以采用流动的方式作业。

4. 易受虫害

粮食本身就是众多昆虫幼虫和老鼠的食物。未经杀虫的粮食中含有大量的昆虫、虫卵和细菌,在温度、湿度合适时就会大量繁殖,形成虫害;即使经过杀虫的粮食,也会因为吸引虫鼠造成二次危害。

5. 吸附性

粮食具有吸收水分、呼吸的性质,能将外界环境中的气味、有害气体、液体等吸附在内部,不能去除,受异味玷污后,粮食就会因为无法去除异味而受损。

> **即问即答** >>>
>
> 粮食会串味吗?试举例说明。

6. 扬尘爆炸性

干燥粮食的麸壳与粉碎的粮食粉末等在流动和作业时会扬尘,伤害人的呼吸系统;能燃烧的有机质粮食的扬尘达到一定浓度(一般为 50%~60%)时,遇火源会发生爆炸。

(二)粮仓的种类

粮食仓库是指储藏粮食的专用建筑物,主要包括仓房、货场(或晒场)和计量、输送、堆垛、清理、装卸、通风、干燥等设施,并配备有测量、取样、检查化验等仪器。粮食仓库的设计应考虑粮种、储藏量(仓容)和建筑费用等因素,在构造上主要应满足粮食安全储藏和粮食仓库工艺操作所需的条件。选址和布局应考虑粮源丰富、交通方便、能源充足等因素。

1. 按储藏方式分类

按储藏方式分类,粮仓可分为散装粮仓和包装粮仓。

(1)散装粮仓。散装粮仓是一种钢、木结构的简易露天粮仓,是在水泥地面上砌仓垛,铺仓底,采用预先设计制作的专用组件,即用槽钢作仓柱,用圆钢、角钢作仓拉柱和仓拉筋,用竹夹板、苇席作仓壁,用砖砌仓垛,用自制的钢筋混凝土板作仓板,组装成实用且新型的一种散装粮仓,具有投资少,成本低,灵活性大,防水、防虫、防鼠的特点。

(2)包装粮仓。包装粮仓是指粮食放在麻袋、布袋内,按照一定的方式堆放在仓库,便于转运,是城市粮仓的理想成品仓库,但其仓容利用率较低。

2. 按用途分类

按用途分类,粮仓可分为储备型粮仓、流通型粮仓和自用粮仓或中转粮仓。

(1)储备型粮仓。储备型粮仓是我国于1999年由国务院对粮食储备制度进行改革而设置的,对储备粮库实行中央垂直管理。

(2)流通型粮仓。这类粮仓作为粮食流通中的一个环节,粮库本身就是粮食加工企业,同时为适应市场，也会起到市场调控功能，一般建在粮食集散地或大中型城市。

（3）自用粮仓或中转粮仓。这类粮仓主要设在以粮食为原料的企业，如酿酒、饲料等企业，粮食在库内只作短期储存，然后就进入加工车间，或者粮食在此短期储存后就进入储备粮库或粮食加工企业。

3. 按结构形式分类

按结构形式分类，粮仓可分为房式粮仓、楼式粮仓、立筒粮仓和地下仓。

（1）房式粮仓。房式粮仓是我国目前已建粮仓中数量最多的一种仓型，其形式与一般民房相似。一般仓房跨度为10~20米，长度为20~50米。一般为砖墙、瓦顶、木屋架、沥青地坪结构。

（2）楼式粮仓。楼式粮仓是指两层以上的粮仓，可以减少土地的占用面积，但物品上下移动作业复杂，进出库作业可采用机械化或半机械化，楼房隔层间可依靠垂直运输机联系，也可以坡道相连。

（3）立筒粮仓。立筒粮仓是一种机械化程度很高的现代化粮仓，是将圆筒体竖直排列组合成若干"群组"。目前，我国新建使用的有钢筋混凝土和砖石结构立筒粮仓两种。其造价高，但能节约土地和便于实施机械化。

（4）地下仓。地下仓是建设在地下的一种粮仓，一般利用深沟、梯地、丘陵等地下水位低的有利地形建造。其比较隐蔽，符合战备要求，保管性能好，有利于安全储粮。

4. 按粮仓内部温度需求分类

按粮仓内部温度需求分类，粮仓可分为低温粮仓、准低温粮仓、准常温粮仓和常温粮仓。

（1）低温粮仓。低温粮仓是指仓内温度保持在15 ℃以下。

（2）准低温粮仓。准低温粮仓是指仓内温度介于16 ℃~20 ℃。

（3）准常温粮仓。准常温粮仓是指仓内温度介于21 ℃~25 ℃。

（4）常温粮仓。常温粮仓是指仓内温度保持在25 ℃以上。

（三）粮食仓库的管理

1. 保持粮仓清洁干净，防止污染

仓库所建设的粮仓需要达到仓储粮食的清洁卫生条件，尽可能用专用的粮筒仓。在粮食入库前，应对粮仓进行彻底清洁，清除异物、异味，待仓库内干燥、无异味时粮食才能入库。对不满足要求的地面，应采用合适的衬垫，如用帆布、胶合板严密铺垫。用兼用仓库储存粮食时，同仓内不能储存非粮食的其他货物。

2. 控制粮仓温度，防止火源

粮食本身具有自热现象，温度、湿度越高，自热能力越强。在气温高、湿度大时需要控制粮仓温度、采取降温措施。每日要测试粮食温度，特别是内层温度，及时发现是否有自热升温情况发生。粮食具有易燃特性，飞扬的粉尘遇火源还会爆炸燃烧，故粮仓对防火工作有较高的要求。在粮食出入库、翻仓作业时，更应避免一切火源出现，特别是要消除作业设备的静电，粮仓与仓壁、输送带的摩擦静电。要加强吸尘措施，排除扬尘。

3. 保持干燥，控制水分

保持干燥是粮食仓储的基本要求，粮仓内不得安装日用水源；消防水源应妥善关闭；洗仓水源应离仓库有一定的距离，并在排水下方。仓库旁的排水沟应保持畅通、绝无堵塞，特别是在粮仓作业后，彻底清除哪怕是极少数的撒漏入沟的粮食。随时监控粮仓内湿度，将其严格控制在合适的范围之内。仓内湿度升高时，要检查粮食的含水量，含水量超过要求时，及时采取除湿措施。粮仓通风时，要采取措施避免将空气中的水分带入仓内。

4. 防霉变

粮食除了因为细菌、酵母菌、霉菌等微生物的污染分解而霉变，还会因为自身的呼吸作用、自热而腐烂。经常检查粮食和粮仓，发现霉变，立即清出霉变的粮食，进行除霉、单独存放或另行处理，并有针对性地在仓库采取防止霉变扩大的措施。应充分使用现代防霉技术和设备，如使用过滤空气通风法、紫外线灯照射法、施放食用防霉药物等。在用药时要避免使用对人体有毒害的药物。

5. 防虫鼠害

粮仓的虫鼠害主要表现在直接对粮食的耗损、虫鼠排泄物和尸体对粮食的污染、携带外界污染物入仓、破坏粮仓设备降低保管条件、破坏包装物造成泄漏、昆虫活动对粮食的损害等。危害粮仓的昆虫种类很多，有多种甲虫、蜘蛛、米虫、白蚁等。它们往往繁殖力很强、危害严重，能在很短时间内造成大量损害。

四、油品管理

（一）油品仓库分类

油品仓库是专用于接收、储存、发放液体性的原油和成品油的仓库。由于油品具有易爆、易燃、易蒸发、易产生静电等特征，并且具有一定的毒性，所以应注意油品仓库的安全作业，防止危害和损失的发生。

1. 根据管理和业务关系的不同分类

（1）公共油库。公共油库是为社会和军事服务的，独立于油品生产和使用部门的企业或单位。它包括民用油库和军用油库两类，其中民用油库可分为储备油库、中转油库和分配油库；军用油库可分为储备油库、供应油库和野战油库。

（2）企业附属油库。企业附属油库是企业为满足自身生产需要而设置的储存设施。它可分为油田原油库、炼油厂油库、交通企业自备油库以及一些大型企业的附属油库等。设在机场、车站和港口的燃料供应公司是为运输企业提供燃料的独立企业，其油库属公共服务性质。

2. 根据建筑形式的不同分类

（1）地下油库。油罐内最高液面低于附近地面最低标高0.2米的油库为地下油库，这种油库始于军事上的需要，以其较高的隐蔽性而可以防止敌方的攻击。在民用中，这种油库以其安全性好、占用地面少而越来越受欢迎。地下油库的一种特殊形式是水下（水中）油库，比较典型的是在船舶基地或港口处利用废旧的大型邮轮充当油库，这是一种投资省、不占用陆域的方法。也有将油罐沉于水底，并在水面上设置作业平台的水下油库方式。

（2）地面油库。油罐地面等于或高于附近地面最低标高，且油罐的埋入深度小于其高度一半的油库为地面油库。目前，多数油库属于此类，是分配和供应油库的主要形式，但其目标太大，不宜作为储备性油库。

（3）半地下油库。油罐底部埋入地下且深度不小于灌高一半，罐内液面不高于附近地面最低标高2米的油库为半地下油库。

3. 根据油库容量的不同分类

根据油库的总容量不同，可将油库分为五个等级：Ⅰ级油库的库容量大于100 000立方米，Ⅱ级油库的库容量为50 000~100 000立方米，Ⅲ级油库的库容量为30 000~50 000立方米，Ⅳ级油库的库容量为10 000~30 000立方米，Ⅴ级油库的库容量小于10 000立方米。

(二)油品仓储管理

1. 油品出入库

在油品入库时,要对油品进行计量化验,以证明其质量合格和数量相符。对于出库的油品要严格执行"四不发"规定,即油品变质不发,无合格证不发,对经调配加工的油品无技术证明和使用说明的不发,车罐、船艇或其他容器内不清洁的不发。在站台、码头上待装油品时应有遮布遮盖,以防渗入雨水。

2. 油品保管

在油品保管期间,对油品装卸、转运时,应按其性质不同分组进行,实行按组专泵、专管。在输油完毕后,应及时用真空泵进行管道清扫。油品储藏时,根据牌号和规格分开存放。油品应按照"先进先出"的原则进行,对于性质不稳定的油品尽可能缩短其储存期。在油品保存期内,要定期对油品进行化验,整装油品半年一次,散装油品3个月一次。

3. 降低油品损耗管理

自然蒸发、各环节洒油以及容器内黏附等原因,均会造成油品数量上的损失,这在油品储存中被视作"自然损耗"。但是,油品仓储管理主要任务之一就是尽可能地减少这类损耗。降低油品损耗的主要措施有:

(1)加强对储油、输油设备的定期检查、维修和保养,做到不渗、不漏、不跑油,如发现渗油容器应该立即将其倒空。

(2)严格按照操作规程进行,控制安全容量,不溢油,不洒漏。

(3)合理安排油罐的使用,尽量减少倒罐,以减少蒸发损失。

(4)发展直达运输的散装业务,尽量减少中间的装卸、搬运环节。

(5)对地面油罐采取在油罐表面涂刷强反光涂料、向罐顶洒水等措施来降低热辐射造成的蒸发。

(6)油库建立损耗指标计划和统计制度,制定鼓励降低损耗的措施,以保证降低损耗指标的落实。

任务二 仓储安全管理

微课视频:
仓储安全管理1

在物流储运过程中,存在着各种不可预见的不安全因素。仓储管理就是要及时发现并消除这些安全隐患,在发生事故、安全问题时,能够采取有效措施降低损失的程度,保证物流仓储正常、安全运转。

一、仓储安全管理的内容

仓储安全管理是针对在库物品与人员所采取的一系列综合性管理措施,主要包括人身安全、商品安全与设备安全及其他安全等。

(一)人身安全

在仓储作业过程中,仓储工作人员从事装卸搬运、盘点、包装、堆码、苫垫、商品养护等作业,会与各种操作设备以及不同特性的商品接触,因此在工作过程中提高人身安全意识、做好人身安全工作至关重要。主要可以从以下几个方面着手:

(1)优化工作环境,消除事故隐患。

(2) 加强全员安全意识教育。
(3) 进行物流设施设备安全操作规程的培训。
(4) 建立健全工作场所的安全检查制度，并严格落实与监督。
(5) 作业人员应对当日（班）的安全生产情况做好记录。多班制作业的应对当班生产的安全情况在交接班记录单（本）中做好记录。

（二）商品安全

商品安全管理是仓储工作人员根据商品本身的化学成分、理化性质与存储特点的不同，同时结合商品受温度、湿度、光照等客观条件的影响，而避免发生变质、自燃、虫蛀、火灾以及灭失等事故。为切实加强商品的安全管理工作，应着重从以下几个方面入手：
(1) 加强商品养护知识的教育培训。
(2) 根据商品特性及保管条件设置商品的仓储环境。
(3) 根据商品特点选用合适的物流设备。
(4) 仓储区域采取有效的防水、防火、防病虫害等有关措施。
(5) 引进先进的智能管理系统，加强商品的全方位管理，对商品保质期实施预警管理。
(6) 采用自动防盗、防火与报警监控系统，加强自动化手段的使用。

（三）设备安全

仓储物流设施设备是开展仓储作业的重要工具，包括轻重型各类货架、地牛、叉车、堆垛机、计量设备、AGV 小车、包装设备等。在使用这些设备的过程中，应严格按照设备使用的技术要求实施操作。关于仓储物流设备的安全管理工作，可以从以下两个方面入手：
(1) 做好设施设备的技术培训工作。为保证设备能够正常运作，企业必须对设备的管理者与使用者进行有关设备的技术培训，以便于使用与保养。
(2) 企业仓储管理部门根据设备的有关参数与使用频次，制定设施设备的安全检查与保养制度，并严格执行。

> **想一想**
> 为什么要加强对设备的安全管理？

（四）其他安全

关于仓储安全管理，除了上述安全内容外，企业的仓储管理部门还应关注信息安全、环境安全等内容，因为仓储安全管理工作直接影响到企业的生存与发展。

由此可见，上述仓储安全管理的内容是相互联系、相互渗透的，四个方面的内容必须引起企业仓储管理部门的重视。影响仓储安全的因素是多方面的，这需要企业根据自身的实际情况，认真分析各类因素，制定切实可行的仓储安全管理办法，并采取行之有效的措施，以杜绝事故隐患，确保仓储安全。

二、消防安全管理

仓库作为货物集中储存的地方，难免存在易燃易爆物品，遇到火源，极易发生火灾。一旦发生火灾，则损失惨重。火灾事故不仅会造成商品损失，还会对仓库建筑及设施设备造成破坏，直接影响企业的生产运作，也会影响企业的

微课视频：
仓储安全管理 2

品牌传播。仓储消防管理是企业仓储管理的首要任务,以确保仓储安全。

(一) 产生燃烧的条件

火灾的发生,必须同时具备三个条件:可燃物质、助燃物质以及火源。

1. 可燃物质

可燃物质包括火柴、草料、棉花、纸张、油品等。

2. 助燃物质

助燃物质一般指空气中的氧和氧化剂。

3. 火源

火源是指能引起可燃物质燃烧的热能源,可分为直接火源和间接火源。

(1) 直接火源。直接火源是直接产生火花的火源,分为明火、电火花、雷电等。

明火是指生产、生活中的灯火、炉火、焊接火花以及未灭的烟头等。

电火花是指电气设备产生的电火花,它能引起可燃物质起火。

雷电是瞬间产生的高压放电,它能引起任何可燃物质燃烧。

(2) 间接火源。间接火源包括两种类型。一是指由于热源加热引燃起火,二是商品本身自燃起火。某些物品由于自身具有较强的易燃性,在既无明火、又无外来热源的条件下,由于储存条件不当而发生自行燃烧起火。

即问即答 >>>

火灾发生的条件是什么?

(二) 仓储消防过程中常见的火灾隐患

1. 电气设备方面

(1) 电气焊等违章作业,无消防措施。

(2) 电力设备超负荷运转。

(3) 违章使用电炉、电烙铁、电热器等。

(4) 使用不符合标准的保险丝和电线等。

(5) 电线陈旧老化,绝缘性能差。

2. 仓储方面

(1) 不按物品特性设计储存条件,如易燃易爆等危险品存入一般库房。

(2) 易燃液体挥发渗漏等。

(3) 具有自燃性质的物品堆码不当,通风散热条件不好。

(4) 装卸搬运机械方面。无防火措施的汽车、叉车、吊车等机械设备进入库区或库房;机械设备的防火安全性能不合格,使用过程中易产生电火花;在作业区内停放、修理有故障的机械设备,用汽油擦洗零件部位等违规操作行为。

3. 火源管理方面

(1) 外来火种和易燃品因检查不严带入库区。

(2) 在库区内吸烟。

(3) 库区内擅自使用明火。

(4) 炉火设置不当或管理不严。

(5) 易燃物品未及时清理。

> 想一想
>
> 为什么不准把火源带入库区？

（三）仓储的防火作业

仓库中存放着大量商品，一旦发生火灾，将造成人员伤亡和经济损失。因此，仓库必须严格遵守消防法规和安全规程，把消防安全工作贯彻到仓储的各个岗位和全部活动中，以确保消防安全。仓库的防火工作应从以下几个方面着手：

（1）储存管理。库房内物品储存要分类、分堆，堆垛与堆垛之间应当留出必要的通道，主要通道的宽度一般不小于 2 米；根据库存物品的不同性质、类别确定垛距、墙距、梁距。储存量不得超过规定的储存限额。库区和库房内要经常保持整洁。散落的易燃、可燃物品和库区的杂草应当及时清除；用过的油棉纱、油抹布、沾油的工作服、手套等用品，必须放在库外的安全地点，妥善保管和及时处理。

（2）装运管理。装运化学易燃物品必须轻拿轻放，严防震动、撞击、重压、摩擦和倒置。不准使用能产生火花的工具，不准穿带钉子的鞋，并应当在可能产生静电的设备上安装可靠的接地装置。各种车辆不准在库区、库房内停放和修理。库房、堆场装卸作业结束后，应当彻底进行安全检查。

（3）电源管理。库房内一般不宜安装电气设备。如果需要安装电气设备，应当严格按照有关的电力设计技术规范和有关规定执行。储存化学易燃物品的库房，应根据物品的性质安装防爆、隔离或者密封式的电气照明设备。在库区及库房内使用电气机具时，必须严格执行安全操作规程。电线要架设在安全部位，免受物品的撞击、砸碰和车轮碾压。电气设备除经常检查外，每年至少应进行两次绝缘摇测，发现可能引起打火、短路、发热和绝缘不良的情况时，必须立即修理。禁止使用不合规格的保险装置，电气设备和电线不准超过安全负荷。库房工作结束时，必须切断电源。

（4）火源管理。库房内严禁吸烟、用火，严禁放烟花、爆竹和信号弹。在生活区和维修工房安装和使用火炉，必须经仓库防火负责人批准。

（5）消防设施管理。仓库区域应当设置消防给水设施、保证消防供水。库房、货场应根据灭火工作的需要，备有适当种类和数量的消防器材设备，并布置在明显和便于取用的地点。消防器材设备附近严禁堆放其他物品。消防器材设备应当有专人负责管理，定期检查维修，保证完整好用。寒冷季节要对消防栓、灭火器等消防设备采取防冻措施。仓库应当装设消防通信、信号报警设备，如火灾自动报警系统。

（四）常见灭火方法

（1）常规的灭火方法。火灾是物质的燃烧过程，破坏燃烧的三个条件之一，就会达到灭火的目的，根据这一原理，常见的灭火方法有冷却法、窒息法、隔离法、分散法、化学抑制法。

① 冷却法。冷却法是在灭火过程中，把燃烧物的温度降低到其燃烧点以下，使之不能燃烧的方法。如水、酸碱灭火器、二氧化碳灭火器等均有一定的冷却作用，同时能够隔绝空气。

② 窒息法。窒息法是使燃烧物周围的氧气含量迅速减少，致使火熄灭的方法。在灭火过程中，除了用水使燃烧物窒息外，还可以使用黄沙、湿棉被、四氯化碳灭火器、泡沫灭火器等，这些都是窒息方法灭火的消防器具。

③ 隔离法。隔离法是在灭火过程中，为避免火势蔓延和扩大，拆除部分建筑或及时疏散火

场周围的可燃物,孤立火源,从而达到灭火的目的。

④ 分散法。分散法是将集中的货物迅速分散,孤立火源,一般用于露天仓库。

⑤ 化学抑制法。化学抑制法是通过多种化学物质在燃烧时产生的化学反应,产生绝氧、降温等效果抑制燃烧。如用干粉灭火剂通过化学作用破坏燃烧的链式反应,使燃烧终止。

(2) 特殊货物火灾的扑救方法。存有特殊货物仓库的消防工作有其特殊的要求,其火灾的扑救工作也采用特殊的方法。

① 爆炸品引起的火灾主要用水扑救,氧化剂起火大多数可用雾状水扑救,也可以分别用二氧化碳灭火器、泡沫灭火器和沙进行扑救。

② 易燃液体引起的火灾用泡沫灭火器扑救最有效,也可用雾状水扑救,还可以用二氧化碳灭火器扑救。由于绝大多数易燃液体都比水轻,且不溶于水,故不能用水扑救。

③ 易燃固体,一般可以用水、沙土和泡沫灭火器等进行扑救。

④ 有毒物品失火,一般可以用大量的水扑救,液体有毒物品的失火宜用雾状水或沙土、二氧化碳灭火器等进行扑救。但其中氰化物着火,绝不能使用酸碱灭火器和泡沫灭火器,因为酸与氰化物作用能产生剧毒的氢气体,危害性极大。

⑤ 腐蚀性物品中,碱类和酸类的水溶液着火可以用雾状水扑救,但遇水分解的多卤化合物、氯磺酸等,绝不能用水扑救,只能用二氧化碳灭火器扑救,也可以用干沙灭火。另外,遇水燃烧的物品,只能用干沙和二氧化碳灭火器灭火。自燃性物品起火,可用大量水或其他灭火器材。压缩气体起火,可以用沙土、二氧化碳灭火器、泡沫灭火器扑救。放射性物品着火,可以用大量水或其他灭火剂扑救。

> **想一想**
>
> 为什么不同的物品灭火的方法不同?

(3) 消防设施的使用。消防设施一般是指一些固定的、特殊的建筑物或构筑物。当仓库的某一部分发生火灾时,这些特殊的建筑物或构筑物可将火势限制在一定范围内,不使其蔓延甚至危及整个仓库。

① 仓库建筑的防火规范。仓库必须依据《中华人民共和国消防法》、《建筑设计防火规范》(GB 50016—2022)来设计和建设,仓库的拟定用途要合乎规范的耐火等级、层数和占地面积、库房容积和防火间距。这些在仓库建设后不得改变。

仓库应按照国家有关防雷电设计规范的规定设置防雷装置,需要定期检查,防止损害,保证有效。库区内必须设置消防通道,消防通道宽度不小于 4 米。

② 消防水系统。库房内应设室内消防供水,同一库房内应用统一规格的消防栓、水枪和水带,水带长度不应超过 25 米,超过 4 层的库房应设置消防水泵接合器。对于面积超过 1 000 平方米的纤维及其制品仓库,应设置闭式自动喷水灭火系统。消防水可以由水管网、消防水池、天然水源供给,但必须要有足够压力和供水量。寒冷季节,要采取必要的防冻措施防止消防水系统损坏。

③ 防火墙。防火墙是在建造仓库库房时设计的。防火墙直接建筑在房屋的基础上,设计其厚度时一般要考虑发生火灾时的烘烤时间,其高度应超出屋顶。如果顶棚是采用可燃材料构建的,则防火墙高出顶棚的高度应不少于 70 厘米,若顶棚是难燃烧材料或不燃烧材料构建的,则防火墙只需高出顶棚 40 厘米。

④ 防火隔离带。仓库的防火隔离带有两种:一种在建筑时就应考虑,例如在用可燃材料构建的房屋中间,建筑宽度不小于 5 米的有耐火屋顶的地段,其高度略高出屋顶;另一种在库房、料棚和货场内以及它们之间留出足够的防火隔离带,尤其是储存可燃性材料和设备,必须保证

其有防火隔离带。

⑤ 防火门。防火门是用耐火材料制成的,万一库房起火、扑救不及,可以关闭防火密封门,阻止火势蔓延到另一间库房。

(五) 火灾报警与逃生方法

(1) 及时报警。发生火灾后,如果依靠自己或周围人的力量无法扑灭时应立即拨打119电话报警,且在报警时,仓库管理员应该做到以下几点:

① 火警电话打通后,应首先讲清楚着火仓库的具体位置,说明仓库内存放的物品类型、起火物品及燃烧情况。

② 向消防部门说明仓库的大体结构,如是平房还是楼房。讲清自己的姓名、所在单位和电话号码。

③ 报警后派专人在路口等候消防车的到来,指引消防车去火场的道路,以便迅速、准确地到达起火地点。

(2) 火灾逃生。火灾发生后,可以采用下列方式逃生:

① 毛巾保护法。许多火灾的受害者是因为有毒有害气体窒息而死,逃生者多数要经过充满浓烟的走廊楼梯间才能离开危险区域。逃生时,可把毛巾浸湿,叠起来捂住口鼻;无水时,干毛巾也行;身边没有毛巾,餐巾、口罩、帽子、衣服也可以替代。穿过烟雾区时,即使感到呼吸困难,也不能将毛巾从口鼻上拿开,否则就会有危险。

② 通道疏散法。楼房着火时,应根据火势情况优先选用最便捷、最安全的通道和疏散设施逃生。从浓烟弥漫的建筑物通道逃生时,可用湿衣服、湿床单、湿毛毯等将身体裹好,低势行进或匍匐爬行穿过危险区。如无其他救生器械,可考虑利用临近建筑的阳台、平台、屋檐、树木、屋顶、落水管等脱险。

③ 绳索滑行法。当各通道全部被浓烟烈火封锁时,可利用结实的绳子或将窗帘、床单、被褥等撕成条、拧成绳、用水浸湿,然后将其拴在牢固的暖气管道、窗框、床架上,被困人员逐个顺绳索沿墙缓慢滑到地面或下到下一个楼层而脱离险境。

④ 低层跳离法。如果被困在楼房的二层,若无条件采取其他自救方法或短时间内得不到援助,在烟火威胁、万不得已的情况下,也可以跳楼逃生。但在跳楼之前,应先向地面扔一些棉被、枕头、床垫、大衣等柔软物品,以便"软着陆";然后再用手扒窗台、身体下垂、头上脚下、自然下滑的方式,以缩小跳落高度,并使双脚首先着落在柔软物品上。如果被烟火围困在三层以上的楼房内,千万不要急于跳楼,只要有一线生机,就不要冒险跳楼。

⑤ 暂时避难法。关紧房间临近火势的门窗,打开背火面的门窗(但不要打碎玻璃,窗外有烟进来时,要赶紧把窗子关上)。如果门窗缝隙或其他孔洞有烟渗透进来时,要用毛巾、床单等物品堵住或挂上湿棉被、湿毛毯、湿麻袋等不燃、难燃物品,并不断地向迎火的门窗及遮挡物上洒水,最后淋湿房间内的一切可燃物,一直坚持到火灾熄灭。

总之,在火灾面前首先要稳定自己的情绪,沉着、冷静地面对突如其来的险情,结合实际环境情况,积极地创造生存的机会,选择有效、安全可靠的逃生方式,快速脱离险情。

三、仓储安全管理措施

仓储安全管理就是对库存商品所在的仓库建筑要求、照明条件、商品堆码要求、基本消防要求、日常管理与应急措施等采取的综合型管理措施,以保证商品、作业人员、作业设备与仓储设施的安全。

（一）建立健全安全组织机构

做好仓储安全管理工作，安全组织机构的建立是必需的。常见安全组织结构如图 10-11 所示。建立以企业高层领导为核心的安全组织机构，各级管理层都需要高度重视仓储安全管理工作，将仓储安全工作纳入仓储管理日程。只有层层落实安全责任制，仓储安全管理工作方可落到实处。

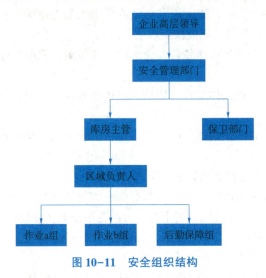

图 10-11　安全组织结构

（二）严格执行安全检查制度

定期或不定期对仓储工作进行安全检查，能够及时发现安全隐患，对于保证仓储安全至关重要。通过对企业安全检查的形式归纳来看，主要可以划分为以下几个方面。

1. 经常性检查

经常性检查主要表现为仓管员在每天上班和下班前对自己所管辖的区域进行安全检查，区域负责人每天对自己所管辖的区域进行安全检查，仓储经理每周对其管辖仓库进行一次全面检查，以发现安全隐患，及时解决。

2. 突击性检查

突击性检查主要表现为仓储经理或者企业高层对仓储区域进行随机检查，以发现各仓储区域可能存在的安全问题，以提高各级管理人员和作业人员的安全意识，同时就各区域的管理经验进行交流，以提高整体仓储安全管理水平。

3. 季节性检查

季节性检查主要表现为根据季节性变化可能出现的如温度、湿度、病虫害高发期等项目进行针对性检查，以避免因季节性变化而导致的仓储安全隐患问题。

4. 节假日检查

节假日期间，物品出入库频率增高，导致仓储安全管理工作量增加，此时检查有助于提高工作人员的安全意识，避免因业务量增加而出现安全事故。

（三）加强库区治安管理

1. 治安保卫管理组织

治安保卫管理组织通常分为保卫组织、警卫组织和群众性治安保卫组织。这三种组织要以精干高效、灵活运转为原则设立保卫机构，或配备专兼职治安保卫人员，形成覆盖仓储管理全方位的安全网。企业需要根据仓库规模、人员数量、工作任务以及仓库所在地理位置等因素来配置库区治安保卫组织的人员与数量。

2. 认真落实治安保卫管理制度

治安保卫管理制度是根据国家有关法律法规，并结合仓储治安保卫的实际需要而制定的，以防止治安事故的发生。该制度主要包括：安全岗位责任制度，门卫、值班、巡逻、守护制度，仓储设施管理制度，重要物品安全管理制度，要害部位安全保卫制度，安全防火责任制度，车辆、人员进出库管理制度，外来务工人员管理制度，治安防范奖励制度等。

3. 治安保卫工作的内容

仓储治安保卫工作主要有防火、防盗、防破坏、防抢、防骗等工作。为了维护好仓库的安全、消除治安灾害隐患，确保仓储工作正常开展，治安保卫工作要重点做好以下工作：

① 库场与外界的隔离要通过围墙和其他物流设施来实现，一般设置1~2扇大门。库场大门守卫负责大门的开关以及人员、车辆的出入管理，做到入库登记、出库检查，认真核对出入库物品的放行凭证，特殊情况下可查扣物品、封闭大门、封锁通道。对于危险货物仓库、贵重物品仓库、特殊品储存仓库等要害部位，要安排专职守卫看守，防止无关人员接近。

② 库场巡逻检查。由专职保卫人员不定时、不定线、经常性地对仓库库区进行全面、彻底的巡逻检查。巡逻检查一般由两名保卫人员同时进行，随身携带保安器材和强力手电筒，遇到可疑人员要及时查问、报告；检查各部门的防卫工作，确保无人办公室、仓库门窗封闭、电源关闭；检查仓库内有无异常现象发生，禁止消防器材挪作他用；在库场过夜的车辆一定要符合库场治安规定。在巡逻检查过程中发现的问题、隐患，要采取适当的措施进行处理，并及时报告相关部门。

③ 设备、设施防盗。库场的防盗设备，主要有视频监控设备、报警设备等，仓库应按照规定使用所配置的设备，安排专人操作和管理。库场的防盗设施根据法规规定和治安保管的需要进行设置、安装，包括围墙、大门、防盗门、窗以及门锁等。承担安全设施操作的仓库员工，要按照制度要求使用防盗设施。

④ 治安检查。治安责任人应经常检查治安保卫工作，督促各部门照章办事。治安检查要做到定期检查和不定期检查相结合，实现班组日常检查、部门周检查、库场月检查制度，及时发现问题和安全隐患，采取有效措施预防和消除。

⑤ 治安应急。治安应急是指仓库发生治安事件时所采取的紧急措施，用以防止和减少事故所造成的损失。治安应急需要制定应急预案，明确应急人员的职责、发生事件时的信息信号发布和传递规定，通过经常演练来保证实施。

项目小结

1. 危险品是指具有燃烧、爆炸、易燃、毒害、腐蚀、放射性等特性的物品。根据危险品的物化特性、危险性和便于管理等原则，可将危险品分为十类。

2. 冷藏是指在低温条件下储存物品的方法。根据温度控制的不同，将冷藏保管分为冷藏和冷冻两种方式。

3. 冷藏品仓储管理包括冷库使用、冷藏品出入库、冷藏品在库作业、冷藏品保管等。

4. 粮食仓储是实现粮食集中收成、分散消耗的手段，同时也是国家战略储备的方式之一。粮食作为大宗货物运输，需要较大规模的集中和仓储。

5. 仓储安全管理是针对在库物品与人员所采取的一系列综合性管理措施，主要包括人身安全、商品安全与设备安全及其他安全。

6. 仓储消防管理是企业仓储管理的首要任务，以确保仓储安全。火灾的发生，必须同时具备

仓储管理实务

三个条件：可燃物质、助燃物质以及火源。仓储消防过程中常见的火灾隐患包括电气设备方面、仓储方面、火源管理方面等。常见灭火方法包括常规的灭火方法和特殊货物火灾的扑救方法。

7. 仓储安全管理措施包括建立健全安全组织机构、严格执行安全检查制度、加强库区治安管理等。

学习评价			
学生自评（50分）	知识巩固与提高（30分）	客观题（15分）	主观题（15分）
	学以致用（20分）	分析准确合理（20分）	分析一般（10分）
小组评价（30分）	团队合作（10分）	沟通协调（10分）	成果展示（10分）
教师评价（20分）	团队合作（10分）	知识掌握程度（5分）	成果汇报（5分）
总分			

项目十一　自动化立体仓库

学习目标

知识目标

1. 了解自动化立体仓库的概念、发展过程和分类；
2. 了解自动化立体仓库的适用条件；
3. 理解自动化立体仓库的设计；
4. 掌握自动化立体仓库的特点；
5. 掌握自动化立体仓库的组成。

能力目标

1. 初步具有认知自动化立体仓库的能力；
2. 具有使用自动化立体仓库的能力。

素质目标

1. 培养自我学习的能力；
2. 具有工匠精神；
3. 培养团结协作、务实的工作作风。

案例导入

华为的自动化立体仓库

华为技术有限公司于1987年成立于中国深圳，是全球领先的电信解决方案供应商。在30多年的时间里，华为基于客户需求持续创新，在电信网络、全球服务和终端三大领域都确立了端到端的领先地位。凭借在固定网络、移动网络和IP数据通信领域的综合优势，华为已成为全IP融合时代的领导者。目前，华为的产品和解决方案已经应用于全球140多个国家，服务全球运营商50强中的45家及全球1/3的人口。

华为自动化立体仓库的仓储区总占地面积约1.7万平方米，共有20个巷道，其中，托盘立体库有2万多个货位，料箱立体库有4万多个货位。高峰期，货位利用率曾达到90%~95%。

华为自动化立体仓库设备采用了国际先进的软硬件设备，包括自动巷道式堆垛机20台，来自德国；仓储管理系统（WMS），来自英国；射频（RF），来自美国和加拿大；传送带，来自澳大利亚和德国；物料搬运设备，来自德国和澳大利亚；托盘传送料车，来自德国；托盘升降输送机，来自德国；高层货架，来自中国。

自动化立体仓库作为华为坂田基地物流系统的核心环节，对优化坂田基地的物流作业、提高物流环节的效率、节约整个公司的管理成本都起到了重要作用。

其实，华为当初建立自动化立体仓库最看重的并不是物流成本的降低，而是提升整个公司的物流管理水平和运作效率。华为借助自动化立体仓库项目的实施掌握了很多物流信息技术。

思维导读

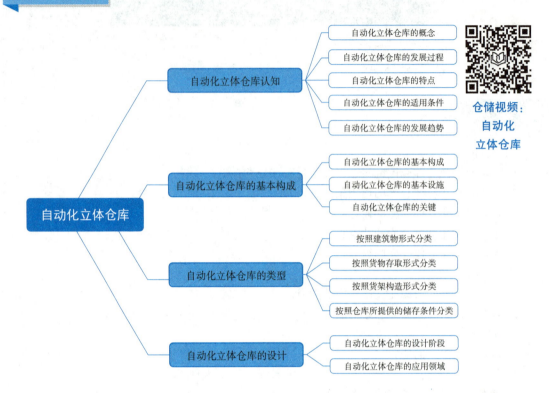

任务一　自动化立体仓库认知

微课视频：
自动化立体
仓库认知

一、自动化立体仓库的概念

自动化仓库是由高层货架、巷道式堆垛起重机（有轨堆垛机）、出入库输送机系统、自动化控制系统、计算机仓库管理系统及其周边设备组成，可对集装单元货物实现自动化存取和控制的仓库。立体仓库是指采用高层货架，可借助机械化或自动化等手段立体储存物品的仓库。

自动化立体仓库是自动化仓库和立体仓库的有机结合，它是高层货架、巷道式堆垛机、自动分拣系统、出入库自动输送系统、自动控制系统、计算机仓储管理系统及其周边设施与设备组成的可对集装单元货物实现自动仓储过程的一个综合系统。

二、自动化立体仓库的发展过程

（一）国外自动化立体仓库的发展过程

美国于1959年开发了世界上第一座自动化立体仓库，并在1963年率先使用计算机进行自动化立体仓库的控制与管理。此后，自动化仓库在欧美一些发达国家和日本迅速发展起来。20世纪70年代以来，发达国家大力推广商品物流自动化、高速化、信息化，在各大城市纷纷建立了大型自动化立体仓库。进入20世纪80年代，自动化立体仓库在世界各国发展迅速，使用范围涉及几乎所有行业。随着科技的不断发展，先进的技术手段在自动化仓库中及时得到应用：实现了信息自动采集、物品自动分拣、自动输送、自动存取，库存控制实现了智能化，自动导引车得到广泛应用，大大提高了仓储作业效率，一座大型自动化立体仓库每小时可完成500～800次出入库作业。从国际水平来看，美国拥有各种类型的自动化立体仓库2万多座，日本拥有3.8万多座，德国1万多座，英国4 000多座。

（二）我国自动化立体仓库的发展

我国对自动化立体仓库研制并不晚，1963年研制成第一台桥式堆垛起重机，1973年开始研制我国第一座由计算机控制的自动化立体仓库（高15米），该库1980年投入运行。前瞻产业研究院发布的《2017—2022年中国自动化立体仓库行业投资需求与发展前景分析报告》数据显示，中国每年建成的各类自动化立体库已经超过400座，截至2020年中国自动化立体库保有量在6 500座以上，其中烟草、医药、零售是主要应用领域，合计占到需求量的40%左右。

（三）自动化立体仓库的发展过程

按自动化的程度自动化立体仓库的发展分为五个阶段：人工仓储阶段、机械化仓储阶段、自动化仓储阶段、集成自动化仓储阶段和智能自动化仓储阶段。

1. 人工仓储阶段

在这一阶段，仓储过程各环节的作业（包括物品的输送、存储、管理和控制等）主要靠人工来完成。这一阶段的优点是可以面对面地接触仓储全过程，初期的设施设备投资少。

2. 机械化仓储阶段

这一阶段的作业特点是作业人员通过操纵机械设备来实现物品的装卸搬运和储存等作业活动。如通过传送带、工业搬运车辆、堆垛机等来移动和搬运物料，采用各种货架、托盘等来存储物料。机械化程度的提高大大提升了劳动生产率，提升了装卸搬运的工作质量，改善了作业人员的劳动条件，且由于采用了货架来储存货物，避免了货品之间的相互挤压，改善了货品的储存保管条件，另外，使储存空间向立体方向发展，大大提高了存储空间的利用率。然而这一阶段仓储机械设备需要投入大量的资金，还必须投入一定的费用来科学地管理和维护这些机械设备，以保证设备的合理使用。

3. 自动化仓储阶段

这一阶段在仓储系统中采用了自动输送机械、自动导引小车系统（AGVS）、货品自动识别系统、自动分拣系统、巷道式堆垛机等。随着计算机技术的发展，信息自动化技术逐渐成为自动仓储系统的核心技术，在计算机之间、数据采集点之间、机械设备的控制器之间以及它们与主计算机之间的通信可以及时地进行信息汇总，仓库计算机可以及时地记录订货和到货时间，可随时显示库存量，计划人员可以方便地做出供货计划，管理人员可随时掌握货源及需求情况，在这一阶段，信息技术的应用已成为仓储技术的重要内容。

4. 集成自动化仓储阶段

将仓储过程各环节的作业系统集成为一个有机结合的综合系统，称为仓储管理系统，在仓储管理系统的统一控制指挥下，各子系统密切配合，有机协作，使整个仓储系统的总体效益大大超过了各子系统独立工作的效益总和。在这一阶段，货品的仓储过程几乎可以不需要人的参与，完全实现仓储的自动化。

5. 智能自动化仓储阶段

人工智能技术的发展推动了自动化仓储技术向智能化方向发展。在这一阶段，系统可以完全自动运行，并根据实际运行情况，自动地向人们提供许多有价值的参考信息，如对市场前景做出科学的预测；根据货品的需求情况对仓储资源的有效利用提出合理化的建议；对系统运行的效果提供科学的评价；根据多个客户的地理位置，提供最优化的运输路线等。总之，目前智能化仓储技术阶段还处于初级发展阶段，在这一技术领域还有大量的工作需要人们去做，具有广阔的发展空间。

三、自动化立体仓库的特点

（一）优点

1. 提高空间利用率

自动化立体仓库充分利用了仓库的垂直空间，单位面积的存储量远大于传统仓库。此外，传统仓库必须将物品归类存放，造成大量空间闲置；自动化立体仓库可以随机存储，任意货物存放于任意空仓内，由系统自动记录准确位置，大大提高了空间的利用率。

2. 实现物料先进先出

传统仓库由于空间限制，将物料码放堆砌，常常是先进后出，导致物料积压浪费。自动化立体仓库系统能够自动绑定每一票物料的入库时间，自动实现物料先进先出。

3. 智能作业账实同步

传统仓库的管理涉及大量的单据传递，且很多由手工录入，流程冗杂且容易出错。立体仓库管理系统与 ERP 系统对接后，从生产计划的制订开始到下达货物的出入库指令，可实现全流程自动化作业，且系统自动过账，保证了信息准确及时，避免了账实不同步的问题。

4. 满足货物对环境的要求

相较于传统仓库，自动化立体仓库能较好地满足特殊仓储环境的需要，如避光、低温、有毒等特殊环境，保证货品在整个仓储过程中安全运行，提高了作业质量。

5. 可追溯

通过条码技术等，准确跟踪货物的流向，实现货物的可追溯。

6. 节省人力资源成本

立体仓库内，各类自动化设备代替了大量的人工作业，大大降低了人力资源成本。

7. 及时处理呆滞料

部分物料由于技改或产品过时变成了呆料，忘记入账变成了死料，不能及时清理，既占用库存货位，又占用资金。自动化立体仓库的物料入库自动建账，不产生死料，可以搜索一定时期内没有操作的物料，及时处理呆料。

（二）缺点

（1）结构复杂，配套设备多，基建和设备投资大。

（2）货架的安装精度要求高，施工比较困难，施工周期长，高层货架多采用钢结构，需要大量使用钢材。

（3）储存物品的品种受到一定的限制，不同类型的货架仅适合于不同物品的储存，因此，自动化仓库一旦建成，系统的更新改造比较困难。

（4）计算机控制系统是仓库的"神经枢纽"，一旦出现故障，将使整个仓库处于瘫痪状态，收发作业就要中断。

(5) 由于仓库实行自动控制与管理，技术性比较强，对工作人员的素质要求高。
(6) 对货物的包装要求严格。

为什么使用自动化立体仓库可以节省人力成本？

四、自动化立体仓库的适用条件

(1) 货品的出入库频率较高，且货物流动比较稳定。
(2) 需要有较大的资金投入。
(3) 需要配备一支高素质的专业技术队伍。
(4) 对货品包装要求严格。
(5) 仓库的建筑地面应有足够的承载能力。

五、自动化立体仓库的发展趋势

(1) 自动化程度和管理水平不断提高，运转速度加快，出入库能力增强，货物周转率提高。
(2) 智能技术的应用加强。
(3) 作业向柔性化发展，储存货物的品种日益多样化，适用范围越来越广。
(4) 作业的工艺流程结合更为紧密，成为生产物流、销售物流的一个组成部分。
(5) 运转的可靠性与安全性不断提高。

海尔自动化立体仓库的成功应用

海尔集团公司分析发现，在整个生产过程中，最受制约的就是原材料和零部件的仓储和配送，所以海尔选择了这个突破口。

第一个作用是降低了费用。在青岛海尔信息园里面建了一座机械化的立体库，在黄岛开发区建了一座全自动的立体库。黄岛立体库长120米、宽60米，仓储面积5 400平方米，立体库有9 168个标准托盘位，托盘是1 200毫米×1 000毫米的；立体库的建筑高度是16米，放货的高度可到12.8米，每天进出的托盘达到1 200个，实际能力是1 600个。5 400平方米取代了原来65 000平方米的外租库，而且由于使用了计算机系统，管理人员从原来的300多人降为48人。减少的外租库的租金、外租库到车间的来回费用以及节省的工人工资加起来一年是1 200万元。

第二个作用是降低了物料的库存。因为海尔在计算机系统里都设定了限制，比如只允许放7天的料，超过7天不让进，相对来说使整个库存量下降。

第三个作用是深化了企业物流系统的标准化。立体库使用后是两翼推动，一是海尔要求所有的供货方按照标准化的模式送货，所有的都是标准化的托盘，标准的周转箱。以往都是纸箱送货，纸箱的缺点是产品的零部件容易被压坏，上线的时候还要倒箱，多次倒箱增加了人工拣选，保证不了产品质量。现在采用统一的产品包装，从供货方到海尔的生产线整个过程不用倒箱。二是车间使用标准箱之后，全部实行了叉车作业标准化，改变了以往车间脏、乱、差的现象。立体库对两方都产生了有利的作用，对供货方和海尔内部的整个物流推进都是很重要的。

立体库具有灵活性和扩展性，刚开始设计立体库想的只是用来放空调，但是通过计算机系统管理以后，只占很少的库容，公司马上把冰箱、洗衣机、电脑全部放进去，一下减少了这些厂的外租库，整个效果非常明显。

任务二 自动化立体仓库的基本构成

微课视频：
基本构成

一、自动化立体仓库的基本构成

（一）高层货架

高层货架是用于存储货物的钢结构，如图11-1所示。通过立体货架实现货物存储功能，充分利用立体空间，并起到支撑堆垛机的作用。根据货物承载单元的不同，立体货架又分为托盘货架系统和周转箱货架系统。

图11-1 高层货架

（二）托盘（货箱）

托盘是用于承载货物的器具，亦称工位器具。

（三）巷道式堆垛机

巷道式堆垛机是自动化立体仓库的核心起重及运输设备，在高层货架的巷道内沿着轨道运行，实现取送货物的功能。巷道式堆垛机主要分为单立柱堆垛机和双立柱堆垛机，如图11-2所示。

图11-2 巷道式堆垛机

想一想

为什么自动化立体仓库要使用巷道式堆垛机,而不是其他设备?

(四)出入库输送系统

巷道式堆垛机只能在巷道内进行作业,而货物存储单元在巷道外的出入库需要通过出入库输送系统完成。常见的输送系统有传输带、穿梭车(RGV)、自动导引车(AGV)、叉车、拆码垛机器人等,输送系统与巷道式堆垛机对接,配合堆垛机完成货物的搬运、运输等作业。

即问即答 >>>

常见的输送系统有哪些?

(五)周边设备

周边辅助设备包括自动识别系统、自动分拣设备等,其作用都是扩充自动化立体仓库的功能,如可以扩展到分类、计量、包装、分拣等功能,如图11-3所示。

图11-3 周边设备

(六)自动控制系统

自动控制系统是整个自动化立体仓库系统设备执行的控制核心,向上连接物流调度系统,接受物料的输送指令;向下连接输送设备实现底层输送设备的驱动、输送物料的检测与识别;完成物料输送及过程控制信息的传递。

(七)仓储管理系统

仓储管理系统亦称中央计算机管理系统,是自动化立体仓库系统的核心,主要由入库操作、出库操作、查询操作、系统管理、系统帮助等模块构成。目前,典型的自动化立体仓库系统均采用大型的数据库系统构筑典型的客户机/服务器体系,可以与其他系统联网或集成。

 知识贴

典型的自动化立体仓库布局

典型的自动化立体仓库布局如图11-4所示。

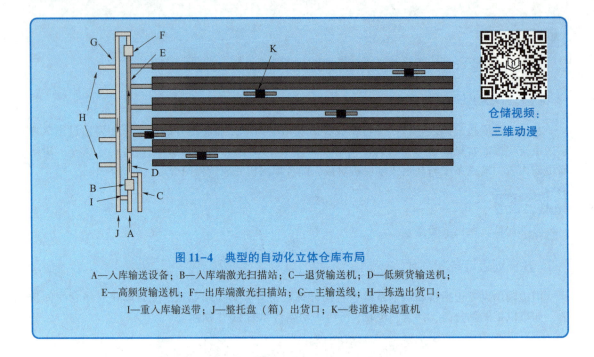

图11-4　典型的自动化立体仓库布局

A—入库输送设备；B—入库端激光扫描站；C—退货输送机；D—低频货输送机；
E—高频货输送机；F—出库端激光扫描站；G—主输送线；H—拣选出货口；
I—重入库输送带；J—整托盘（箱）出货口；K—巷道堆垛起重机

二、自动化立体仓库的基本设施

自动化立体仓库主要由三大类设施组成。

（一）土建及公用工程设施

1. 土建工程

一般来说，自动化立体仓库的土建工程应根据仓库的规模、仓储系统的功能要求，由建筑设计师根据厂房的地理环境，按照国家有关标准规定进行规划设计。

2. 消防系统

对于自动化立体仓库而言，由于库房规模大，存储的货物和设备较多且密度大，而仓库的管理和操作人员较少，所以仓库内一般都采用自动消防系统。防火等级高的，必须设置自动喷淋系统。

3. 照明系统

为了使仓库内的管理操作和维护人员能进行生产活动，在立体仓库外围的工作区和辅助区必须有一套良好的照明系统。一般情况下，自动化仓库的照明系统由日常照明、维修照明、应急照明三部分组成。对于存储感光材料的黑暗库来说，照明系统要特殊考虑。

4. 动力系统

自动化立体仓库一般需要动力电源，配电系统多采用三相四线供电，中性点可直接接地。动力电压为交流电压 380 V/220 V，50 Hz，根据所有设备用电量的总和确定用电容量。

配电系统的主要设备有：动力配电箱、电力电缆、控制电缆、电缆桥架等。

5. 通风及采暖系统

自动化仓库内部的环境温度一般在 5 ℃~45 ℃即可，可采用自然通风和机械通风，在厂房屋顶上及侧面安装风机、通风窗，满足通风调温的要求；通过在库内安装中央空调、暖气（或制冷系统）等设施，可以自动控制库内温度；而对散发有害气体的仓库，可设置离心通风机将有害气体排出室外。

6. 其他设施

其他设施包括给排水设施、避雷接地设施和环境保护设施等。

(二) 机械设备

1. 货架

货架的材料一般选用钢材,钢货架的优点是构件尺寸小、制作方便,安装建设周期短,而且可以提高仓库的库容利用率。自动化立体仓库的货架一般都分隔成一个个的单元格,单元格用于存放托盘或直接存放货物。

2. 货箱与托盘

货箱和托盘的基本功能是装小件的货物,以便于叉车和堆垛机的叉取和存放。采用货箱和托盘存放货物可以提高货物装卸和存取的效率。

3. 堆垛机

堆垛机是自动化立体仓库中最重要的设备,是随自动化立体仓库的出现而发展起来的专用起重机。巷道式堆垛机可在高层货架间的巷道内来回运动,其升降平台可作上下运动,升降平台上的货物存取装置可将货物存入货格或从货格中取出。

4. 周边搬运设备

搬运设备一般是由电力来驱动,由自动或手动控制,把货物从一处移到另一处。这类设备包括输送机、自动导向车等,设备形式可以是单机、双轨、地面的、空中的、一维运行(即沿水平直线或垂直直线运行)、二维运行、三维运行等。其作用是配合巷道机完成货物的输送、转移、分拣等作业。在仓库内的主要搬运系统因故停止工作时,周边设备还可以发挥其作用,使作业继续进行。

(三) 电气与电子设备

1. 检测装置

检测装置是用于检测各种作业设备的物理参数和相应的化学参数,通过对检测数据的判断和处理可为系统决策提供最佳依据,以保证系统安全可靠地运行。

2. 信息识别设备

在自动化立体仓库中,这种设备必不可少,它用于采集货物的品名、类别、货号、数量、等级、目的地、生产厂、货物地址等物流信息。这类设备通常采用条形码、磁条、光学字符和射频等识别技术。

3. 控制装置

自动化立体仓库内所配备的各种存取设备和输送设备必须具有控制装置,以实现自动化运转。这类控制装置包括普通开关、继电器、微处理器、单片机和可编程序控制器,等等。

4. 监控及调度设备

监控及调度设备主要负责协调系统中各部分的运行,它是自动化立体仓库的信息枢纽,在整个系统中举足轻重。

5. 计算机管理系统

计算机管理系统用于进行仓库的账目管理和作业管理,并可与企业的管理系统交换信息。

6. 数据通信设备

自动化立体仓库是一个构造复杂的自动化系统,它由众多的子系统组成。各系统、各设备之间需要进行大量的信息交换以完成规定的任务,因此需要大量的数据通信设备作为信息传递的媒介。

7. 大屏幕显示器

这是为了仓库内的工作人员操作方便，便于观察设备情况而设置的。

三、建立自动化立体仓库的关键

（一）合理的规划布局

合理规划适合企业需求的布局，包括入库暂存区、检验区、码垛区、储存区、出库暂存区、托盘暂存区、不合格品暂存区及杂物区等。

（二）畅通无阻的物流流程设计

物品的流动是否畅通无阻，将直接影响自动化立体仓库的能力和效率。

（三）性能评估

根据物料特点，评估运行速度、运行模式、连续工作可靠性等。

（四）应急运行模式建设

当系统出现异常甚至瘫痪时，是否可以迅速切换为纯机械的模式，以免影响现场生产。

即问即答 >>>

自动化立体仓库的关键是什么？

任务三　自动化立体仓库的类型

微课视频：
类型

一、按照建筑物形式分类

自动化立体仓库按建筑形式可分为整体式和分离式两种。

（一）整体式立体仓库

整体式立体仓库是指货架除了储存货物以外，还作为库房建筑物的支撑结构，是库房建筑的一个组成部分，即货架与建筑物形成一个整体。这种形式的仓库建筑费用低，抗震，尤其适用于15米以上的大型自动仓库，如图11-5所示。

（二）分离式立体仓库

分离式立体仓库中存放货物的货架在建筑物内部独立存在。分离式立体仓库的高度一般在12米以下。其适用于利用原有建筑物做库房，或在厂房和仓库内单建高层货架的场所，如图11-6所示。

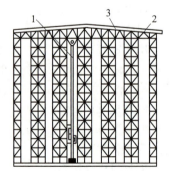

图11-5　整体式立体仓库

1—堆垛机；2—高层货架；
3—货架顶部支撑建筑物架

项目十一　自动化立体仓库

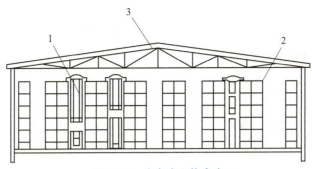

图 11-6　分离式立体仓库

1—堆垛机；2—高层货架；3—货架顶部支撑建筑物架

二、按照货物存取形式分类

按照货物存取形式自动化立体仓库可分为单元货架式、移动货架式和拣选货架式。

（一）单元货架式立体仓库

单元货架式是常见的仓库形式。货物先放在托盘或集装箱内，再装入单元货架的货位上。

（二）移动货架式立体仓库

移动货架式由电动货架组成，货架可以在轨道上行走，由控制装置控制货架合拢和分离。作业时货架分开，在巷道中可进行作业；不作业时可将货架合拢，只留一条作业巷道，从而提高空间的利用率。

（三）拣选货架式立体仓库

拣选货架式中分拣机构是其核心部分，分为巷道内分拣和巷道外分拣两种方式。"人到货前拣选"是拣选人员乘拣选式堆垛机到货格前，从货格中拣选所需数量的货物出库。"货到人处拣选"是将存有所需货物的托盘或货箱由堆垛机运至拣选区，拣选人员按提货单的要求拣出所需货物，再将剩余的货物送回原地。

三、按照货架构造形式分类

按照货架构造形式自动化立体仓库可分为单元货格式、贯通式、水平旋转式和垂直旋转式。

（一）单元货格式立体仓库

这是比较常见的模式，货架之间有巷道，巷道占去了 1/3 左右的面积，如图 11-7 所示。

图 11-7　单元货格式立体仓库

> **即问即答** >>>
> 最常见的立体仓库是什么模式？

（二）贯通式立体仓库

取消了位于各排货架之间的巷道，每一层、同一列的货物互相贯通，形成能一次存放多货物单元的通道，而在另一端由出库起重机取货。其适用于货物品种不多而数量又相对较大的仓库，如图11-8所示。

图11-8　贯通式立体仓库

（三）水平/垂直旋转式立体仓库

货架可以在水平面内或垂直面内沿环形路线运行。每组货架由若干独立的货柜组成，用链式传送机将货柜串联起来。给出出库指令后，所需的货物所在的货架会自动转到出货口。其适合于小件物品的拣选作业，适用于作业频率要求不太高的场合，如图11-9所示。

图11-9　水平/垂直旋转式立体仓库

四、按照仓库所提供的储存条件分类

（一）常温自动化立体仓库

常温自动化立体仓库一般库温控制在5℃~40℃，相对湿度控制在90%以下。

（二）低温自动化立体仓库

低温自动化立体仓库包括恒温、冷藏和冷冻自动化仓库等。
恒温仓库：根据物品特性，自动调节储存温度和湿度。
冷藏仓库：温度一般控制在0℃~5℃，主要用于蔬菜和水果的储存，要求有较高的湿度。
冷冻仓库：温度一般控制在-2℃~-35℃。

（三）防爆型自动化立体仓库

防爆型自动化立体仓库主要以存放易燃易爆等危险货物为主，系统设计时应严格按照防爆的要求进行。

任务四　自动化立体仓库的设计

微课视频：自动化立体仓库设计　　　仓储视频：亚马逊

一、自动化立体仓库的设计阶段

每个自动化立体仓库的设计都分几个主要的阶段，每个阶段都有其要达到的目标。

（一）设计前的准备工作

需求分析（准备阶段）是第一阶段，在这一阶段里要提出问题，确定设计目标，并确定设计标准。要通过调研搜集设计的数据，找出各种制约条件，并对其进行细致的分析。设计主要包括以下几个方面：

（1）要了解建库的现场条件，包括气象、地形、地质条件、地面承载能力、风及雪载荷、地震情况以及其他环境的影响。

（2）在自动化立体仓库的总体设计中，机械、结构、电气、土建等多专业相互交叉、相互制约，这就要求第三方物流企业在进行设计时必须考虑到各专业的需要。例如，机械的运动精度要根据结构制作的精度和土建的沉降精度而选定。

（3）要制定出第三方物流企业对仓储系统的投资、人员配置等计划，以此来确定仓储系统的规模和机械化、自动化的程度。

（4）要对与第三方物流企业仓储系统有关的其他方面的条件进行调查了解，例如，货物的来源、连接库场的交通情况、货物的包装、搬运货物的方法、货物的最终去向和运输工具，等等。

（二）库场的选择与规划

库场的选择和规划对于仓储系统的基建投资、物流费用、劳动条件等都有重要的意义。考虑到城市规划、第三方物流企业的整体运作,自动化立体仓库最好选在靠近港口、码头、货运站等交通枢纽,或靠近生产地或原材料产地,或靠近主要的销售市场,这样可以大大地降低第三方物流企业的费用。库场地址是否合理对于环境保护、城市规划等也有一定的影响。例如,选择在受到交通限制的商业区建立自动化立体仓库,一方面与繁华的商业环境不协调,另一方面要花高价购买地皮。最重要的是,由于受到交通限制,只能每天半夜来运送货物,这显然是极不合理的。

(三)确定仓库形式、作业方式和机械设备参数

仓库的形式需要在调查入库货物品种的基础上确定。一般都采用单元货格式仓库,如果存储的货物品种单一或很少,而且货物批量较大,可以采用重力式货架或者其他形式的贯通式仓库。根据出入库的工艺要求(整单元或零散出入库)来决定是否需要堆垛拣选作业,如果需要拣选作业,再确定拣选作业的方式。

为了提高出入库搬运效率,应尽量减少单作业方式(即单入库或单出库),要尽量采用复合式作业方式(即迂回或回程也进行搬运作业)。或者采用一次搬运两个单元格货物的作业方式,具体做法是:在堆垛机的台上设置两副货叉,它们可以分别伸缩,也可以同时伸缩,以存取两个单元格的货物。还有一种方法就是把货架的深度加大,设计成两个货物单元大小,相应地也要把堆垛机的货台加宽一倍,货叉加长一倍,这样要叉取一个货物单元时,货叉只要伸出一半就可以了,如果要同时叉取两个货物单元时,只要把货叉全部伸出就可以了。在自动化立体仓库中还有一种作业方式常被采用,这就是所谓的"自由货位"方式,即货物可以就近入库,特别是对于出入库频繁和超长、超重的货物,应当尽量在到货和发货的地点附近作业,这样做不但可以缩短出入库时间,而且节省了搬运费用。

自动化立体仓库所使用的机械设备有很多种,一般包括巷道式堆垛机、连续输送机、高层货架,自动化程度高的还有自动导向车。在进行仓库的总体设计时,要根据仓库的规模、货物的品种、出入库频率等选择最适合的机械设备,并确定这些设备的主要参数。

(四)确定货物单元形式及规格

由于自动化立体仓库的前提是单元化的搬运,所以确定货物单元的形式、尺寸和重量是一个非常重要的问题。它会影响到第三方物流企业对仓库的投资,而且会影响到整个仓储系统的配备、设施等问题。因此,为了合理确定货物单元的形式、尺寸和重量,应根据调查和统计的结果,列出所有可能的货物单元形式和规格,并做出合理的选择。对于那些形状和尺寸比较特殊或者很重的货物,可以单独处理。

在货物单元形式和规格都确定后,还应确定货格的尺寸,货格尺寸取决于货物单元四周留出的净尺寸和货架构件的有关尺寸。一般来说,这些净尺寸都是根据实际情况和有关经验、数据来确定的。

(五)确定库容量(包括缓存区)

库容量是指在同一时间仓库可容纳的货物单元数,这对自动化立体仓库来说是一个非常重要的参数。由于在库存周期会受到许多预料之外因素的影响,因此库存量的波峰值有时会大大超出自动化立体仓库的实际库容量。除此之外,有的自动化立体仓库仅仅考虑了货架区的容量,而忽视了缓存区的面积,结果造成缓存区的面积不足,使货架区的货物出不来,库房外的货物进不去。

(六)库房面积与其他面积的分配

由于总面积是一定的,而许多第三方物流企业在建造自动化立体仓库时只重视办公、实验

（包括研发）的面积，却忽视了库房面积，因此造成了这种局面，即为了满足库容量的需要，只好通过向空间发展来达到要求。但是货架越高，机械设备的采购成本和运行成本也就越高。除此之外，由于自动化立体仓库内最优的物流路线是直线形的，但在仓库设计时往往会受到平面面积的限制，造成本身物流路线的迂回（往往是 S 形，甚至是网状），这会增加许多不必要的投入和麻烦。

（七）人员与设备的匹配

不管自动化立体仓库的自动化程度有多高，具体运作时仍需要一定的人工劳动，因此工作人员的数量要合适。人员不足会降低仓库的效率，太多又会造成浪费。自动化立体仓库采用了大量先进的设备，因此对人员的素质要求比较高，人员素质跟不上，同样会降低仓库的吞吐能力。第三方物流企业需要招聘专门的人才，并对其进行专门的培训。

（八）系统数据的传输

由于数据传输路径不通畅或数据冗余等原因，会造成系统数据传输速度慢，甚至无法传输的现象，因此要考虑自动化立体仓库内部以及与第三方物流企业上下级管理系统间的信息传递问题。

（九）整体运作能力

自动化立体仓库的上游、下游及其内部各子系统的协调，存在一个木桶效应的问题，即最短的那一块木板决定了木桶的容量。有的仓库采用了很多的高科技产品，各种设施设备也非常齐全，但是由于各子系统间协调性、兼容性不好，造成整体运作能力比预期差很多。

二、自动化立体仓库的应用领域

自动化立体仓库经过迅速发展，已广泛应用于各个领域。

（一）工业生产领域

1. 医药生产

医药生产是最早应用自动化立体库的领域之一，1993 年广州羊城制药厂建成了中国最早的医药生产用自动化立体仓库。此后，吉林敖东、东北制药、扬子江制药、石家庄制药、上药集团等数十家企业成功应用了自动化立体仓库。

2. 汽车制造

汽车制造领域是中国最早应用自动化立体仓库的领域之一。中国二汽是最早应用自动化立体仓库的单位。目前，中国主要的汽车制造企业几乎无一例外地应用自动化立体仓库。

3. 机械制造

机械制造领域是广泛应用自动化立体仓库的领域之一，如三一重工等。

4. 电子制造

联想等电子领域在 2000 年后开始采用自动化立体仓库系统。

5. 烟草制造

烟草制造行业是中国采用自动化立体仓库最普遍的行业，而且大量采用进口设备。

（二）物流领域

1. 烟草配送

烟草配送广泛采用自动化立体库系统。

2. 医药配送

为了响应 GSP 认证，大量的自动化立体仓库被应用到全国医药流通领域。

3. 机场货运

机场货运是较早采用自动化立体库的领域。各主要机场均采用立体仓库系统，用于行李处理。

4. 地铁

随着中国地铁建设的蓬勃兴起，自动化立体仓库应用大面积展开。

（三）军事

军事领域是应用自动化立体仓库最普遍的领域之一。后勤、装备等尤为普遍。

（四）其他

此外还有很多领域应用了自动化立体仓库，如岩芯库、轮胎库、教学库等。

项目小结

1. 自动化立体仓库经历了人工仓储、机械化仓储、自动化仓储、集成自动化仓储和智能自动化仓储五个阶段。

2. 自动化立体仓库具有提高空间利用率、实现物料先进先出、节省人力资源成本等特点。

3. 自动化立体仓库由高层货架、托盘（货箱）、巷道式堆垛机、出入库输送系统、周边设备、自动控制系统和仓储管理系统组成。

4. 自动化立体仓库主要由土建及公用工程设施、机械设备、电气与电子设备等组成。

5. 自动化立体仓库的分类形式包括按建筑物形式分类、按货物存取形式分类、按货架构造形式分类、按仓库所提供的储存条件分类等。

6. 自动化立体仓库的设计阶段包括设计前的准备工作，库场的选择与规划，确定仓库形式、作业方式和机械设备参数等。

学习评价			
学生自评（50分）	知识巩固与提高（30分）	客观题（15分）	主观题（15分）
	学以致用（20分）	分析准确合理（20分）	分析一般（10分）
小组评价（30分）	团队合作（10分）	沟通协调（10分）	成果展示（10分）
教师评价（20分）	团队合作（10分）	知识掌握程度（5分）	成果汇报（5分）
总分			

参 考 文 献

［1］薛威．仓储作业管理［M］．3版．北京：高等教育出版社，2018．
［2］梁军，李志勇．仓储管理实务［M］．3版．北京：高等教育出版社，2014．
［3］孙慧．仓储业务运作与管理［M］．北京：高等教育出版社，2015．
［4］曾海珠．仓储作业与管理［M］．哈尔滨：哈尔滨工业大学出版社，2017．
［5］张卓远，魏文波，吴满财．仓储管理实务［M］．北京：航空工业出版社，2012．
［6］周云霞．仓储管理实务［M］．3版．北京：电子工业出版社，2015．
［7］李永生，郑文岭．仓储与配送管理［M］．3版．北京：机械工业出版社，2014．
［8］林慧．仓储管理实务［M］．西安：西北工业大学出版社，2011．
［9］北京中物联物流采购培训中心．物流管理职业技能等级认证教材中级［M］．2版．南京：江苏凤凰教育出版社，2021．